What Matters Most

What Matters Most: Living a More Considered Life
by James Hollis

What Matters Most

나를 숙고하는 삶

절반쯤 왔어도 인생이 어려운 당신에게

제임스 홀리스 지음
노상미 옮김

마인드빌딩

Contents

질에게

타린, 조나, 세아에게

텍사스 주 휴스턴 융 센터와

샌프란시스코 세이브룩 대학원 사람들에게

함께 작업할 수 있어 큰 영광이었던 이들,

없어서는 안 될 에이전트이자 친구 리즈 해리슨과

고담 북스의 대표 윌리엄 싱커,

편집장 로렌 마리노에게 깊은 감사를 드린다.

고원을 걸을 때마다 늘 나와 함께했고

상상력에 도전하는 농담으로

항상 나를 웃게 해주었던 친구 같은 아들

티모시 제임스 홀리스(1969. 2. ~ 2007. 11.)에게

"고통은 설명되지 않는다.
사랑의 모든 교훈도,
죽음 속에서 우리를 바라보는 것도
오직 노래만이, 우리의 땅 위에서,
축복하고 찬양한다."
- R. M. 릴케, 〈오르페우스에게 바치는 소네트, #19〉

서문

가장 중요한 것

이 책의 원제인 '가장 중요한 것: 보다 사려 깊은 삶을 사는 것'은 분명 특이한 어구의 조합이다. 나는 이것에 대해 변명하거나 정당화할 생각이 없다. 물론 완벽하다고 말하지도 않겠다. 이 어구는 분명히 독자들에게 많은 생각을 불러일으켜 편견을 갖게 하거나 편애하게 만들거나 다른 식의 조합을 떠올리게 할 것이다. (독자들이 이 어구에 담긴 의미를 생각하면서 각자의 의견을 덧붙인다면 자신에게 가장 중요한 것이 무엇인지 스스로 생각해보는 계기가 된다는 점에서 훨씬 더 의미심장한 일이 아닐까 싶다.)

나는 이 책에서 우리가 흔히 가장 중요한 것이라 생각하는 것들은 다루지 않았다. 즉 가족이나 친구, 사랑이나 명예 혹은 선행이나 평판처럼 굳이 다룰 필요가 없어 보이는 명백히 중요한 것들 말이다. 물론 관계도 중요하다. 관계가 없다면 우리는 자신을 성장시켜주는 '타인이라는 존재'의 변증법적인 도전에 대해 결코 알지 못할 것이다. 그러나 나는 타인과의 관계보다는 자기 자신과의 관계에 대해 좀 더 깊이 생각하는 시간을 가져보라고 권하고 싶어서 이 책을 썼다. 그런 시간이야말로 인생에서 마주치는 이러저러한 상황들을 이해하고 그로 인한 문제를 해결하는 데 도움이 된다고 생각하기 때문이다. 나도 윌리엄 블레이크처럼 우리가 가진 최고의 능력은 (그 자체로 유용하고 필수적인) 사유 능력이 아니라 상상력이라고 말하고 싶다. 우리가 인생에서 겪는 문제 대부분은 자신이 가진 콤플렉스에 조건반사적으로 대처하면서 벌이는 행동을 반복하다가 제대로 된 비전과 상상력을 성장시키지 못한 탓에 발생한다. 그래서 우리의 프시케psyche가 다시 생각해보라며 갖가지 증상들로 우리의 머릿속을 괴롭히며 항의하는 것이다.

우리 대다수는 남에게 해를 끼치지 않는 것이, 적어도 해를 덜 끼치는 것이 중요하다는 데 모두 동의한다. 이런 고귀한 바람을 실현시키려면 우리 각자가 스스로가 지닌 그림자를 탐색하고 이를 제대로 파악한 후 책임까지 질 수 있어야 한다. 그림자에는 스스로를 불편하게 만드는 우리 자신의 일부가 포함되어 있다. 그것이 악행을 저지를 수 있는 능력이든 그렇지 않든, 거기에는 반항적이면서 자기애적인 과제 혹은 가장 자발적이면서 치유력이 있는 본능적으로 탄탄한 자기self가 포함되어 있다.

가장 중요한 것에 어떤 것이 들어갈 만한가에 대해서는 많은 다양한 의견들이 있겠지만 지면 관계상 생략하겠다. 여기에서는 무한히 존재할 그 목록 중 다음 일곱 가지에 대해서만 말하고 싶다.

1. 인생이란 뭔가를 계속 얻는 일이기도 하지만 또한 뭔가를 계속 잃는 일이기도 하다. 그런데 그런 상실로 인해 실망감이 들 때 대놓고 솔직하게 슬퍼하지 못한다면, 그것은 제때 땅에 묻히지 못한 망령처럼 예기치 않은 우울증이나 망상 같은, 욕망의 대상들을 향한 강력한 투사 혹은 무분별한 오락 중독 같은 증상들로 나타나 우리를 괴롭힐 것이다. 상실을 받아들이지 못하는 것은 인생이 우리에게 가져다주는 모든 것들을 아직 받아들일 준비가 되지 않았다는 것을 의미한다. 우리가 얻은 모든 것들은 또한 잃을 수 있다. 우리는 그러한 상실을 우리가 계속 섬기는 가치에 대한 보다 의식적인 긍정을 통해서만 만회할 수 있다.•

2. 개인의 권위 회복은 인생 후반기를 살아가고 재건하는 데 있어 매우 중요하다. 만일 우리의 삶이 단지 세상에 적응하면서 사는 것에 불과하다면, 우리는 우연과 결탁한 운명의 포로로 남을 것이다. 아무

• 이 책을 쓰는 동안 나도 많은 환자들과 부모들처럼 사랑하는 아들을 잃었다. 위의 문장은 오래전에 써둔 것이다. 나는 깊은 슬픔에 몸을 웅크린 채 죽을 수도 있고 아들과 내가 공유했던 가치를 지키며 살 수도 있다. 융은 우리에게 대놓고 말한다. "진정한 해방은 고통스러운 감정 상태를 그럴싸하게 포장하거나 억압하지 않고 온전히 경험하는 데서 온다"고. (CW, 9I, para.587.)

리 우리에게 권위가 있다고 믿는다 하더라도, 우리는 여전히 무의식의 폭정에 시달리는 가장 비천한 노예일 뿐이다.

3. 사랑이 아무리 위험하고 쉽게 상처받는 일이라 하더라도 안전이라는 옹색한 틀에 갇혀 누구와도 연결되지 못한 메마른 삶을 살지 않으려면, 위험을 무릅쓰더라도 다른 사람들을 사랑하고 연민하며 그들을 향해 마음을 여는 그 위태로운 여울로 들어서는 일에서 도망쳐서는 안 된다. 우리의 문제를 해결해주기보다는 새로운 문제나 복잡한 일을 가져온다는 게 관계가 가진 역설이다. 하지만 우리는 이런 복잡한 일에서 생기는 문제들로 인해 엄청난 성장을 하는 것 또한 사실이다. 간단히 말하면 관계가 주는 가장 큰 선물은 우리가 서로 만나는 동안 애초 계획했던 것보다 더 크게 성장한다는 점이다.

4. 우리 모두 살다 보면 수치심을 느낄 때가 있다. 자신을 중요한 어떤 분야에서 일을 망친 실패자라고 여길 때 그런 일이 일어난다. 우리는 의식적으로든 무의식적으로든 수치심이 어떻게 우리를 위험으로부터 분리시키는지, 자기 방해self-sabotage를 통해 부정적인 자존감을 승인하거나 과잉 보상이나 과장으로도 결코 얻지 못할 인정에 대한 갈망으로 몰아가는지 관심을 기울여야 한다. 은혜란 우리가 받아들여질 수 없는 존재임에도 받아들여진다는 사실을 수용하는 것이라고 정의한 신학자 폴 틸리히의 말을 우리 모두 잊지 말아야 한다.

5. 심리적 균형이 유지되는 편안한 순간에는 언젠가 쇠퇴와 소멸이 닥친다는 것을 기억하자. 그리고 조용한 절망의 순간에는 우리에

게 영혼이 있다는 것을 기억하자. 그 영혼은 우리가 내버려 두지 않는 한 침해받지 않을 것이다.

6. 아무리 계획을 잘 세우고 시작하더라도 조만간 우리 모두는 여정 대부분을 고통의 사바나를 비틀거리며 걸어가게 될 것이다. 그런 기운 빠지는 음울한 상황에서도 고통을 부정하기보다는 그 고통을 통과하며 우리를 성장시키는 진지한 과제를 발견할 수도 있을 것이다. 만일 우리가 그 고통을 버텨낸다면 그것이 우리를 성장시키거나 위축시킬 수 있는 선택을 가져오리라는 것도 알아야 한다. 또한 우리가 통제할 수 있는 것이 거의 없을 때도 우리에게는 아직 중요한 것을 선택할 자유가 있다는 사실을 깨달아야 한다.

7. 그리고 유머 감각을 잃지 않는 것이 중요하다. 유머는 우리가 모순을 존중하고 불일치를 인정하며 역경을 견디는 와중에 눈물 말고는 기댈 데가 없을 때 웃으면서 긴장을 푸는 방법이다. 대구법을 사용한 다음과 같은 로버트 프로스트의 씁쓸한 시 구절을 떠올려보자. "주님, 제가 스스로에게 했던 작은 농담을 용서하소서 / 그러면 저는 당신이 제게 하신 엄청난 농담을 용서하겠나이다." 내 책상에는 균형적인 시각을 유지해야 할 때 참조하는 두 편의 풍자만화가 있다. 그중 하나에는 개성individuation이 뭔지 묻는 사람에게 "전혀 모르겠어…"라고 답하는 애널리스트가 나온다. 또 다른 하나에는 그날 치료한 사람이 있느냐는 질문을 받은 의사가 이렇게 답한다. "제가 알기로는 없습니다."

마치 설득이라도 당한 것처럼 정비사에게 차를 맡긴 어떤 남자 이야기가 자꾸 생각난다. 남자가 차를 찾으러 오자 정비사는 이렇게 말한다. "브레이크는 못 고쳤지만 경적은 더 크게 울리도록 해놨습니다!" 우리의 실존적 딜레마를 잘 요약하고 있는 대답 아닌가? 웃기기도 하고 슬프기도 한 이 농담은 이런 말을 하려는 것 같다. "할 수 있는 한 최선을 다해 수습하면서 살아가세요. 당신의 문제를 말끔히 고쳐줄 수는 없지만 경적은 최대한 크게 울릴 수 있게 해드릴게요."

이 책에서 살아남은 생각들은 독자들에게 혹시라도 삶의 방향이나 우선순위, 가치관을 재설정하는 계기가 되지 않을까 하는 의도에서 정리했던 것들이다. 나는 우리가 좀 더 양식 있는 사람이 되거나 건전한 사람이 되는 것에는 관심이 없다. 심지어 사회에 유익한 사람이 되는 것에도 관심이 없다. 만일 당신이 이 책에서 자신에게 유익하거나 다른 사람들에게 도움이 될 만한 고민의 흔적을 발견한다면 그것을 최대한 이용하기 바란다. 우리는 세상에 적응하거나 건전해지기 위해, 혹은 다른 사람들의 모범이 되기 위해 존재하는 것이 아니다. 우리는 유별나기 위해, 다른 사람과 다르게 살기 위해, 어쩌면 이상해지기 위해, 존재의 거대한 모자이크에 자기self의 투박한 작은 조각을 덧붙이기 위해 여기에 있는 것이다. 우리가 여기 존재하는 것은 신이 의도한 우리의 본모습대로 살아가기 위해서이다. 우리는 다양한 우리 자신의 모습을 이 세상에 계속 펼쳐 보이면서 세상이 더 나아지는 데 기여해야 한다. 또한 다른 이들이 우리의 모습을 보고 놀라는 것을 즐길 수 있어야 한다.

나는 이 책을 읽는 사람들이 내가 정리한 리스트나 내가 내린 결론에 동의하기를 바라지 않는다. 하지만 내 이야기를 통해 자신의 삶을 꼭 한번 다시 들여다보면서 자신만의 가장 중요한 것 리스트를 만들어봤으면 좋겠다. 우리가 삶의 진실에 대해 스스로에게 털어놓을 때 우리는 다른 이들의 삶에 대해서도 말하게 될 것이다. 그럴 때 우리는 우리가 함께하고 있는 이 보이지 않는 공동체가 사실은 추방된 사람들의 공동체임을 알게 될 것이다.

인지하고 있든 그렇지 않든 우리는 모두 추방된 사람들이다. 왜냐하면 우주와 자연과 인간과 자신이라는 이 거대한 미스터리와 진실로 구성된 네 개의 층이 절대적으로 연결되어 있다고 느끼는 사람은 이제 아무도 없기 때문이다. 서구 문명은 14세기 초반 단테가 세 개의 층으로 된 놀라운 우주의 모습을 그렸던 시기를 지나 도덕적 인과와 귀결로 인지할 수 있는 영혼의 경도와 위도를 제공했던 성/속의 세계를 거친 이후부터 중요한 참여의 장들과 정서적으로 단절되었다. 그 이후 많은 것들이 해체되었으며, 단절과 소외와 추방만이 우리의 공통적인 운명이 되었다. 그러나 우리 주위에는 아직도 저마다의 진리를 외쳐대는 사람들이 많다. 그들은 주관적인 편견에 의지해서 얻은 단편적인 진리나 그들만의 프랙털을 마치 전부인 양 외쳐댄다. 하지만 그들이 가진 불안은 열정이란 의심에 대한 방어라는 오래된 진실을 고백하는 것이다. 그리고 의심은 억눌러야 할 적처럼 길들여지기도 한다. 그들은 의심과 모호함과 양가감정을 억눌려야 할 필요에 쫓겨 온갖 열정과 열광 혹은 두려움과 근본주의로 빠져든다. 그런 사람들은 분명 이 책에 들어 있는 골치 아픈 생각들에서도 결함을 찾아낼 것이다.

그러니 이 책은 사실 자신이 추방된 사람일지도 모른다고 생각하는 이들을 위해 쓰인 것이나 다름없다. 그 신비로운 네 개의 층과 우리를 이어줄 신화적인 연결고리가 썩어 문드러졌기 때문에 현대인은 덤불숲 같은 우리의 시대를 뚫고 나아갈 창조적인 길을 발견하기 위해 자신의 내면을 들여다보고 개인적인 성찰을 소중히 여기면서 개인의 권위를 회복하도록 노력해야 한다. 세상에 아직 고대 신들의 위엄이 가득하고 왕과 사제의 제도적 권능이 유효할 때는 이런 성찰이 필요 없었다. 과거에 우리는 신화 속에서 살았다. 신적인 것과 연결되었다고 느꼈을 때 우리는 그 안에서 자유롭게 노닐며 자발적으로 그것을 섬겼다. 신적인 것과 단절되었다고 느꼈을 때는 불안에 빠져서 예전의 관계를 되살리려고 애쓰거나, 정신을 산만하게 만드는 대중문화의 유혹에 쉽게 휩쓸렸다. 혹은 의미의 위기를 겪으며 내면으로 빠져들기도 했다. 이것이 신경증으로 이어질지 아니면 개인적인 의미와 만나게 될지는 두고 봐야 한다.

C. G. 융이 말했듯, 현대 심층심리학은 부족 신화의 쇠퇴로 인해 필연적으로 등장하게 된 것이다. 이제 우리는 우리의 내면을 들여다봐야 한다. 그곳에서는 여전히 과거의 부족과 샤먼과 예언자들에게

나타났던 것과 같은 강력한 상징들을 발견할 수 있기 때문이다. 아마도 다음과 같은 법칙이 작동하는 것 같다. 신들이 살아 있는 것처럼 에너지의 장場으로 느껴지지 않을 때, 우리는 신들을 외부로 투사해 우리가 욕망하는 신적인 대상들에 사로잡힐 위험에 처하거나 신체장애나 정신이상을 얻은 것처럼 신들을 내면화하게 된다. 우리 자신의 역동적인 심연은 우리가 그것들을 추적하든 그렇지 않든, 존중하든 그렇지 않든 질문과 이미지와 운동을 낳는다. 융이 자신의 회고록《기억, 꿈, 사상Memories, Dreams, Reflections》에서 말했듯이, 인생은 우리에게 질문을 던진다. 사실 우리 자신도 그 질문들 가운데 하나다. 만일 우리가 깊은 내면에서 우러나오는 질문들을 알아차리고 어떤 형태로든 자신과 설득력 있는 대화를 나누지 않는다면, 그 질문들과 우리가 제대로 숙고하지 않은 잠정적인 대답들이 계속 자율적으로 작동할 것이다. 그러면 우리는 결국 무의식적이고 무반성적이며 우발적인 삶을 살게 될 것이다. 그렇다면… 우리는 잠시라도 무엇이 중요한지, 정말 중요한 것은 무엇인지 함께 성찰하고 충분히 생각할 필요가 있다. 그런 다음 놀라울 만큼 제각기 다른 방식으로 다 함께 나아가보기로 하자.

여행자들이여, 앞으로 나아가라!
과거의 무감각한 삶이나
그 어떤 미래로도 도피하지 말고…
잘해보려고 하지 말고.

여행자들이여, 다만 앞으로 나아가라.•

텍사스 주 휴스턴에서

제임스 홀리스

• T. S. Eliot, 〈The Dry Salvages〉, from 《Four Quartets》

"우리는 육지를 떠나 우리의 배로 끌려갔다! 우리는 우리의 다리를 불살랐다.
더 나아가 우리의 땅까지 불태워버리고 떠났다! 자, 작은 배여, 조심하라!
온통 바다다. 맞다. 항상 사납게 포효하지 않고 때로 황금빛 비단처럼 잔잔히
반짝여 평온하고 상서로운 꿈 같겠지만, 그것이 무한하다는 것을, 그리고
무한만큼 끔찍한 것도 없다는 것을 알게 되는 때가 오리니…."

– 프리드리히 니체, 《즐거운 학문》

"인간 최악의 죄는 무의식이다. 그런데 인류에게 봉사하는 본보기가 되어야 할
교사들마저도 최고의 경건함을 갖추며 거기에 빠져 있다."

– C. G. 융, 《원형과 집단 무의식》

1장

두려움에 지배되지 않는 삶

"인생에 두려워할 것은 없다. 이해해야 할 것이 있을 뿐."
– 퀴리 부인

"두려워 마라.
실재하지 않는 것을,
결코 실재하지 않았던 것을,
그리고 앞으로도 결코 실재하지 않을 것을.
실재하는 것은,
언제나 있었고
파괴될 수 없다."
– 바가바드 기타

"인간의 삶에서 당혹스러운 것은 가장 큰 두려움을 일으키는 것이
가장 큰 지혜의 원천이라는 사실이다."
– C. G. 융

새벽 세 시, 뭔가가 잠을 깨운다. 잊고 있던 얼굴이 꿈에 다시 나타나고, 친숙한 불안이 설핏 들었던 잠을 어지럽히며, 어떤 아픔이 영혼을 뒤흔든다. 혹은 차를 운전해 서둘러 귀가하는 고속도로 위에서 오래전에 겪은 한 순간이 프시케의 마룻장을 비집고 의식으로 새어 나오는 일도 있다. 왜 이런 기억들이 지금 전혀 다른 곳에 있는 내 의식의 표면 위로 떠오르는 것일까? 아이나 손자를 볼 때 나 역시 한때 그런 시절이 있었음을 떠올린다. 그 모든 것들은 대체 어디로 사라진 것일까? 나는 어쩌다 지금 이곳에 이르러 지나온 삶을 되새기고 있는 것일까? 어쩌다 나는 내가 나라고 생각하는 그런 사람이 된 것일까? 어쩌다 지금의 배우자와 만나 결혼에 이르게 된 것일까? 이런 친숙한 질문들이 떠오를 때마다 나는 애써 생각이 뻗어 나가는 것을 막으며 예측 가능한 결말로 마무리하곤 한다. 이런 생각들은 어떻게 내 선택을 지배하고 있는 것일까? 아직 미완인 내 전기를 쓰고 있는 것은 누구일까? 나일까? 혹은 다른 누군가일까? 아니면 이름 없는 불길한 어떤 힘일까? 나는 어쩌다 이 여행을 시작할 때와는 너무도 다른 이곳에 이르게 된 것일까? 그리고 어떻게 하면 선택이라는 눈보라 속에서 길을 잃지 않고 시작된 그곳으로 다시 돌아갈 수 있는 것일까?

◆◆◆

우리는 모두 울음을 터트리며 태어남과 동시에 가장 안전했던 곳에서 쫓겨나 이 세계로 내던져져 위험천만한 여행에 나섰다가 이내 사라지는 존재이다. 사무엘 베케트는 '무덤에 걸터앉은 채' 왔다 가는 것이 인생이라고 말했다. 인생은 삶과 죽음의 롤러코스터이다. 우리는 충격과 당혹에 사로잡혀 혼자 주변을 둘러보며 이것과 저것, 나와 내가 아닌 것을 구별한다. 그러다 보면 프로메테우스의 선물인 의식이 미세하게 떠오르기 시작한다. 분리에 대한 자각에서 오는 고통의 원천이자 의심과 두려움과 분열에 내밀히 관여하고, 인식과 윤리적 선택에 있어 없어서는 안 될 겉만 번드레한 장난감 같은 의식이 점차 머릿속을 채운다.

핏덩이로 태어난 우리는 빛과 중력과 귀에 거슬리는 소음이 동반된 세상에 충격을 받은 상태로 이 덧없고 부서지기 쉬운 무섭고 험난한 여정을 시작한다. 한번 결정된 운명에 수십 년 동안 시달리면서도 그 모든 것을 이해하고 그 앞에 무릎을 꿇는다. 그러는 내내 우리는 우리의 존재 이유를 자연에 귀속시키고, 신을 창조하거나 외면하면서 그 신성에 의문을 제기하기도 하고, 우리의 형제자매들을 짓밟아 먼지로 만들면서 시간을 통과한다…. 또는 건축물과 제도, 신화와 오락거리, 생각과 프로그램을 만들거나 조직적이고 계획적인 대학살을 저지르기도 한다. 그러고는 그 모든 것을 우리 자손들에게 물려주면서 다시 한번 연출시키기도 한다. 때로는 비탈에 앉아 별들을 바라보며 그 패턴을 읽어내고, 천 분의 일 초 단위의 속도로 우리에게서 전속력으로 멀어지는 저 반짝이는 둥근 개체들에 동류의식을 느끼면서 경이와 감탄과 경외심 혹은 일종의 환희를 드러내면서 어리석고 잔혹한 우리의 운명을 잠시 잊기도 한다. 그럴 때면 자신을 갉아먹는 이 게걸스러운 괴물과도 같은 먹고 먹히는 일상은 잠시 뒤로 사라지고 경이를 향한 감탄이 우리를 더 큰 것을 향하게 만든다. 하지만 대부분의 나날은 그저 얼이 빠진 채 겁에 질려 고분고분해진 존재로 한쪽 귀퉁이로 물러나 겨우 살아갈 뿐이다.

융은 아프리카의 사파리 지역을 여행하던 어느 새벽, 텐트에서 빠져나와 초원으로 걸어 들어갔다. 어디선가 사막의 청소부들이 먹이를 뜯어먹는 소리가 들려왔다. 어슴푸레한 빛 속에서 그의 놀란 눈앞으로 거대한 잿빛 짐승들이 끊임없이 지나갔다. 그 순간 그는 자신이 크로노스chronos에서 나와서 카이로스kairos•의 시간으로, 시간을 초월한 순간으로 들어갔다는 것을 깨달았다. (딜런 토머스도 천국 같았던 어린 시절의 경이로부터 떠나온 과정을 감동적으로 그린 시, 〈펀 힐 농장 Fern Hill〉에서 "순박한 빛이 탄생한 뒤에 그랬었지"라고 생각에 잠겨 말했다.) 그 스위스 정신과 의사는 일상의 시간에서 잠깐 빠져나와 다시 한번 최초의 인간처럼 신생의 야수성을 응시했지만, 의식을 모아 그것을 기록하고 관찰하면서 (릴케도 결론지었듯이••) 그 자체로는 결코

• 두 세기 전, 칸트가 지적했다시피 시간은 정신의 구성물로만 존재한다. 크로노스chronos로서의 시간은 선의 형태로, 연속적으로 표현되고 카이로스kariros로서의 시간은 수직적이고, 의미적으로 표현된다.

•• 두이노의 비가 9편에서 릴케는 이 덧없는 세계는 모든 것 가운데 가장 덧없는 우리를 필요로 한다고, 짐승이란 존재에 의식을 가져가 그 식물 같은 동물animal의 영역에 아니마anima(생명)와 '영혼'을 선물한다고 썼다.

획득할 수 없었을 실재성을 거기에 부여했다. 그 순간 우리 종족에게만 주어진 덧없는 독특한 선물이 그렇게 찬양되었다. 짐승의 존재를 알아보고 반성적이고 강화된 인식을 할 수 있는 이 선물은 다름 아닌 의식이다.

그러므로 우리 인간 종족이 끝없이 펼쳐진 거대한 진화의 가느다란 나뭇가지로부터 이어받은 이 선물은 저주이기도 하다. 기쁨과 경이와 헌신적인 사랑을 경험했던 의식은 분열과 의심, 절망과 권태, 무기력과 불안에도 시달리기 때문이다. 이렇듯 의식은 살아남기 위한 개체들의 맹렬한 공격 앞에서 미약한 주변적 존재로서 생존하기 위해 형성된 것이기도 하다. 무엇을 키워야 하는지, 무엇이 양식이 되고 무엇이 안정을 주는지, 무엇이 위협하고 처벌하고 유혹하고 또 고문하는지, 무엇이 궤변을 늘어놓고 불평하고 억누를 수 없는 수수께끼로 우리를 당황시키는지 측정하면서. 의식의 근본적인 취약성과 적응성은 서서히 이러한 수수께끼들 사이를 돌아다니며 당혹스러워하다가도 그것들을 단서나 기호, 제안이나 지시 혹은 권고로 '읽는다'. 그리고 그것을 숙고하고, 비교하고, 대조하고, 검토하고, 내면화하고, 동일시하면서 각자의 '자아와 세계에 대한 잠정적인 감각'을 점진적으로 발달시킨다. 그것은 생존에 기여하고 이런저런 다양한 감각적 포만을 추구하며 영속이라는 환상을 꿈꾸기도 한다. 그런데 괴테가 물었듯이, 변화 속에서 지속을Dauer im Wechseln, "영구적이 아닌 것들 중에서 영구성을, 변화 중에서 연속성"을 제공하는 것은 무엇일까? 무엇이 이런 사악한 변화 한가운데에서 필연적인 일관성을 제공하는 것일까? 의식은 필요한 것인 동시에 '허구'에 지나지 않는 것이다. 의식은 우리가 존재하고 우리가 실재한다는 생각이다. 또한 우리는 변함없이 영원할 것이며, 주도권을 갖고 있다고 믿는 생각이다.

그러나 이 모든 것이 확실한 순간에도, 프랙털적인 의식이 특전을 베푸는 모든 순간에도, 자만이 필요한 모든 순간에도 우리는 늘 심연 위에 떠 있다는 것을 알고 있다! 파스칼이 《팡세》에서 말했듯이 우주는 우리를 파괴하기 위해 무장할 필요가 없다. 오직 증기 한 방울이면 충분하다. 만약 바이러스 같은 불완전한 시도가 실패하더라도 어떤 분자 차원의 이상이나 너무 빨리 증식해서 살과 피와 뼈를 먹어치우는 암세포 같은 것으로도 우리를 파괴할 수 있다. 비뚤어진 안개와 같은 세상의 혼미함 속에, 우리가 횡단하는 고속도로를 뒤덮는 이 미친 듯 날뛰는 불안 속에 많은 두려움이 담겨 있다. 조만간 우리의 삶은 이러한 두려움들과 그에 대한 방어에 적응할 뿐만 아니라 그것의 지배를 받는다. 그리하여 삶을 소중히 여기는 피조물임에도 삶에 맞서 결탁하거나 자신이 가장 원하는 것을 파괴하게 된다. 우리는 삶을 욕망하면서 죽음을 부정하고, 죽음을 부정하면서 삶으로부터 도망치는 것이다!

그렇게 아이는 세상을 '읽는다'. 그런 뉘앙스나 암시를 읽고 직접적이고 간접적인 '지시'를 내면화한다. 그렇게 아이는 세상을 '해석'한다. 그렇게 우리는 대부분 무력해진 과거에서 얻은 해석만으로 항상 새로운 순간에 도착한다. 종잡을 수 없이 혼미한 가운데 우리의 시작에 대해 생각하면서 이렇게 결론을 내린다. "세계가 어떻다는 것 혹은 그렇게 말하는 것, 그렇다고 하는 말 혹은 그렇지 않은 말, 하지 않는 일 혹은 하지 않는 말은 결국 나에 관한 것이다. 그것은 모두 나에게 보내는 정교한 메시지이다." 그렇게 지갑이나 정신의 빈곤이 박탈한 세계를 추론하며 구성한다. 그렇게 나는 다른 일에 정신이 팔린 부모를 지금은 물론 앞으로도 있는 그대로의 나 자신을 소중히 여기지 않을 사람으로 해석하고, 슬그머니 무대 한구석으로 도망치거나 아니면 나 자신을 쥐어짜 위업을 달성하며 주목을 받아 부모가 나를 인정하도록 만들어야 한다. 그렇게 우리에게 중요한 다른 사람들의 콤플렉스와 열광, 과제와 욕망, 패턴과 권유가 우리 자신에 대한 실질적인 정의로서 내면에서 제도화되면서 우리는 그것을 통해 남은 인생을 확인하고 수정하고 보상받는다. 그렇게 우리는 '저 밖'의 우연적인 것들을 '이 안'의 영속적인 것들로 변형시켜 세계를 해석하거나 오해한다. 요컨대 우리 모두는 과거의 난입을 일상의 행동으로 옮긴다. 우리 모두 과도한 일반화의 오류에 시달리며, 그때 사실이었거나 혹은 사실처럼 보였던 것이 매번 새로운 장에서 재경험되고 또 무심히 재창조된다.

◆◆◆

브렌다는 알 수 없는 헛것에 쫓기며 시달리고 있다. 두려움과 불신으로 가득 찬 그녀는 남편 로저를 끊임없이 의심한다. 아무 잘못도 없는 유순한 로저는 자신에게 죄책감을 느끼기 시작한 뒤로 죄인처럼 군다. 이내 그들은 각자에게 친숙한 역할을 맡는다. 두 사람은 엄격한 어머니 역할과 부모의 눈에 띄지 않으려는 겁먹은 아이라는 역할을 각기 맡아 원형적 관점의 드라마를 상연한다. 자기애가 강하고 양육에 미숙했던 브렌다의 부모는 거짓말을 반복하면서 그녀를 속이고 무시했다. 그녀는 이로 인해 모든 것에서 배신당하거나 버림받을까 봐 두려워한다. 어쨌거나 부모도 믿을 수 없었던 그녀가 누구를 진정으로 믿을 수 있었겠는가? 한편 로저는 밤늦게까지 일했던 세일즈맨 아버지와 자신을 정서적 동반자로 키운 어머니 사이에서 자랐다. 그는 밤마다 어머니의 머리칼을 빗기고 목과 등을 마사지해야 했다. 충족되지 않는 남편에 대한 어머니의 에로틱한 욕구는 자연스럽게 로저에게 전이되었다. 로저는 그때 어떻게 해야 했을까? 집에서 빠져나가야 했을까? 혹은 다른 가족을 찾아야 했을까?

어쨌거나 브렌다와 로저는 거의 매번 서로의 내면을 발견하면서 이 친숙한 드라마를 상연한다. 브렌다는 끊임없이 불안해하며 로저를 감시하고, 로저는 그런 브렌다를 회피하며 숨는 일이 반복된다. 내면의 연약한 영혼을 보호하기 위한 로저의 침묵과 회피는 브렌다의 운명이 낳은 원형적 대본을 활성화시키고, 그녀는 그 대본을 통해 구태의연한 역할을 연기한다. 불행히도 그들은 관계에 좌절을 느낀 다음 최후의 수단으로 심리 치료를 받으러 왔다. 내내 브렌다에게 들볶였던 로저는 자신에게 문제가 있다고 여기며 죄책감을 느낀다. 남편이 믿을 수 없는 브렌다는 그가 모든 일을 회피하고 있다고 느낀다. 이 둘 중 누가 옳은 것일까? 누가 이 대본을 쓰고 있는 것일까? 이렇게 설득력 있는 대본의 강한 족쇄를 어떻게 끊을 수 있을까? 과연 다른 결말은 가능한 것일까?

그들에게 우발적으로 일어났던 과거의 변덕스러운 신들이 제공한 '자신과 타자'라는 매트릭스에 구현된 정서적 전제를 감안한다면 그들은 각자 '논리적'으로 행동하고 있다. 브렌다는 친밀한 타자들에게 끔찍하게 '배신당하며' 버림받았고, 로저도 친밀한 타자들에게 끔찍하게 '침해당했다'. 두 사람 모두 더할 나위 없이 유능한 선의를 가진 성인들인데, 왜 이런 원형적인 대본의 프로그래밍과 두려움에 추동되어 신중하게 조립된 반사적 반응만 하게 되는 것일까?

이러한 프로그래밍의 존재는 이들에게 놀라움으로 다가오지는 않았다. 다만 무의식에서 나오는 광범위한 영향력을 지닌 이 달갑잖은 힘은 심리 치료로 드러나기 전까지는 완전히 이해되지 못했다. 심리 치료가 시작된 다음에야 이런 원형적 이미지들을 자세히 살펴볼 수 있었고 서로에게서 분리해낼 수 있었다. 그런 다음에야 어떤 종류의 관계가 선의를 가진 두 성인에게 가치 있을지 혹은 어떤 일관적인 행동들이 그러한 방향으로 이끌 수 있을지 새롭게 정의하는 방법을 배우는 힘든 과제가 이들에게 찾아왔다. 그들은 결혼 생활을 다시 회복하기 위해 먼저 자신들의 과거를 해체하고 그에 수반된 방어기제를 해제하라는 요구를 받았다. 말이 쉽지, 이는 몇 번 혹은 몇 개월의 상담으로는 어림도 없을 만큼 오랜 시간이 걸리는 작업이다. 해체와 재건이 벌어지는 그 기간 동안 그들이 서로에게 해야 할 헌신은 과거의 명령과 프로그램들에 비하면 깨지기 쉬운 너무나 보잘것없고 연약한 것이다. 그들의 관계가 회복되려면 각자 상대방에게 용서와 자비를 베풀고 불확실한 미래 앞에서 상당 기간 굳건히 버틸 수 있어야 한다.

◆◆◆

우리의 지반이 연약해서 세상의 기준에 확고하게 의존할 때 그리고 대안들에 대한 무지로 인해 합리적 분석이 결여된 상황에서 엄청난 메시지들이 가해질 때 우리 모두는 거짓된 '자기 감각sense of self'을 형성한다. 우리가 거짓말을 해서 거짓인 것이 아니라 그것이 우리에 관한 것이 아니라 '그들'이나 '그것', '타자'에 관한 것이기 때문에 거짓이다. 이로 인해 우리는 각자의 내면이 아닌 타자에 의해, 신의 설계가 아닌 '타인의 타자성'에 의해 정의된다. 그것은 우리가 짐작할 수도, 이해할 수도, 억누를 수도, 통제할 수도, 헤아릴 수도 없는 것이다. 그래서 우리는 자신의 행동과 세계에 대한 태도와 우리의 필요를 충족시키는 동시에 매일같이 몰려드는 불안을 다스리기 위해 고안된 반사적인 전략의 그물망으로 정의된다.

우리가 우리 자신이라고 부르는 이 집합체 대부분은 무의식으로 남아 있기 때문에 적어도 의식이 떠오르기 이전에는 그것을 다룰 수 없다. 무의식의 까다로운 역설은 그것이 무의식이라는 점이다! 하지만 우리 중 일부는 그리스어로 영혼soul을 의미하는 프시케psyche라는 것이 우리에게 있다는 것을 배운다. 프시케는 우리 존재의 총체인 두뇌와 피와 뼈, 사고와 감정, 욕망 전부를 구현한다. 비록 우리는 의식이라는 제한된 범위를 통해 부분적으로 알 수 있을 뿐이지만 그것이야말로 우리 자신이다. 그래도 프시케는 우리를 알고 있고, 신경 쓰며 돌보고, 바로잡고, 우리가 길을 벗어날 때마다 우리를 비판한다. 그것은 결코 잠들지 않고 멈추지 않는다. 우리가 뒤척이며 선잠을 자는 동안에도 항상 우리를 지켜보면서 일이 어떻게 되어가고 있는지 그 의견을 기록한다.

프시케의 견지에서 일이 순리대로 진행되어 우리가 도道 안에 있을 때, 프시케는 그 일을 하기에 충분한 에너지와 그 과제를 긍정하고 지지해주는 느낌도 준다. 그러나 우리가 길을 벗어나면 프시케는 항의한다. 소란스러운 시위가 몸의 원형극장 안에서 벌어지고, 뇌에서는 수수밭에서 온 반란군들이 길을 차단하며, 꿈은 유령과 같은 방해물에 침범당하고, 감정은 제멋대로 날뛰며 수년간의 노고를 허사로 만든다. 그러는 동안 소심한 겁쟁이 에고는 불가피하게 이런 소란에서 도망쳐 지연과 합리화를 시도하며 주의를 딴 데로 돌리거나 마비 전략을 쓰지만, 결국 반란군들에게 제압당하고 만다. '우리'의 기권, 우리의 굴복이 그들의 목표처럼 보이면 우리의 두려움은 증폭된다. 수

많은 적응과 밀실거래의 대가로 얻은 왕좌가 아무리 흔들리더라도 그것이 우리가 생각하는 보물이고 우리의 성소이다. 왕좌에 앉은 겁쟁이 에고는 어떤 결함도, 그의 치세에 대한 어떤 비가도 인정하지 않고 더 많은 군대에게 성벽을 지키라고 명령할 뿐이다. 그 분열된 주권자인 에고는 그 모든 것이 부질없어질 때까지 저항한다. 우울증으로 심신이 쇠약해지고 배우자가 떠나고 너무 많은 중독 비용이 들고 괴로운 꿈들이 거짓이라는 강렬한 수치심을 더 이상 그럴듯하게 부정할 수 없을 때까지 이어지는 것이다.

따라서 프시케는 천사의 혀가 아니라 놋쇠가 울리듯 말하면서, 우리가 무너져 문을 열 때까지 우리의 뇌를 두들기며 우리라는 인물을 계속 때릴 것이다. 그런 뒤에 치유가 시작된다. 그런 뒤에 불가피하게 적응하다가 잃어버린 것들의 회복이 시작된다. 그런 뒤에 정말로 가장 중요한 것이 무엇인지 묻는 지혜가 생겨난다.

우리가 직면한 모든 문제들 중 많은 것들을 우리가 스스로 만들었다는 사실을 서서히 깨닫기 시작한다. 그러면서 우리가 가졌던 것이 지금은 주된 장애물이 되었다는 선적인Zen-like 깨달음과 마주하게 된다. 짓눌림과 버림받음이라는 이중의 위협에 직면해 의무처럼 적응했던 것이 이제 우리 위에 군림하는 전제정부가 된 것이다. 우리가 적응하는 것은 우리를 위한 결정을 내리는 것이다. 이는 겁쟁이 에고를 방어하는 데도 필요하지만, 동시에 매일 결정을 내리는 자율적 책임자로 존속할 수 있게 한다. 겁쟁이의 소심한 에고는 언제든 권력을 쥐고 있는 패거리와 자연스럽게 동일시되고 만다. 겁쟁이는 재난이 닥치면 기꺼이 방관자가 되고, 장례식에서는 수동적인 관찰자가 되며, 의회에서는 매국노가 된다. 그리고 빵과 설탕의 유혹이나 위안과 휴식을 제공하기만 하면 누구에게나 가련하고 헤픈 친구가 된다. 쉽게 얻어지는 것은 영혼이 감당하기 힘든 대가이다.

만일 자율적인 프시케 혹은 자신의 배우자나 자녀가, 아니면 법정이나 부정할 수 없는 어떤 청구인이 문을 두들기지 않았다면 겁쟁이 에고는 결코 현관 앞에 도착한 것에 응답하지 않았을 것이다. 그러나 이런 존재들은 그에게 몰려들어 자신을 알아봐달라고 요구한다. 그래서 아마도 겸손해진 것이 수치스러울 패배한 겁쟁이 에고는 12단계 치료 프로그램을 시작한다. 꿈에 관심을 기울이기 시작하고 여전히 작은 프시케의 목소리, 어릴 때는 잘 들렸지만 무시하기에는 너무 긴급했던 환경의 요구 앞에 귀를 막았던 목소리에 귀를 기울이기 시작한다. 그래서 겁쟁이 에고는 자포자기하거나, 계획 혹은 패배를 통해 자신의 삶이 얼마나 두려움에 지배당하고 있는지, 지금까지 자신을 형성한 그 모든 터무니없는 쇼가 어떠한 두려움에서 추동된 것인지 알게 될 수도 있다.

처음에는 이렇게 인정하는 것이 부끄럽거나 사기를 떨어뜨릴 수 있지만 결국에는 겁쟁이 에고를 자유롭게 해줄 것이다. 인정할 수 있고 이름을 댈 수 있는 두려움은 더 이상 무시무시하지 않다는 것을 알게 되기 때문이다. 두려워하는 일이 일어날 수도 있지만 사실 거의 일어나지 않는다는 것을, 설령 일어난다 하더라도 그가 살고 있는 어른의 세계는 합리적이기 때문에 다른 선택을 할 수 있는 자유가 있고, 무엇보다 깊이와 회복력이 있어서 살아남을 수 있으며, 밀고 나갈 수 있고 폭도들에게 잃은 영토를 되찾을 수 있다는 것을 알게 된다.

우리의 삶과 우리가 그 두려움을 다루기 위해 전개해온 많은 대응 전략들을 두려움이 좌우한다는 사실을 알게 되는 것은 불쾌한 발견일 수 있다. 하지만 그것이 해방의 시작이다. 우리가 삶의 여행의 진정성을 회복하는 데 필요한 것은 두려움이 적이라는 사실을 인식하는 것뿐이다. 다른 사람의 경험에서 비롯된 두려움이 아닌 우리가 가지고 있는 그대로의 오래된 두려움이 바로 그 적이다. 융이 제대로 지적했듯이, 악의 정신이란 두려움으로 인한 생명력의 부정이다. 오직 담대함만이 우리를 두려움에서 구할 수 있다. 위험을 감수하지 않는다면 삶의 의미는 침해당하고 말 것이다.* 이는 매우 명백한 사실이다.

우리가 두려워해야 할 사람은 이 지구상에 존재하는 다른 존재들이 아니다. 결국 그들 또한 두려움에 지배되고 있기 때문이다. 만일 이 사실을 기억할 수 있다면 우리는 다른 사람들에 대해 적의를 덜 품게 될 것이며, 그들 또한 우리를 지배하려는 생각을 덜 갖게 될 것이다. 이는 그들이 우리에게 해를 가할 수 있는 상황에서 수동적이 되어야 한다는 말이 아니라, 두려움이 우리 공통의 적임을 인식할 때 반복

* Cf. Symbols of Transformation, CW 5, Para.551.

적이고 퇴행적인 사이클에 갇히지 않게 될 거라는 말이다. 지금 내가 쓰고 있는 것처럼 이 세계의 너무 많은 부분이 두려움으로 인해 분열되었고 적의에 의해 움직이고 있다. 그런데도 그들 자신의 내면에 있는 겁에 질린 아이를 보지 못하고 있다. 우리는 두려움을 조장하는 것에 정치적 생명이 달린, 우리를 분열시키려는 정치인들의 지배를 받고 있는 것이나 다름없다. 우리는 모두 2000년 전 알렉산드리아의 필로가 말했던 다음과 같은 진실을 잊어버린 것처럼 보인다.

"이해해주시오, 그대가 만나는 모든 사람은 정말로 큰 문제를 안고 있으니."

◆◆◆

두려움을 이토록 강조하는 것은 어쩌면 모든 것을 두려움 탓으로 환원하거나 지나치게 단순화하는 것처럼 보일 수 있다. 그렇더라도 우리가 공통으로 갖고 있는 가장 기본적인 것이 우리 삶에서 가장 큰 역할을 한다는 사실을 기억해주었으면 한다. 결국 우리 모두는 두 가지 범주의 실존적 취약성을 두려워한다. 즉 억압받는 것과 버림받는 것이다. 앞에서 예로 든 브렌다와 로저의 경우를 떠올려보자. 브렌다는 버림받을 거라는 두려움, 결국 로저가 자신을 떠날 거라는 두려움에 의해 움직였다. 그녀가 로저를 엄청나게 필요로 하고 있다는 사실을 안다면 어떻게 로저가 그녀를 떠나지 않고 견딜 수 있었는지 알 수 있다. 그 대신 로저는 그녀에게 휘둘리는 것에 대한 공포로부터 도망치기 위해 탐욕스러웠던 어머니의 이미지를 브렌다에게 투사했다. (이 주제에 대해서는 다른 책에서 광범위하게 다뤘는데, 어느 쪽의 위협이든 우리 각자에게 기본적인 방어 전략을 초래한다는 점만 말해두겠다.)•

무언가에 휘둘리는 것, 우리가 삶이 시작되는 순간부터 느끼게 되는 그러한 두려움에 직면할 때 그 핵심 메시지는 이렇다. "세계는 커다랗지만 너는 그렇지 않다. 세계는 힘이 세지만 너는 그렇지 않다. 그러니 모든 것을 감당하며 살아야 한다!" 우리는 이에 대한 대응으로 모든 것을 회피하는 자세를 취하거나 권력에 굴복하거나 혹은 타자의 의지에 따르는 것을 수용한다. 어떤 식이든 우리를 움직이는 것은 두려움이며, 시간이 흐르면서 우리는 이런 방어 장치들과 우리 자신을 동일시하게 된다. 우리는 그것들이 되거나 그것들이라고 생각될 때까지 매일 그것들을 연습한다. 버림받을지 모른다는 위협 앞에서 우리는 회피나 타자에 대한 지배력 획득, 혹은 안정에 대한 과도한 탐색에 이르는 다양한 대응 전략들을 점진적으로 발전시킨다. 이러한 핵심적인 '생각들' 앞에서 우리는 자기 방해로부터 타인에 대한 자기애적인 지배와 의존적 패턴에 이르기까지 보상적 행동들을 발달시킨다. 그런데 솔직히 우리 중 어느 누가 이런 위협에 면역되어 있다고 말할 수

• 〈Finding Meaning in the Second Half of Life: How to Finally, Really Grow up〉 pp.46~64 참조.

있을까? 혹은 이러한 적응과 생존의 전략을 초월했다고 공언할 수 있을까? 본능적인 진실과 우리 존재의 핵심에 놓여 있는 성장욕구와의 건강한 연결이 아닌 두려움에 지배되는 전략이 우선시될 때 우리의 프시케가 항의하는 것은 당연한 것 아닌가.

그러니 두려움이 적이다. 당신의 적은 인생이 아니다. 대타자Other도 당신의 적이 아니다. 두려움이 적이며, 두려움이 당신을 신들이 우리에게 제공한 가능성이라는 거대한 저택의 좁다란 복도로 몰아낸 것이다. 모든 딜레마와 모든 선택, 모든 관계, 모든 헌신 또는 모든 태만에 대해 다음과 같이 스스로 질문해보자. "이 선택이 나를 쪼그라들게 하는가 아니면 확장시키는가?" 그 대답이 두렵거든 물어보지 마라. 자신의 영혼이 스스로에게 무엇을 요구하는지 두려울 수도 있다. 하지만 적어도 발등에 불이 떨어졌다는 사실 정도는 알 수 있을 것이다.

우리 가운데 가장 대담한 이들만이 자신의 삶에서 두려움이 하는 역할을 인정한다. 대담한 사람들은 플라톤의 동굴에서 풀려난 포로들과 같다. 그들은 더 이상 무지의 종이 아니다. 만일 당신이 두려움에 지배되고 있다면—그렇지 않은 사람이 어디 있겠는가—두려움이 당신에게 어떤 짓을 하는지, 당신과 당신이 사랑하는 사람들 심지어 당신이 최고의 존재를 빚지고 있는 세상에게 어떤 대가를 치르게 하는지 인정할 수 있다면, 마침내 당신의 최종 책무가 정말로 누구에게 있는지 알게 될 것이다.

그래도 두렵거든 당신의 묘비를 상상해보라. "이곳에는 여기에 있으나 마나 했던 사람이 누워 있다!" 이것이야말로 정말 무서운 일이다. 이에 비하면 우리가 일상에서 느끼는 두려움은 사소한 것이다.

날마다 한 쌍의 악마가 나타나 우리를 우울하게 만든다. 하나는 지금까지 살펴본 두려움이고 다른 하나는 감미로운 유혹의 말을 속삭이며 우리를 잠들게 하는 무기력이다. 천진함, 순진함, 이런저런 근본주의, 회피, 합리화 그리고 자기기만 속으로 빠져드는 것은 얼마나 쉬운 일인가. 하지만 이런 악마들이야말로 인생의 적이다.

그렇지만 자연은 우리를 겁박하고 유혹하는 짐승들보다 더 큰 에너지를 우리에게 주었다. 우리는 그것을 불러내기만 하면 된다. 우리가 '원형적 영웅'이라고 부르는 것은 어둠의 타도라는 임무를 가진 특정한 에너지의 집합이다. 가령 성 조지와 용을 그린 그림들을 보자. 성 조지는 무엇과 싸우고 있는가? 당신은 얼마나 많은 용을 보았는가? 용이란 무엇인가? 용은 삶을 집어삼키는—당신을 파괴하거나 당신을 삼키려는, 혹은 당신을 다시 동굴로 데려가려는—두려움을 상징하는 보편적인 원형 이미지다. 두려움과 무기력! 많이 들어본 말 아닌가? 그러니 당신 안에 있는 영웅 에너지는 삶의 축소와 소멸에 대응하려는 자연스러운 응답이다. 우리는 힘을 발휘해 용과 싸우고 쳐부수라는 부름을 받는다. 용은 날마다 멀쩡하게 나타난다. 그리고 겁을 줘서 당신을 삶의 구석진 곳으로 몰아붙이거나 당신이 이 세상에서 구현할 삶의 에너지를 무력화시킬 준비가 되어 있다. 우리가 무엇으로부터 달아나든 그것은 조만간 우리를 다시 궁지로 몰아넣을 것이다. 우리가 두려워하는 것들은 때로는 정신없이 흘러가는 일상에, 때로는 잠조차 우리를 숨겨주지 못한다는 것을 알게 되는 늑대의 시간에 나타난다. 시인 플뢰르 애드콕은 이를 다음과 같이 표현했다.

새벽 다섯 시. 온갖 더 나쁜 것들이 슬그머니 따라 들어와
싸늘하게 침대를 둘러싸고 서 있으니 더욱더
나빠 보인다.•

이제 당신은 자신에게 주어진 과제가 무엇인지 알게 되었을 것이다. 그것은 신들이 원하는 존재가 되는 것이다. 당신의 부모가 원하는 존재나 당신의 종족이 원하는 존재가 아니라 신들이 원하는 존재가 되는 것이다. 의식이 그렇게 이끌린다면 당신의 프시케가 지지해줄 것이다. 자신에게 주어진 것들을 양심적으로 받아들일 수 있는 사람은 자신의 삶이 두려움을 처리하기 위해 발달시킨 많은 장치들뿐 아니라 두려움 그 자체에 의해서도 얼마나 많이 좌우되는지 깨닫고 깜짝 놀랄 것이다. 그럴 때 그 사람은 자신의 삶이 정말로 무엇을 요구하는지 알게 된다. 우리 삶의 의미는 바로 설정한 범위를 넘어선 두려움을 이기고 가능한 많은 것을 성취할 수 있게 하는 우리의 능력에서 발견될 것이다. 두려움은 탓할 일이 아니다. 그것은 우리 모두의 공통

• Adcock, 〈Things〉, Poems: 1960-2000.

운명이고, 공통 감수성이다. 그러나 우리가 개인적으로 두려움을 소환하거나 두려움 때문에 운명이 방향을 바꾸거나 파괴된다면, 그것은 죄 혹은 신들에 대한 불경스러운 일이 될 수 있다. 우리 중 자신에 대한 반성에 착수할 수 있는 이들을 위한 우리의 만트라이자 소환장, 일상의 규칙은 바로 다음과 같은 것이다. 두려움에 지배되지 않는 삶.

2장

모호함에 관대해지기

"우리는 어떤 것에 대해서든 100만 분의 1만큼도 모른다."
– 토머스 에디슨

"내가 틀릴 수도 있다. 그러므로 나는 절대 나의 신념을 위해 죽지 않을 것이다."
– 버트런드 러셀

"모든 위대한 진리는 신성모독으로 시작된다."
– 조지 버나드 쇼

우리의 의식적인 삶은 '장면'과 그에 따르는 '이야기'로 움직인다. 이 중 어떤 것들, 가령 취직을 하고 관계를 맺고 길을 건너기 전에 양방향을 살피는 것과 같은 일들은 우리에게 상당히 의식적인 일이다. 더 많은 것들, 가령 안전하지 않기 때문에 자기 자신을 드러내지 않는 것, 정직보다 안전을 택하는 것, 다른 사람들로부터 고립되기 싫다는 이유로 개인적인 권위를 포기하는 것과 같은 일들은 무의식적인 일이다. 이 모든 메시지와 장면과 이야기는 콤플렉스, 즉 강렬한 에너지가 실린 우리 역사의 덩어리이다. 우리는 콤플렉스를 갖고 있다. 우리가 가진 역사가 우리의 전기를 쓰고 우리의 미래를 설계하며 우리의 자유를 제한할 수 있는 특별한 힘을 갖고 있기 때문이다.•

우리는 서로 경쟁하는 장면, 즉 우리 존재에 있어 매우 중요한 방향성을 갖고 있지만 이와 상반되는 장면이나 이야기, 메시지 사이에 갇힐 때 정체성과 의미의 위기를 겪는다. 가령 집에서 내쫓겨 유치원에 보내졌을 때 우리는 다음과 같은 상충하는 메시지들을 경험했다. "이곳은 너희를 보호해주고 먹여주는 비교적 안전한 곳이야. 이제 이 안전한 장소를 떠나면 낯선 사람들과 다른 사람들의 기대를 감당하고, 많은 경쟁자들을 상대해야 해. 이제 너희는 이 안식처에서 영원히 떠나게 될 거야!" 내가 유치원에 입학하던 날, 아이들 대부분이 울고 있었다. 나는 그 이유를 몰랐지만 이제는 안다. 혹은 청소년기를 통과할 때의 그 비참한 감정을 떠올려보자. 무정부주의적이고 반항적인 성인의 몸에 갇힌 채 어린아이의 이해와 심리에 지배된, 상충하는 메시지들을 가진 또 다른 부조화스러운 장면들을. 그 유명한 중년의 위

• 19세기 노르웨이 극작가 입센은 '유령들'이라는 메타포로 콤플렉스를 이해하는 또 다른 방법을 표현했다. 〈유령〉 제2막에서 그는 다음과 같이 썼다. "우리의 아버지와 어머니로부터 물려받은 것만이 우리 안에서 걸어 다니는 것이 아니다. 온갖 종류의 죽은 생각들, 생명력이 없는 낡은 믿음들 같은 것들도 우리 안에서 걸어 다닌다. 그것들은 생명력은 없지만 줄곧 우리에게 달라붙어 있어서 우리는 그것들에서 벗어날 수 없다.

기도 마찬가지다. 노화, 상실, 노환, 죽음과의 조우 등 혼란스러운 방향성에 이어지는 정체성의 위기가 따르는 모든 삶의 길목들이 다 마찬가지다. 이 모두에 공통되는 것은 문턱에 서 있는in a limnal state 자신을 발견하는 혼란스러운 경험이다. (Limnos는 '문턱'을 뜻하는 그리스어이다. 문턱에 서 있다는 말은 두 세계 사이의 과도기에 있다는 의미이다.)

우리는 끊임없이 세계들 사이를 걸어 다닌다. 우리가 의식하고 있는 이 유형적 세계와 일반적으로 우리가 의식하지 못하는 또 다른 세계 사이를. 우리는 그 세계들이 심한 불협화음을 낼 때야 비로소 결합된 그 존재를 깨닫게 된다. 사무실 창밖으로 저 아래 거리를 오가는 사람들을 관찰해보라. 그들은 유형의 세계를 오가면서 에고 지향적인 목표에 봉사하고 있지만, 실제로는 어떤 강박적인 에너지나 대본에 따르는 원형적 드라마 속을 유영하고 있는 것이 아닐까? 밖에 나가서 보면 알 수 있을까? 그들은 행동을 잠시 멈추고 무엇이 자신들을 움직이고 있는지 점검하고 있을까? 우리는 그들을 안다고 주장할 수 있을까? 그들의 선택을 지시하는 검색엔진에 관해 거의 아는 바가 없는데도?

그러나 우리의 프시케는 일치하지 않는 그런 메시지들을 항상 기록하면서 자신이 책임자라고 믿고 있는 우리의 에고를 기각한다. 증상을 일으키거나 골치 아픈 꿈으로, 심지어 우리의 가치관이나 이익과 반대되거나 상충하는 선택을 하라고 촉구함으로써. 한때 효과적이었던 문명도 점차 효력을 상실한 '장면'과 '이해' 사이에 끼인다. 가령 성 아우구스투스는 4세기에 자신들이 알고 있었던 안정된 세계 질서의 종말을 동시대인들이 심리적으로 소화할 수 있도록 도와주기 위해 《신의 나라City of God》를 저술했다. 또 14세기의 흑사병은 전 유럽 인구의 40퍼센트를 죽임으로써 군주제와 교황제의 신성 주장과 종말론적 주장을 심각하게 훼손했다. 서구가 바라보던 세계상은 흔들렸고 사람들은 방향 감각을 심하게 상실했으며, 그 여파는 오늘날까지도 이어지고 있다. 결국 유혹으로 가득한 물질주의의 안락과 오락뿐 아니라 현대의 복지국가와 교육, 과학과 과학주의 같은 세속적인 대용물들의 발달로도 충분히 처리되지 못했다. 또한 현재 우리 시대에는 인종과 젠더, 성적 선호나 지향의 정의definition에 대한 추정적인 고정성이나 서구의 헤게모니, 정부의 정직성에 대한 신뢰와 수많은 자명한 이치들이 도전받았고 또 대부분 전복되었다. 수많은 이들이 자신들의 심리적 안정을 얻기 위해 역사의 비탈에 매달리고 있지만 종으로서의 우리는 모호함과 모순 같은 우리를 불편하게 만드는 것은 무엇이든 잘 용납하지 못한다. 그래서 우리 각자의 내부에 존재하는 불안을 먹고 사는 '근본주의'가 시시때때로 유행하는 것이다. 우리는 그 소심한 부분이 우세해질 때 삶의 복잡성을 훼손하고 퇴행적인 전략에 힘쓰며 삶이 우리에게 요구하는 여행을 축소시킨다.

◆ ◆ ◆

구체적인 사례 두 가지를 들어보겠다. 하나는 역사적인 것이고 다른 하나는 이번 주 내가 진료한 50대 남성이 묘사한 것이다.

역사적인 사례 먼저 보자. 내 사무실에는 1600년 캄포 데 피오리 Campo de' Fiori(꽃의 들판이라니, 그러한 사건 현장으로 얼마나 멋진가)에서 교회에 의해 화형에 처해진 호기심을 타고난 남자, 지오다노 브루노의 사진 한 장이 있다. 브루노의 죄는 무엇이었을까? 감히 자신의 경험을 믿은 것이었다. 그는 폴란드 천문학자 코페르니쿠스의 책에 대한 이야기를 들었다. 코페르니쿠스 역시 자신의 경험을 신뢰했으며, 자신의 경험적 관찰에 근거해 태양을 중심에 둔 태양 중심적 행성 체계를 기술했다. 이 모델은 태양과 다른 별들과 행성들이 우리의 중요성에 대한 충성으로 지구 주위를 돈다는, 그 당시에 숭배하던 지구 중심 모델과는 반대되는 것이었다. 오늘날 우리는 태양 중심 체계가 더 정확하다는 것을 잘 알고 있다. 그뿐만 아니라 우리 지구는 훨씬 더 큰 우주의 작은 부분에 불과하다는 것과 그러한 우주 안에서는 교회와 그 신앙 체계에서 선언했던 것처럼 지구가 더 이상 우주의 정점도 중심점도 아니라는 사실도 잘 알고 있다. 차라리 우리는 너무 광대해서 그 무한성을 묘사할 수 있는 모델을 상상하는 것은 고사하고 이제 겨우 그것을 암시할 수 있는 메타포를 상상하기 시작했을 정도로 광대하고 복잡한 소용돌이 속의 한 점 같은 먼지 위에 탑승한 우주 여행자들에 불과하다. 오늘날에는 '천국'을 확인하기 위해 '저 위'를 가리키지 않는다. '저 위' 같은 것은 더 이상 없기 때문이다. 그저 '저 밖…'이 있을 뿐이다. 아니면 '여기가 아닌' 혹은 '이 안이 아닌'인가? 그렇다면 더 이상 '안쪽'으로 추적해 들어갈 수 없는 것에는 어떤 것들이 있을까? 소심한 이들이 동어반복적으로 말했던 그 모든 확실한 것들보다 《이상한 나라의 엘리스》의 체셔 고양이가 보여준 미묘한 미소와 윙크가 옳았다. 그렇지만 이미지 사이의 이 거대한 간극에서 겸손한 믿음은 불안이 만들어내는 '확실성'을 희생시킴으로써 철저히 신비를 존중하는 자리를 찾을 수도 있을 것이다.

브루노는 그러한 코페르니쿠스의 관찰을 지지한다고 선언했고, 그로 인해 고위 성직자들의 분노를 샀다. 그들은 브루노를 인류와 '그 교회'를 하느님 '계획'의 중심에 두는 인간 중심적인 신성한 메타포에 대한 위협으로 간주했다. 이 질서정연하고 위계적인 모델의 침식은 천체도와 고위 성직자들의 인간 중심적 주장들이 의존하는 신학적 강령을 위협했다. 역사적으로 같은 시기에 셰익스피어가 《트로일러스와 크레시다》에서 "현의 음을 맞추지 말고 어떤 불협화음이 일어나는지 들어보라"라고 썼던 것처럼 말이다. 달리 말해보자. 만일 세부적인 것들이 마스터플랜에 맞아떨어지지 않을 경우 세부적인 것들을 억눌러라. 그렇지 않으면 권위 상실이라는 대가를 치르게 될 것이다! 그런 이유로 브루노는 화형을 당하고 말았다. 진리를 위해서가 아니라 누군가의 현상을 유지하기 위해! 이 끔찍한 신학적 악당들은 교만에 대해, 신에 대한 그들의 생각과 그들이 신에게 가했던 한계에 내재돼 있는 오만에 대해 거의 고려하지 않았다. 그들은 우리가 살고 있는, 그들의 전능하신 하느님이 만든 이 경이로운 세계의 복잡성을 이제야 상상할 수 있다고 말하면서 자신들이 생각했던 것들이 추정에 불과했음을 인정하거나 고백하지 않았다.•

한동안 우리가 과학자들이라 부르던 관찰자들은 일반적으로 인정되는 장면에서 불일치를 목격하고도 진지하게 '현상 유지'를 하려고 했다. 즉 이런 모순되는 세부사항들을 인정하면서도 낡은 모델을 유지하기 위해 기존 모델에 포함시키는 방법을 찾고자 했던 것이다. 마침내 그 간극이 너무 벌어지고 긴장이 너무 커지자 객관적인 관찰과 개인적 경험의 진실성이 이러한 개척자들의 머리와 가슴을 사로잡았다. 같은 시기에 갈릴레오는 새로 발명한 망원경으로 밤하늘을 관찰했으며, 1610년에는 목성 주위를 돌고 있는 위성들을 발견했다.•• 육안으로 볼 수 없었던 것이 이제 확대된 시야에서 그 모습을 드러냈다. 그 순간 갈릴레오는 행성들이 붙어 있는 것으로 추정되는, 천상의 조화 속에 회전하는 그 수정 같은 껍질들이 그것들을 깨는 위성들 없이

• 아직도 우리 가운데 그런 신학적 악당들이 있다. 자신들의 창조주가 의도한 그런 존재가 되라고 사람들을 억압하는 물라(이슬람교 율법학자)이든 신학교와 교회와 동료 사제들을 숙청하는 고위 성직자이든 간에. 그들 모두가 공통적으로 갖고 있는 프시케적인, 즉 모호함을 용인하지 못하고 상상력마저 빈곤한 영적인 미숙함이 그 증거이다.

•• 1년도 채 안 돼 그 위성들은 예수회 천문학자들과 프라하의 케플러에 의해 확인됐으며, 1613년 케플러의 제안에 따라 이오, 유로파, 가니메데, 칼리스토라고 명명되었다.

는 존재할 수 없다는 것을 알게 되었다.• 그리고 그는 그렇게 말했다. 예상대로 1610년에 갈릴레오 역시 브루노를 화형에 처한 바로 그 종교 재판관, 로베르토 벨라르미노로부터 고문 위협을 받았고 가택연금에 처해졌으며 불온한 그의 견해는 출판을 금지당했다.

그러니 어떤 문화에서든 늘 우리와 함께 있는 파시스트적인 정신을 가진 그들은 당신이나 내가 스스로 경험할 수도 있는 것을 통제하려고 기다리고 있다. 왜일까? 그것이 그들을 불편하게 만들기 때문이다! 오늘날 그들은 학교 이사회에 나타나 자신들의 케케묵은 3층짜리 우주에 도전하는 책들을 제거하려고 한다. 오늘날 그들은 자유로운 탐구라는 미명하에 창조론자의 독단을 과학이라고 강요한다. 물론 어떤 진지한 성경학자도 창세기의 시적인 메타포들이 태초에 존재하지 않았던 한 민족의 창조적 상상 이외의 것이라고 주장하지 않는다는 사실은 간과한 채 그렇게 그들은 브루노 시대의 그 소심한 고위 성직자들처럼 진화 과정의 현실성을 부정하고 있다. 그들의 짧은 생애에서도 항생 물질과 환경 독소에 대한 반응으로 자신들의 몸이 돌연변이와 진화를 하고 있음에도. 그렇게 그들은 미 합중국 의회의 대표로 활동하면서 합법적으로 선출된 다른 대표가 성경이 아닌 자신의 성전을 들고 취임 선서를 해서는 안 된다고 주장한다.•• 그들은 그렇게 의

• "모든 자연이 노래하고 내 주위에서 천상의 음악이 울린다"라고 선언한 옛 찬송가가 기억나는지. 그 천상은 우리가 투명한 수정 같은 구체 위의 행성들을 정신적으로 조율하면 천상의 하모니로 들릴 수 있는 성스러운 조화 속에서 회전한다는 환상을 보여준다.

견 차이나 다른 견해, 진실한 질문을 비애국적이고 불충한 것이라는 꼬리표를 붙인다. 그런 파시스트 같은 정신을 가진 이들은 모호한 상황이라면 어디든 등장한다. 생각이 다르다는 이유로 브루노 같은 사람 혹은 당신을 기꺼이 태워 죽이려는 사람은 늘 존재하고 있다! 그들은 그만큼 '현상 유지'를 원한다. 불일치를 부정하고 모순을 땜질해서 모든 것을 자기들 마음대로 하기를 원하고 또 그런 일을 필요로 한다.

◆◆◆

최근 내 상담실에서 쉰다섯 먹은 목수가 재앙 같은 질병으로 고통받던 시절의 이야기를 했다. 지역 교회의 유명 목사들이 그를 위해 치유의식을 거행하자고 강력히 주장하자, 아마도 겁에 질렸을 수동적인 그의 부모는 그에 동의했다. 의식은 제대로 거행됐지만 그의 병세는 심해지기만 했다.

의식 전날 밤, 운명에 의해 엄격한 종교 종파에 밀어 넣어진 이 청년은 자신이 속한 종파의 교리 중 하나를 어겼다. 초조한 마음에 맥주를 마셨던 것이다. 그런 적이 한 번도 없었는데 그는 그날 저녁 맥주

•• 다른 주 시민들의 선출로 취임한 동료가 다른 신앙을 가진 것이 화가 난 데다 그가 성서로 쿠란을 선택하는 걸 막고 싶었던 버지니아 주 하원의원 버질 구드처럼. 더 나아가 생각과 종교의 자유를 보장한 미합중국 헌법과 권리장전을 수호한다는 그 사람은 유권자들에게 또 다른 무슬림에게 투표하지 말 것을 촉구했다. 그들 역시 유사한 선택을 할지 모른다는 이유로. 우리의 세금이 그렇게 쓰이고 있다니….

를 마시고 싶은 강렬한 충동을 느꼈다. 그래서 그는 오랜 세월 동안 자신이 맥주를 마셔서 치유의식을 방해했고 하느님과 치유의식을 베풀어준 그 유명 목사들을 노하게 만들었다고 믿었다. 그리하여 죄의식이라는 정신적인 짐까지 떠안게 되면서 그의 육체적 짐은 두 배로 가중되었다.

거의 40년 후, 그는 내 상담실에서 이 사건들의 연관성을 검토하다가 그때 왜 자신이 돌연 맥주를 마셔야 했었는지를 깨닫게 되었다. 그는 실제로 그 의식이 효과가 있을 거라고 믿지 않았던 것이다! 어렸지만 그는 그것이 강압적이고 심지어 미신적인 것이라고 느꼈다. 그래서 그의 무의식 속의 무언가가 하느님을 구하기 위해 이런 '죄'를 저질렀던 것이다. 그는 어떻게 하느님을 구했을까? 그는 자신과 그의 종파가 신봉하는, 그리고 자신이 그토록 신실하게 믿고 싶었던 '신의 이미지'를 구하고 있었다. 치유의 '실패'에 대해 하느님을 탓하기보다는 자신이 그 짐을 지는 것을 택했던 것이다. 즉 그는 자기도 모르게 '현상을 유지하려고' 했고, 그렇게 자신의 영혼 안에서 두 이야기를 화해시킬 수 있었다.

이 사건과 그의 '영웅적인 사명'은 수십 년 동안 그저 희미한 기억으로 남아 있었지만, 그의 역사는 늘 공범이라는 무게에 짓눌려 있었다. 그 당시의 신앙 치료사, 그 영적인 관대함의 모방자는 그의 신앙이 부족하다고 질책하면서 충분한 믿음을 찾는다면 고통에서 치유될 것이라고 했다. 얼마나 친절하고, 얼마나 자비롭고 치유 정신이 투철

한 양반인가! 자신을 불구로 만든 고통을 겪었던 청년은 이제 영적인 실패의 무게까지 견디라는 선고를 받았던 것이다. '현상 유지'란 정말! 소아마비를 일으킨 바이러스에 대해 무지했던 그 도덕적으로 확고부동한 인간들 이야기는 이 정도까지만 하자.

그래서 그렇게 수십 년이 지난 후, 치유적인 통찰의 순간에 그는 전날 밤의 그 맥주를 떠올렸고, 그가 한 일은 '하느님', 즉 그의 종파의 신의 이미지imago Dei을 구하기 위해 자신을 희생한 것이었음을 깨달을 수 있었다. 어린 그는 하느님을 섬기면서 고문을 달게 받겠다고 자신을 바쳤다. "이것이 내 몸입니다Hoc est corpus meum"라고. 그는 자기 인생 여정의 새파랗게 젊은 단계에서 자신과 그의 종파의 '현상 유지'를 위해 그리스도와 같은 고통의 대리인임을 증명했다. 그렇다면 그의 '죄'는 모순어법적으로 '신성한 죄'라고 하는 것이 옳지 않을까. 즉 그는 문화적으로 제한된 규범적인 규칙을 위반했지만 더 높은 목적에 봉사했던 것이다. 브루노를 불태워 죽인 그 영적인 유명 인사들과 어린아이를 맹렬히 비난한 그 사람들의 모습이 어딘가 비슷하지 않은가? 모호함에서 일어나는 불안을 처리하기 위해 힘쓰는 그들의 모습이 그런 듯하다.

◆◆◆

'현상을 유지하려는' 이러한 경향은 우리 모두의 삶에서 나타난다. 우리가 어떻게든 우리 자신을 속이고 부정하고 스스로에게 거짓말을 하면서 우리의 회피 행위를 진짜라고 믿으려 할 때 그런 일이 벌어진다. 우리는 종종 현상을 유지하라는, 우리가 추정한 정체성과 가치관 그리고 우리의 실제 관행 사이의 간극을 메우라는 요구를 받는다. 이 괴로운 간극이 융이 그림자라고 부른, 우리를 불편하게 만드는 우리 자신의 한 부분이다. 우리는 불편한 느낌에 이러한 사실을 억누르거나 다른 사람들에게 투사하면서 거기에 흡수되거나, 혹은 가끔 그것을 의식으로 가져와서 보다 복잡하고 정확한 자아 감각 안에 통합한다.•

우리의 페르소나를 보호하는 것, 우리의 선택과 그 결과에 대한 책임을 회피하는 것, 집단의 가치에 맞추는 것은 모두 '현상을 유지'하고 모호함에서 오는 불편을 피하려는 방법이다.

진실을 말하자면 인생은 온통 모호함으로 가득 차 있다. 우리는 더 많이 알면 알수록 많이 알지 못하다는 사실을 깨닫게 된다. 2,500년 전 소크라테스는 델피의 신탁으로 그리스 전역에서 가장 현명한 사람이라는 인정을 받았다. 자신에 대해 잘 알고 있던 소크라테스는 그 신

• 그림자라는 주제에 대한 좀 더 자세한 논의는 《Why Good People Do Bad Things: Understanding Our Darker Selves》를 참조하기 바란다.

탁이 터무니없다고 생각했다. 그래서 여러 나라를 두루 돌아다니며 현명한 사람들을 찾아다녔다. 그런데 소크라테스는 그들 역시 무지하다는 것을, 게다가 그들이 그 사실을 알지도 못한다는 것을 깨달았다. 결국 소크라테스는 자신이 모른다는 것을 알고 있는 것이 자신의 지혜임을 이해했다. 그리고 그는 이 사실을 받아들일 만큼 의지가 강했다. 그러니 그는 그런 '지혜'를 얻을 만했다.

우리가 성숙해지는 과정은 모호함을 점차 처리할 수 있는 능력과 직접적으로 연관되어 있다. 사실 심리적, 정치적, 사회적, 정신적 성숙을 가늠할 수 있는 지표는 아무리 당혹스러운 순간에도 모호함을 받아들일 수 있는 능력이다. 이는 누구든 마찬가지이다. 그런데 우리가 아무리 솔직하고 예리하다 하더라도 우리 모두의 내면에는 어떤 대가를 치르더라도 위안을 바라는 소심한 겁쟁이 파시스트가 있다. 한나 아렌트가《공화국의 위기》에서 썼듯이, 전체주의 정신은 역사를 통틀어 세계가 명백하고 질서정연해야 한다는 필요에 사로잡혀 있었다. 따라서 미묘하거나 모순된 것, 복잡한 것을 참을 수 없는 것으로 느끼며 무슨 수를 써서든 없애려고 했다. 우리 각자의 내면에도 그런 소심한 폭군이 살고 있다. 그리고 언제든 이견을 억누르기 위해 혹은 우리를 통해 삶으로 들어오려는 대안을 짓밟기 위해 일어날 수 있다. 우리는 유령이 출몰하는 집에 살고 있을 뿐만이 아니라 폭군이 다스리는 나라의 종복으로 살고 있다.

민주주의의 효능은 확실히 야당의 역량에 달려 있다. 모든 일방주의는 금세 전체주의로 판명되기 때문이다. 우리의 인격적 성숙과 차별적 역량은 모호함을 존중하는 데 달려 있다. 모호함이 없다면 우리는 결코 성장하거나 의문을 제기하지 못할 것이다. 또한 한때 위안을 제공했지만 시간이 흐르면서 무지를 승인하고 수축의 의무를 지울 뿐인 낡은 확신에서 벗어나지도 못할 것이다. 모호함이 낳는 불안을 용인할 수 있는 능력은 삶의 본질적인 신비를 존중하고 그 신비에 참여할 수 있게 해주며 또 그 신비와의 반복적이고 일상적인 만남을 통해 성장할 수 있게 해준다. 그러나 그로부터 얻는 것은 그 이상이다. 확실성은 정체를 낳지만 모호함은 우리를 삶 속으로 더 깊이 끌어당긴다. 도전받지 않는 확신은 경직을 낳고, 경직은 퇴행을 낳는다. 그러나 모호함은 우리에게 발견의 문과 복잡성의 문을, 그리하여 성장의 문을 열어준다. 우리 문화의 건강과 우리의 개인적인 여정의 방대함은 우리가 더 큰 삶을 위해 모호함을 용인하는 법을 배우는 데 달려 있다.

◆◆◆

이 모든 것을 한 번 더 생각해보자. 우리 개개인의 심리학, 신학, 정치학은 주로 우리가 더 편하고 더 안전하게 느끼도록 설계되어 있다. 이것은 위법적인 것이 아니다. 두려움은 우리 여정의 불가피한 측면이기 때문이다. 하지만 이러한 구성물들은 '신들'을 섬기기보다 우리의 안락을 중시한다. 아무리 변화무쌍하고 도전적인 형태를 띠더라도 그런 것들은 진실과 협상하려는 우리 노력의 결과물이다. 그러나 결국 신들은 조롱당하지 않을 것이고 진실은 드러날 것이며 모호함으로부터의 도주는 우리와 우리의 문화를 더 이상 효용 가치가 없는 낡은 이데올로기나 실패한 신학, 또는 중요한 문제를 시시하게 만들어버리는 심리학 같은 막다른 길로 인도할 것이다. 우리의 삶이 두려움에서 도피하거나 하찮은 것에 의해 좌우되다가 끝나는 것을 용납할 수 있을까? 사실 우리는 늘 모호함이라는 광대한 바다에서 헤엄치고 있다. 그러므로 '현상을 유지'하거나 이론과 사실 간의 모델과 신비 사이의 간극을 감추려고 노력하기보다 미지의 것을 포용할 수는 없는 것일까? 그것이 더 정직하고 더 충실한 길이자, 두려움에 좌우되지 않고 이 우주와 이 우주를 통과하는 우리 여정의 깊이와 장엄함을 하찮지 않게 만드는 길이 아닐까?

3장

영혼의 양식

"광신이란 목적을 망각하고 노력을 배가하는 것이다."
– 조지 산타야나

이 문장을 쓰고 있는 지금은 12월 22일이다. 감상적 상업주의의 유별난 열광이 맹위를 떨치는 시즌이다. 사람들이 인터넷에 몰려드는 바람에 검색엔진은 느려져 거의 기다시피하고 혼잡한 쇼핑센터에서는 사람들이 서로를 밀쳐 댄다. 주요 방송사들은 집 앞에 쓰나미나 메뚜기 떼라도 닥친 듯 초조하게 매출액을 보도하고 있다. 확실히 이날은 중요한 사회학적 사건을 관찰할 기회를 제공한다. 언젠가 필라델피아 이글스의 경기를 보기 위해 그 오래된 스타디움의 맨 꼭대기, 가장 소란스러운 이글스 팬들이 모이는 가장 크고 가장 높은 좌석으로 동료 교수를 데려간 적이 있다. 우리는 다음 단어가 거의 안 들리고 맥주가 넘쳐나는 가장 시끄러운 군중 사이에 앉았다. 내 친구의 전공 분야가 하필 인류학이라서, 그는 주변에서 벌어지고 있는 필라델피아 토박이들의 행동에 매료되었다. 그것은 그에게 사회학적이고 인류학적인 사건이었기 때문에 그는 현장 학습을 시켜준 나에게 고마워했다. 지금 이 시기의 열광적인 상황도 그렇다. 우리가 보는 광경을 외국인들이 본다면 상점들로 몰려가는 저 사람들이 굶주리고 있다고, 저 상점들은 음식을 감춰놓고 있다고 생각할지도 모르겠다.

지금 여기에서는 무슨 일이 벌어지고 있는 것일까? 마구간의 그 겸손한 평화의 왕이 어떻게 찬양되고 있는 것일까? 자신의 왕국은 이 세상의 것이 아니라고 했던 그 사람의 가치는 어떻게 모방되고 있는 것일까? 이러한 광적인 동지冬至 의식을 어떻게 이해해야 할까? 적어도 수천 년 전 우리의 조상들이 공감할 수 있는 주술 행위로 태양에게 돌아오라며 달래기 위해 촛불을 켜거나 모닥불을 피웠을 때는 생존에 불가결한 뭔가가 위태롭기라도 했다. 그들은 큰 호를 그리며 남쪽으로 향하고 있는 태양을 어르고 달래고 꾀면서 돌아오기만을 간절히 바랐다. 혹한으로 그들이 죽거나, 햇빛이 부족해 농작물을 수확하지 못하는 일이 벌어지지 않도록 말이다. 음, 어쩌면 이 모든 쇼핑의 광기를 보고 있노라면 이곳 역시 생존에 필요한 뭔가가 위태로운 건지도 모르겠다. 그러한 에너지가 투입되는 곳이라면 생존에 필요한 뭔가가 위태로운 게 분명하지만, 예수 혹은 예이츠가 "짐승 같은 바닥 위의 갈릴리 격변the Galilean turbulence on the bestial floor"이라고 했던 것과는 무관할 것이다.

◆◆◆

매년 수천만 명의 관광객/순례자들이 애틀랜틱시티와 라스베이거스의 카지노로 이동한다•는 사실을 들을 때마다 어쩔 수 없이 왜 그런지 묻게 된다.

왜 수백만 명이 명백히 세속적인 도시들을 향해 이런 대규모 이동을 하는 것일까? 캔터베리 성당으로 가는 초서의 순례자들처럼 왜 전국 각지에서 몰려든 사람들이 저지 해안 옆 황폐한 도시나 사막에 있는 그 플라스틱 신기루를 향해 순례를 떠나는 것일까? 그 순례에는 틀림없이 무슨 의미가 있을 것이다.

왜 가는 걸까? 음… 우리는 '돈' 때문이라고 쉽게 말한다. "그런 빤한 걸 묻다니 바보 아냐?" 음, 그렇다면 이렇게 많은 인간의 에너지를 끌어모으는 돈이란 것은 과연 무엇일까? 그들은 도대체 왜 거기에 가는 것일까?

좀 더 자세히 들여다보면 그들이 그곳에 가는 이유가 결국 신용

• 메카에 방문하는 연 평균 관광객/순례자 수는 300만 명이 조금 넘고 디즈니월드의 방문자는 1,000만에서 1,200만 명인데 비해, 애틀랜틱시티와 라스베이거스는 각각 연간 3,300만 명 이상이 방문한다.

카드나 지폐, 동전 같은 것으로 구현된 돈 때문이 아니라는 사실을 알 수 있다. 그곳에 있는 중세나 고대의 방탕스러운 시절을 연상시키는 이름이 붙은 휘황찬란한 쾌락의 궁전들이 유혹적이라는 것은 인정할 수 있다. (버스만 타면 갈 수 있는데 누군들 케사르의 궁전이나 타지 마할이나 트로피카나를 직접 보고 싶지 않겠는가?) 초원처럼 보이는 녹색 펠트 테이블과 쉬지 않고 들리는 소음, 감각의 과부하, 짤랑거리는 동전 소리, 섹스와 흥분에 대한 암시, 따거나 잃는 과정에서 느끼는 긴장감 또한 유혹적이다. 그런데 정말 그것들은 다 무엇일까? 왜 그런 곳에는 가난한 사람들이나 노인들, 혜택받지 못한 사람들이 나타날 가능성이 가장 높은 걸까? 왜 수백만 명의 사람들이 볼티모어에서 버스를 타거나 데이튼이나 리치몬드에서 무료 비행기에 오르거나 라과디아에서 대기 중인 리무진을 타고서 명백하게 도박장이 유리한 게임을 굳이 하겠다며 그런 순례를 계속하는 걸까? 왜 그들은 자발적으로, 심지어 열과 성을 다해 자신의 돈을 도박장에 건네는 걸까? 이미지나 소리, 광경, 유혹, 장식 그리고 속임수에 조종당하고 있다는 걸 뻔히 잘 알고 있으면서도 왜 그런 걸까? A. C. 프레스의 2면에 기사가 실리기도 했던, 횡령한 회사 돈을 탕진하고 블랙 호스 파이크 주변 습지 갈대밭에서 자살한 어느 청년의 이야기를 왜 무시하는 걸까? 왜 전용기를 띄워 몬트리올까지 가서 도박에 중독된 딱한 말단 은행원을 도박장으로 데려와 다른 누군가의 돈을 매주 수만 달러씩 잃게 하는 회사를 도와주고 싶어 하는 걸까? 프레즈노의 식료품 값이 계속 오르고 있는 마당에 왜 자신의 사회보장 수표를 그 돈 많은 거물들에게 넘겨주고 싶은 걸까? 카지노 관리자들이 자신을 사랑하지 않는다는 걸 알면서도 고된 노동의 대가를 왜 그들에게 건네주고 싶은 걸까? 왜 그들 자녀의 대학 학비를 대신 내주고 싶은 걸까?

이 돈이라는 것이 순례자들에게 새로운 골칫거리나 세금 문제, 혈압이 치솟는 공상 말고 무엇을 가져다주는 것일까? 돈은 우리에게 무엇을 제공하는 걸까? 아니 그보다 우리는 돈에 우리의 욕망을 투사함으로써 돈에 무엇을 제공하려 하는 걸까? 투사는 무의식의 측면에서 일어나는 것이라서 우리는 그런 무생명적인 상징에 우리 영혼의 한 측면을 투사했다는 것을 알지 못한다. 어쨌거나 사람들이 자신의 영혼을 깃발이나 서약이나 제도나 대의명분이나 영웅이나 유명인사에게 투사할 수 있다면 마찬가지로 돈에 투사하지 않을 이유는 없다.

이리저리 얽히고설킨 이 복잡한 우리 환상의 실타래를 풀어보면 돈에 대한 세 가지 실질적인 투사가 있다는 것을 알 수 있다. 우리는 그것으로 애틀랜틱시티와 다른 이상향들이 우리에게 갖는 독특한 역할에 대한 단서를 얻을 수 있다.

1. 첫 번째, 만약 돈을 딴다면—운명이나 '재능'의 선물을 받거나 행운의 여신이 찾아와서—평범한 삶에서 벗어날 수 있다. 그 순간 우리는 고되고 지루한 삶이라는 이 평지를 벗어나 특별해질 수 있다. 그 순간 우리는 초월한다. 《전락》에서 알베르 카뮈는 이웃에서 누가 살

해될 때 그 일이 자신에게 얼마나 큰 스릴을 선사하는지 묘사했다. 그런 한순간의 어떤 '초월적'인 사건이 우리의 주의를 집중시키며 우리를 평지로부터 끌어올린다. 매일 밤 지역 뉴스는 가장 최근에 일어난 살인사건이나 끔찍한 자동차 사고 혹은 선정적인 스캔들을 보도한다. (뉴스 업계에 종사하는 친구의 말에 따르면, "피를 흘리는 사건이 벌어지면 그것이 톱뉴스"라고 한다.) 그 순간, 평범한 것으로부터 명백히 초월할 수 있을 거라는 희망이 그러한 헌신을 강제한다.

2. 두 번째, 우리는 돈으로 인생을 바꿀 수 있다고 상상한다. 단지 대출금을 갚는 것만이 아니라 우리의 삶을 주의를 집중시키게 만드는 (그리하여 소유할 수 있는) 대상들로 새롭게 채울 수 있다고 상상한다. 여기에 한술 더 떠, 이런 선물들이 우리를 더 대단한 사람으로 탈바꿈시켜줄 수 있을 거라고 상상한다. 마침내 변신을 통해 진정한 내가 될 수 있다고…. 지금의 나보다 훨씬 더 뛰어난 존재이자, 지금까지 내가 스스로 성취한 것 이상의 존재, 혹은 지금까지 운명이 허락한 그 이상의 존재가 될 수 있다고 약속한다.

3. 세 번째, 돈이 있으면 우리는 순간적으로 자신보다 더 큰 무언가에 연결되어 있다고 느낄 수 있다. 경외감과 흥분뿐만 아니라 초월적 타자와의 관계를 경험할 수 있는 것이다. 살다 보면 세상과 유리되어 있다는 소외감이 자주 든다. 그러나 돈이 있으면 더 큰 뭔가의 일

부를 느낄 수 있고 삶의 틀을 다시 짤 수 있으며 확장의 길로 들어서면서 다시 세상과 '연결되는' 느낌을 가질 수 있다. 우리의 외로움과 슬픔과 갈망이 이 순간적인 '연결'로 잠시 희석되는 것이다.

이러한 가치나 심오한 욕망의 작용, 우리의 집요한 영혼의 과제들에 주목하자. 초월과 변신, 연결 같은 것들은 '종교적'인 가치들이다. 역사적으로 종교의 책무는 저속한 일상에 초월감을 제공해 일상을 영원한 어떤 것으로 근본적으로 변화시켜 분리된 영혼을 그 근원에 다시 연결하는 것이었다. 종교의 어원이 의미하는 바는 다시 연결하는 것이다.•

만일 우리가 살아 있는 신화 체계 안에 있다면, 즉 우리의 부족과 가족 혹은 문화의 에너지가 장착된 이미지들이 실제로 우리를 변화시키고 들어 올리고 연결시키는 그런 생생한 신화 체계 안에 있다면, 돈처럼 의도적으로 만들어진 하찮은 추상적인 물건 따위는 매력을 잃을 것이다. 삶의 부채는 실질적인 관심사이고 실제적인 방법으로 다뤄질 수 있지만, 돈 그 자체를 위한 돈은 영적으로 중요하지 않고 정서적으로도 무의미하다. 분명 수많은 사람들이 돈을 너무나 긴급하고 중요한 것으로 만들고 있다. 이는 다른 데서 영적으로 효과적인 삶을 경험하지 못한 탓이 아닐까? 맞다. 교회는 만원이다. 서구의 대다수 국가

• 're-legare' 참고.

들은 훨씬 덜하지만 미국에서는 그 어느 때보다 그런 것 같다. 교회들이 사람들로 가득 차는 것은 어쩌면 교회가 단테의 시대 이후로 지속된 '대절연grand disconnect'에서 야기된 불안을 위한 컨테이너 역할을 하고 있기 때문일 것이다. 대형 교회나 카지노에 모여드는 무리들에게는 적어도 한 가지 공통요소가 있다. 그들은 모두 재결합을 추구함으로써 일반화된 실존적인 불안을 다루려고 애를 쓴다. 하지만 이는 어떤 제단의 추종자들에게도 지속적이고 견실하게 이행되는 일이 거의 없는 약속이다. 어쩌면 미국의 교회들이 그렇게 꽉 들어차고, 카지노가 더 미어터지는 이유는 사실 우리가 영적으로 너무나 가난하고 우리의 영혼이 너무 지독히 굶주려 있기 때문일 것이다.

◆◆◆

만일 영혼soul 같은 말을 사용해야 한다면 먼저 그 말을 정의하려고 노력해야 할 것이다. 그리스어 프시케를 문자 그대로 번역한•• 영혼은 본질적으로 정의가 불가능하지만, 우리가 우리의 본질이라고 여기는 것을 묘사하기 위한 단어이고 메타포이다. 그것은 우리를 관통하는 에너지로, 태어날 때 우리에게 들어와서 우리의 여행에 생기를 불

•• 프시케는 '숨 쉬다'라는 동사와 신비하게도 하찮은 물질에서 아름답고 붙잡기 어려운 존재로 탈바꿈하는 '나비'라는 명사, 두 가지 어원적 뿌리 내지는 메타포적 기원을 갖고 있다.

어넣다가• 우리가 죽을 때 우리 모르게 사라지는 것이다. 뇌가 사고기관이고 심장이 순환기관이며 위는 소화기관이라면 '영혼'은 '의미'기관이다. 우리가 프시케의 의도와 일치하는 삶을 산다면 내면의 조화로운 지원 에너지와 승인의 느낌을 경험하게 될 것이고 삶이 의미 있다고 느낄 것이다. 하지만 우리 혹은 세계가 프시케의 의도를 거스를 때는 개인적 혹은 집단적 차원에서 병이 드는 증상에 시달리게 된다.••

만일 우리의 문화가 우리에게 제시한 이미지들이 실제 영혼의 양식이 되었다면 우리는 그렇게 심한 허기를 느끼지는 않았을 것이다. 만일 그 이미지들이 우리를 신성한 영역이나 결핍과 설득력 있게 연결시켰다면, 혹은 위험한 여행에서 우리의 정신을 지탱해주었다면 우리는 그렇게 굶주리지 않았을 것이다. 또한 중요한 문제를 하찮게 만드는 카지노나 대형 교회 같은 곳에 눈 돌릴 필요도 없었을 것이다. 일요일마다 대형 교회에서 벌어지는 화려한 쇼들은 존재의 신비에 대한 겸허한 참여라기보다는 기획된 쇼 비즈니스에 가깝다.

우리는 역사상 가장 풍요로운 문화와 물질적 풍요라는 선물을 가장 많이 받은 시대에 살고 있다. 그런데도 우리는 굶주리고 있다. 언젠가 T. S. 엘리엇이 말했듯이, 지구 온난화가 우리를 끝장내서 우리의 도시들에 먼지만 굴러다니게 된다면 콘크리트 고속도로와 잃어버린

• animates라는 말은 라틴어 anima에서 왔다. 말 그대로 'en-soul(영혼을 넣다. en은 대상을 넣는 것, 즉 혼을 불어 넣다)'을 의미한다.

•• 정신병리학psychopathology이라는 말은 말 그대로 영혼의 고통을 다룬다는 뜻이다.

수천 개의 골프공만이 우리의 유일한 기념물이 될 것이다. 자신들이 있는 곳을 참을 수 없어 항상 어디론가 가는 사람들, 그러면서 가능한 많은 오락거리를 찾아다니는 사람들을 잘 표현하는 인공물들이기 때문이다. 따라서 우리는 계속 굶주리고 있는데도 양식이 주어졌다고 느끼게끔 우리를 꼬드기는 신성하고도 세속적인 주장을 하는 신전들을 세운 것이라 할 수 있다.

◆◆◆

우리는 우리 삶을 더 편하게 만드는 것이 더 낫다고 확신시키는 문화가 주도하는 콤플렉스••• 뿐만 아니라 우리의 운명과 우리가 태어난 원가족 그리고 우리의 제도가 만들고 강화한 개인적인 콤플렉스에 의해서도 움직인다. 그래서 우리 중 많은 사람들은 우리의 투사가 구원으로 해석하는 것들 혹은 우리의 고통을 완화시키기 위해 중독을 강화시키는 상징적인 것들을 추구한다. 또 고통을 회피하는 데 도움이 되는 위안거리를 찾거나 자신의 삶을 너무 혐오한 나머지 자기 파괴 행위를 일삼는다. 우리의 대중문화는 중요한 것을 하찮게 만든다. 세상의 많은 곳이 고통에 시달리고 있는데도 점점 강도가 세지는

••• 콤플렉스는 여기에 동원된, 그 대가로 우리를 동원하는 에너지화된 '관념들'로 정의할 수 있다. 콤플렉스는 관점과 에너지 양자, 세계를 해석하는 신화적 '스크린'을 가진다. 또 콤플렉스에는 끊임없이 변하는 삶의 상황에 반복적인 반응을 촉진하는 대본이 따른다.

분별없는 자극들로 범벅된 저급한 '리얼리티' 쇼나 우리의 영혼을 동요시키는 사이비 드라마들을 매시간 만들어내야 한다고 생각하는 대중문화는 잠시 제쳐두자. 이렇게 많은 오락거리에도 불구하고 우리의 내면에는 너무나 많은 불안이 자리 잡고 있기 때문에 제라드 맨리 홉킨스가 "땀 흘리는 우리 자신들our own sweating selves"이라고 했던 자신에게로 돌아가지 않을 수 없다. 프로스트는 저 밖에 있는 별들 사이의 텅 빈 그 거대한 공간을 생각하면서 "황폐한 공간들로 나를 겁주는 것은 / 집보다 훨씬 가까운 내 안에 있다"라고 했다.

잠시 조던의 사례에 대해 생각해보자. 조던은 그의 가족과 그의 종족 그리고 그의 도시를 위해 모든 걸 바친 정말 훌륭하고 점잖은 사람이다. 은퇴한 뒤 이웃들과 골프를 칠 수도 있었지만 그는 1년에 1달러를 받고 자신의 도시를 위해 일을 하러 나갔고 도움이 필요한 사람들을 돕는 데 자신을 바쳤다. 우리가 자신을 위해 살라고 이야기했을 때 그는 그럴 수 없다고 했다. 어쨌든 아프리카와 아시아에는 질병과 영양실조로 죽어가는 아이들이 너무나 많기 때문이라고 했다. 그렇게 사려 깊은 사람을, 그렇게 훌륭하고 윤리적인 인격을 가진 그를 누가 나무랄 수 있겠는가?

하지만 조던은 굶주리고 있고 늘 굶주려 왔는데도 그 자신은 돌보지 못했다. 적어도 지금까지는. 우리 중 너무나 많은 이들처럼 조던 역시 가족과 도시를 위해서만이 아니라 운명이 건네준 핵심 콤플렉스의 철권통치에 봉사하며 평생을 살았다. 그가 다른 사람들을 위해 했던 봉사는 모범적이었지만 그의 영혼은 그 '황폐한 공간들'에서 굶주려 왔다. 최고의 성취 외에는 아무것도 인정하지 않으며 자식들을 폭군처럼 몰아치던 아버지 밑에서 자란 조던은 자신의 필요나 현실은 부차적인 것일 뿐만 아니라 고려할 가치도 없다는 분명한 메시지를 받으며 자랐다. 그의 아버지의 신경증이 그에게 부과한 임무는 "프로그램대로 하는 것"이었다. 프로그램을 완수하는 것은 직업적으로 성공하고, 공공으로부터 귀감이 되고, 사람들이 그가 해결해주리라 기대하며 가져온 그 모든 일에 대해 훤히 알고 있는 것을 의미했다.

하지만 조던은 이 모든 뒤범벅된 메시지에서 자신을 위해 살아도 된다거나 자신의 욕망에 따른 목적을 추구해도 된다는 허락을 받았다는 느낌을 가져본 적이 없었다. 예상했던 것처럼 그의 어린 시절을 지배했던 심리학은 만족을 모르는 자기애가 강한 아내를 위해 자기희생을 계속하도록 만들었다. 자식들도 아버지에게 지나친 요구를 하며 아버지를 조종하는 데 익숙해졌다. 마침내 그와 아내가 헤어졌을 때도 그는 비난을 받았다. 몸은 어른이지만 태도는 엄마에 의해 프로그래밍된 자식들도 그에게 등을 돌렸다.

그러니 나중에 그토록 끔찍한 궁핍이 넘쳐나는 세상에서 자신을 위해 뭔가 한다는 것을 상상하기 힘들다고 조던이 말할 때, 이는 단지 연민이나 관대함에서 비롯된 것이 아니라, 물론 그렇기도 하지만, 풍요 한가운데서 정서적으로 굶주려온 그의 오랜 역사의 재현임을 알아야 한다.

그렇다면 좋은 게 좋은 때는 언제고 좋은 게 좋지 않은 때는 언제일까? 우리는 그 질문에 답하기 위해 우리가 의식적으로 내린 결정으로부터 역사적 기저로 이어지는 매우 미묘한 배선을 추적해 봐야 한다. 심리학적 진실이 말하는 핵심은 우리가 하는 일이 중요한 것이 아니라 우리의 행동이 무의식에 봉사하면서 하는 일이 중요하다는 것이다. 조던이 다른 사람들에게 베풀었던 선행은 아마도 그의 너그러운 마음에서 우러나왔을 것이다. 그러나 조던이 다른 사람들을 위해 반복적이고 반사적으로 봉사하느라 자신의 관심사를 등한시한다면, 그것은 원형 콤플렉스의 조직력과 결정력에 예속된 것은 아닐까? 어렸을 때부터 조던에게 프로그래밍된 조건화의 핵심 메시지는 자신이 원하는 것은 중요하지 않고, 자신이 필요로 하는 것은 다른 사람들이 정해줄 것이고, 계속 다른 사람들을 돌볼 때 행복해진다는 것이었다.

우리는 모두 우리의 과거로부터 생겨난 조직적인 '관념들'에 예속되어 살아간다. 이런 콤플렉스들은 항상 우리를 따라다니는 것이어서 우리는 그것들을 철저히 합리화하고 이렇게 말하곤 한다. "음, 이게 바로 나야." "원래 그래." "좋은 게 좋은 거지." 필연적으로 적응의 동물인 우리는 또한 융이 자기Self라고—너무나 많은 강박적이고 반복적이고 환원적인 메시지들을 그대로 따르는 하인이면서도 CEO라고 착각하는 그 곤경에 처한 에고와 구별되는—불렀던 본능적인 근원으로부터 점점 멀어진다.

우리 대다수는 자신의 삶을 온전히 주장할 수 있는 지속적인 허락을 받지 못한 상태라는 것이 나의 임상적 경험이다. 이는 슬프게도 우리가 종종 단편적이며 부분적인 삶을 살고 있다는 것을 의미한다. 우리의 영혼—우리의 프시케—은 당연히 이것을 알고 있기 때문에 슬퍼하면서 우리가 증상이라고 부르는 그 많은 항의를 우리에게 제시한다.

우리 중 많은 이들이 조던의 사례에서 우리 자신의 모습을 볼 것이다. 합리화하고 조건화하는 협조적인 우리 자신의 모습을. 다행히 조던은 이제 진지한 자기 분석에 들어갔다. 조던은 이제 유년기에 자신에게 강요되었던 순응의 대가이자, 자신의 영혼에 반하는 것에 공모한 대가가 엄청나다는 것을 깨닫게 되었다. 그는 최근 자신의 일이나 관계, 영적 생활과 취미 생활을 할 때 큰 선택들을 스스로 내리고 있다. 바로 오늘 우리는 이 60대 남자가 자신의 모든 책무와 오래된 우정, 관행 그리고 모든 요구를 새롭게 검토하고 "나는 이제 나에게 봉사하지 않는 일은 하지 않겠다"라고 말해야 한다고 결론을 내렸다.• 이는 자기 과장이나 자기애가 아니라 자신의 영혼에 대한 봉사이다. 마침내 이 남자는 자신이 소명받은 것을 존중하는 법을 배우기 시작했다. 심리적 알력을 일으키는 메시지들을 따르고 반복하라는 그의 원가족으로부터 유래된 강압적인 지시와 또 그와 유사한 많은 권고

• 이 문장은 제임스 조이스의 자전적 소설《젊은 예술가의 초상》에 나오는 한 대목을 연상시킨다. 거기에서 스티븐 디덜러스는 더 이상 가족과 교회, 자신에게 도움이 되지 않는 민족주의적 이데올로기를 섬길 수 없으므로 영원히 아일랜드를 떠나야 한다고 결론을 내린다. 파리, 트리에스테, 취리히에서 한평생 망명 생활을 한 조이스는 20세기 영국 소설에 있어 가장 위대한 작품들을 남김으로써 역사에 대한 빚을 갚았다.

없이도 스스로 배우기 시작한 것이다. 의도적이든 아니든 그 모든 것들은 그의 의지를 사로잡으며 착취했고 그도 이에 공모했다. 마침내 조던은 풍요 한가운데서 굶주리지 않으려고 노력하고 있다. 지금까지 다른 사람들에게 봉사했던 만큼 이제 자신의 영혼을 먹여 살리는 일도 할 수 있을 것이다.

어쩌면 우리 모두는 조던의 새로운 통찰이나 헌신에서 우리 자신의 영혼을 회복시키는 방법에 대해 더 많이 배울 수 있을 것이다. 어쩌면 우리 모두는 삶을 더 충만하게 사는 것은 자기애가 아니라 세상에 대한 봉사라는 역설과 싸우는 법이라는 사실을 배울지도 모른다. 그것이 공동체에 더 온전한 선물을 가져다줄지도 모른다. 우리가 단편적이고 부분적인 삶을 살면서 남몰래 우울해하고 원망하고 있다면, 우리의 아이들과 친구들과 파트너들, 우리의 사회를 위해 더는 진정으로 봉사하지 못할 것이다. 우리는 우리의 양식을 찾아서 그것으로 먹고살면서, 우리가 받은 선물을 다른 사람들과 나누며 세상에 봉사해야 한다.

프란츠 카프카는 〈단식하는 광대〉라는 단편에서 단식하는 모습을 '공연'하는 서커스 배우에 대한 이야기를 했다. 사람들은 한동안 그 배우에게 경외심을 가졌지만, 이내 지루함을 느끼고 보다 재밌는 여흥으로 고개를 돌린다. 왜 단식을 하느냐는 질문에 그 배우는 맛 좋은 음식이나 영혼의 양식이 되는 음식을 찾았다면 아마 단식하지 않았을 것이라 답한다. 이 이야기는 카프카의 개인적 고통이 많이 담긴 슬픈 우화이지만, 우리 안에 허기가 채워지기를 바라는 뭔가가 있다는 사실을 강력히 상기시킨다. 그런 필요성을 존중하면서 진정으로 양식이 되는 것, 정말로 성장을 이끄는 것을 찾는 것, 그런 다음 그 영혼의 더 큰 표현을 다른 사람들과 공유하는 것이야말로 우리가 깊이 고민해야 할 삶의 과제가 아닐까 한다.

그렇다면 당신의 양식이 될 수 있는 것은 무엇일까? 당신은 그것을 어떻게 알아낼까? 우리 모두가 시도해볼 만한 기본적인 테스트가 여기에 있다. 그것의 검증은 우리 자신의 프시케가 할 수 있다. 정답 같은 것은 없다. 당신의 답과 다른 사람들의 답이 있을 뿐이며, 어느 누구도 무엇이 옳은지 말할 수 없다. 기껏해야 그들은 자신에게 무엇이 옳은지 증언할 수 있을 따름이다. 만약 그것을 알고 있다면 말이다. 당신에게 무엇이 옳은지 곧바로 말해줄 준비가 된 사람들은 당신의 친구가 아니다. 그들은 당신이 무의식적으로 순종하는 모습에서 그들 자신의 빈약한 선택에 대한 확증을 구하고 있는 것이다.

심리 치료를 할 때 사람들은 자신의 자원을 투자한 가치나 입장이 더 이상 만족을 주지 않거나 힘이 되지 않는다는 말을 자주 한다. 그들은 한때 말이 되는 것처럼 보였던 것에 계속 봉사하도록 스스로를 강요한다. 우리가 의식적으로 원했든 그렇지 않든 프시케가 떠났다는 것을 알려주는 신호 중 하나는 권태로 인해 에너지가 상실되는 것이다. 프시케가 원하는 일을 하고 있을 때 우리는 힘이 나고 신이 난다.

물론 우리가 콤플렉스에 사로잡혀 있을 때도 우리 삶에는 에너지가 과도하게 쏟아진다고 할 수 있다. 우리는 시간을 두고 그 에너지의 출현이 활성화된 프시케를 상징하는지 감시해야 한다. 이를 분별하거나 구분하는 방법은 감정 상태와 만족의 수준, 상호성에 주목하는 것이다. 우리는 어떤 일이나 가치에 투자해서 만족감을 얻거나 보상이 돌아왔을 때 삶에서 가장 큰 풍요를 경험한다. 우리는 그러한 상호성의 순간에 공명하며 깊은 조화로움을 느낀다. 만일 자신에게 잘못된 일을 하고 있다면 오랫동안 그것을 바랄 수 없을 것이며, 현실이 종종 그렇게 하기를 원한다 하더라도 시간이 지나면 프시케가 우리를 버리려는 증상이 나타날 것이다.

심리 치료를 하다 보면 누군가에게 나타난 증상이 그 사람의 의식적인 의도 내지는 콤플렉스가 주도하는 과제에 반하는 의지를 표현하고 있다는 사실을 자주 목도한다. 치유와 만족, 의미는 영혼의 양식이 무엇인지 확인하고 그것을 실현시킬 용기와 수단을 찾을 때에만 온다. 나는 교차로에 서서 당황한 표정으로 "이쪽으로 갈까요, 저쪽으로 갈까요?"라고 묻는 사람들을 너무나 자주 봐왔고, 종종 그 질문에 답을 해주기도 했다. 두 길 모두 그 사람이 가치를 구현할 수 있는 길이다. 그러므로 그 사람은 동시에 두 길을 긍정할 결의와 에너지와 독창성과 희생과 용기를 발견하라는 부름을 받은 것이다. 그런 분별력이 있는 사람은 변화를 위한 노력의 대가가 우리의 영혼이 매일 우리에게 가져다주는 허기를 무시하는 대가보다 훨씬 적다는 것을 알게 된다.

영혼은 우리 문 앞에 서 있는 굶주린 아이다. 그 존재를 얼마나 오랫동안 무시할 수 있을까?

4장

에로스의 힘

"그의 무덤 위에서
충동의 가정은 지극히 사랑한 이를 애도한다:
도시의 건설자 에로스는 슬프고,
무질서한 아프로디테는 눈물을 흘린다."
– W. H, 오든, 〈지그문트 프로이트를 추모하며〉

우리는 대체로 정돈되고 예측 가능하며 통제할 수 있는 삶을 원한다. 수잔은 사랑에 빠졌다가 버림받은 뒤 손목을 그었다. 왜 그랬을까? 새로운 남자친구에게 깊은 인상을 주려는 의도였을까? 아놀드는 노예처럼 일하며 상사들에게 아첨을 떨다가 마침내 창가 모퉁이 자리를 차지하게 되자 아무 설명도 없이 사라져 다시는 돌아오지 않았다. 왜 그랬을까? 그는 어디로 간 것일까? 자신을 그토록 몰아붙였던 것이 무엇인지 자신이나 다른 사람들에게 속마음을 털어놓은 적은 있을까? 대학 1학년인 토머스는 부모가 이혼할 거라는 사실을 알게 된다. 침착한 그는 태연한 척 굴지만 자신의 데이트 상대에게는 자신이 어떤 사람인지, 고향은 어딘지 그리고 무엇을 느끼는지 말하지 않을 것이다. 왜 그런 것일까? 자신이 이미 느끼고 있는 사실을 의식적으로 드러내는 것이 너무 두려워서는 아닐까? 안젤라는 20년간의 결혼 생활을 끝내기로 마음먹었다. 그녀의 친구들은 안젤라의 결정을 전혀 이해하지 못했다. 하지만 그녀는 남편과 헤어져 모두가 소중히 여기는 안전한 삶으로부터 벗어났다. 왜 그랬을까? 그녀는 "내가 아직 죽지 않았다는 사실을 느끼고 싶었다"라고 조용히 말했다.

이들은 저마다 더 큰 에너지와 열기, 열정, 욕망에 사로잡혀 좌절하거나 부정당해 방향을 잘못 잡거나 배신당한 채로 격류 속으로 뛰어든 사람들이다. 왜 그렇게 된 것일까? 무엇이 그들을 움직이고 있는 것일까? 무엇이 그들로 하여금 그런 모순된 행동을 하거나 자멸로 향하는 순간을 맞거나 그런 절박함을 불러일으키게 한 것일까?

◆◆◆

우리 조상들은 에로스를 신으로 숭배했다. 에로스는 신들 중에서도 초창기 신으로 모든 생명 형태의 근원과 기본원리를 제공했으며, 신들 가운데 가장 어린 신으로서 매 순간 새롭고 독특하고 다양하게 묘사됐다. 에로스란 무엇일까? 그리고 그것/그/그녀는 에로틱한 것과 같거나 어떻게 다를까? 이 '신'이 우리 삶에서 차지하는 적절한 역할은 무엇일까? 우리 모두는 영원히 부서지지는 않았지만 갈라지고 깨진 가슴으로 어떻게 물이 새는 배를 타고 위험한 사랑의 여울을 지날 수 있는 것일까? 우리는 어떻게 상실과 실망으로 인한 슬픔에 빠진 순간에도 충분히 숙고하면서 모험과 정서적인 위험 속에 다시 뛰어들 수 있는 것일까? 우리는 어떻게 수치와 실패 앞에서 거듭 인생에 마음을 열 수 있는 것일까? 우리는 어떻게 그토록 많은 오해를 받은 에로스를 숭배하면서도 그것/그/그녀의 노예가 되지 않을 수 있을까? 우리 가운데 이 신에게 사로잡혀 돌이킬 수 없는 어리석은 결정을 내려 보지 않은 이가 있을까? 우리 가운데 그토록 격렬히 사로잡힌 상태를 갈망하지 않을 이가 있을까? 그 신을 통제하거나 우리의 과제를 묵인하도록 강요할 수 있는 이가 있을까? 우리는 걸핏하면 화를 내고 토라지는 신에게 왜 그렇게 열렬히 되돌아가 거듭 얻어맞고 있는 것일까? 어쩌면 우리에게 선택의 여지가 없어서일 것이다. 에로스는 신이지만 우리는 신이 아니니까. 때로 에로스는 우리 자신의 목적을 향해서가 아닌, 가능성의 순열들이 더욱 충만한 표현에 봉사하는 곳으로 우리를 몰고 간다.

그러니 에로스 이야기를 할 때는 우리 조상들처럼 에로스를 신God으로 보자. 여기에서 신이라는 표현을 사용하는 것은 형이상학적이거나 신학적인 선언을 하려는 것이 아니다. 오히려 신들Gods이란 메타포는 유용한 구성물이자 존중의 방식이며, 우주의 기본적인 에너지이자 태초부터 생명을 불어넣어 우리를 움직이게 한, 오늘날에도 여전히 우리를 움직이고 있는 에너지에 대한 극적인 구현이다. 신들은 우리에게 에너지를 불어넣는, 의식적인 이해력을 넘어 이런저런 다양한 목적을 향해 우리를 움직이게 하는 힘의 장이며 우리가 항상 헤엄치고 있는 신화의 강물이다. 그런 것들을 왜 신이라고 부르는 것일까? 그러한 구성물이나 표현이 형이상학적인 실재와 혼동을 일으킬 위험이 있기는 하지만, 여기에서 신들이라는 메타포는 그저 광대하고 중대한 지속성이며 우리의 역사를 관통하는 거대하고 초월적인 에너지에 대한 우리의 인정과 존중을 암시하기 위한 것일 뿐이다.

에로스는 생명력이다. 무엇보다 타자와 함께 연결하고, 건설하고, 결합하고, 융합하고, 생성하기를 원하는 욕망이다. 에로스는 원형적인 힘으로 나누고, 구별하고, 차별하는 에너지인 로고스와 없어서는 안 될 쌍둥이이다. 우리의 몸과 마음과 영혼에는 이 두 에너지가 끊임없이 출몰한다. 전자는 결합하고 연결하기를 원하고, 후자는 가르고 나누고 다양화하기를 원한다. 서로의 균형을 맞춰주는 다른 한쪽의 에너지가 없다면 일방적인 데서 그치는 것이 아니라 악마적demonic이 된다. (악마적인 것은 어떤 가치나 힘이 그에 상대되거나 균형을 잡아주거나 그에 반대되는 것 없이 표현되거나 숭배될 때마다 생긴다. '선'이라고 하더라도 무제약적이거나 무의식적으로 표현된다면 결국 '악'을 낳게 된다.)• 신들이 우리에게 가장 원하는 것은 존중과 마음 챙김이다. 우리가 신들이 구현하는 에너지를 망각할 때 우리의 몸 안에서든 생각 안에서든 혹은 사회 시스템 안에서든 우리는 괴물을 창조하게 된다.

에로스의 변화무쌍한 힘은 우리의 대화와 음식, 창조 행위, 성관계와 생식, 환상 그리고 우리의 대중문화와 종교 등 일상생활 어디에나 존재한다. 가령 신과의 합일에 대한 욕망은 자주 성적인 메타포로 표현된다. 솔로몬의 책에서든 존 던의 시들에서든 신비주의자들의 엑스터시에서든 간에. 그 신비주의자들이 수피든 성인들이든 간에. 왜 오르가슴을 작은 죽음le petit morte이라고 했겠는가? 그것이 타자와의 황홀한 융합을 통해 고통스러운 소외 의식—그것이 타자로부터의 의무적인 분리에 기초하고 있다고 해도—을 완화시켜주는 식으로 경험되지 않는다면 왜 아이를 낳거나 예술 작품을 창조하는 일이 고통스러우면서도 즐겁겠는가? 우리가 편하고 안전하기를 바라는 욕망조차도 초월을 향한 원형 에너지에 봉사하고 있지 않다면 말이다.

우리의 공통된 실존적 조건은 분리이다. 우리는 태어날 때 트라우마를 초래할 만큼 타자로부터 충격적으로 분리되어 다른 사람들로부터 소외된 삶을 살아가지만 끊임없이 재결합하기를, 귀향하기를 갈망

• 나는 《Why Good People Do Bad Things》에서 어떻게 선조차도 부정적인 결과를 낳을 수 있는지, 역설적으로 어떻게 선이 때로 더 나은 것의 적이 될 수 있는지, 우리의 도덕적 임무가 어떻게 선이 아니라 온전함wholeness인지에 대한 여러 가지 사례를 제시했다.

한다. 아이의 심리적인 건강은 흔히 긍정과 지지를 보내는 부모가 이 분리 트라우마를 어떻게 중재하느냐에 달려 있다. 그리고 나중에 우리가 성인으로 성숙하는 것 역시 다른 사람들과의 분리를 얼마만큼 견디며 자신과의 관계를 발전시킬 수 있느냐에 달려 있다. 좋지 못한 관계를 끝내기 꺼리던 어떤 사람은 내게 "다른 손이 나타날 때까지 어둠 속에서 이 손을 놓지 않겠다"라고 말하기도 했다. 그리고 갑작스러운 심장마비로 남편을 잃은 또 다른 사람은 심리 치료를 받으러 온 첫날 "한밤중에 화장실에 갈 때 누가 함께 가줄 수 있을까요?"라고 물었다. 그녀 자신이 함께 가줄 사람이 될 거라고 내가 부드러운 어조로 대답하자, 그녀는 일어나 밖으로 나가더니 다시 돌아오지 않았다. 이러한 순간들은 에로스가 분리와 발전과 분화의 필수 에너지인 로고스와 균형을 이루지 못하고 우세할 때에 벌어지는 일이다.

◆◆◆

여자와 남자의 삶에서 에로스의 역할을 살펴보면 어떤 공식도 우리 모두를 만족스럽게 아우르지 못한다는 사실을 알게 된다. 우리 모두는 각자 다르고 독특해서 일반화하기에는 맞지 않다. 우리는 일반화가 틀렸음을 증명하고 있다. 그래도 시간을 두고 우리가 만들어낸 패턴들이나 여자나 남자와 특징적으로 연결 지어 생각하게 되는 패턴들이 있기는 하다.* 남녀 모두에게 에로스는 비록 그 형태와 전략은 다를지라도 결합에 관한 것이다.

본성과 양육, 유전학과 문화적 맥락 사이의 그 낡고 오래된 논쟁이 끈덕지게 되풀이되는 이유는 그 문제가 복잡하기 때문이고 또 두 힘의 장이 모두 역할을 하기 때문이다. 성적 정체성과 성적 선호는 생물학적인 면에서 주도적으로 만들어지지만 사회적 구성원의 영향도 크게 받는다. 가령 동성애를 불쾌하게 여기는 많은 사람들에게는 인간에게든 동물에게든 동성애는 늘 존재해왔으며, 동성애자의 비율도 전 세계적으로 거의 일정하다는 사실을 상기시킬 필요가 있다. 동성애는 유전적 결정 요인을 시사하는 것이며 그것이 '삶의 방식을 선택'하는 문제가 아니라는 것 또한 상기시켜야 한다. 동성애 선호를 바꾸려는 엉뚱한 신학적 노력들은 과학적이고 문화적이며 사회적인 사실들에 대한 스스로의 무지를 바꾸는 데 쓰는 편이 더 낫다. 더 나아가 개인적인 평안을 흩트리는 수많은 다른 모호한 것들이나 자신의 성적 기반에 관한 불안을 다스리는 데 쓰는 편이 낫다. 게다가 그런 노력들은 애초에 우리의 젠더와 성적 정체성과 선호를 창조한 바로 그 '신'에게 도전하는 은밀한 신성모독이 아닐까.

에로스가 하는 일은 다양하게 표현될 수 있다. 비록 그것이 인식되

• 이런 문제들을 그저 논의만 하는 것은 복잡하고 논쟁적이며 어떤 주장을 하더라도 모순되는 증거가 발견될 수 있다는 것을 잘 알고 있다. 하지만 우리가 여기에서 함께 곰곰이 생각해 보는 것이 자기인식에 자극적이고 생산적인 일이 될 거라 생각한다.

는 사회적 구성 개념들의 정의와 범위가 다소 허술하기는 하지만, 에로스가 여자들의 삶에 어떻게 나타나는지 살펴보면 관계를 통해 가장 흔하게 표현된다는 사실을 알 수 있다. 여자들이 가진 거의 모든 에너지는 파트너든 자녀든 친구든 다른 사람들과의 관계의 질에 대부분 투자되며, 만족 또한 대부분 거기에서 얻는다는 사실을 알게 될 것이다. 대부분의 남자들에게 에로스는 주로 목표 지향적인 행동에서 모습을 드러낸다. 물론 남녀 모두 다른 성의 표현 방법을 많이 갖고 있다. 여자들도 자신의 목표를 향한 노력에 집중하고, 남자들도 다른 사람들과의 감정적인 상호작용에서 도움을 받기 때문이다. 스페인의 융 분석가인 이레네 드 카스틸레호Irene de Castillejo는 언젠가 한쪽은 주로 '분산 의식'을 통해, 다른 한쪽은 주로 '집중 의식'을 통해 생명력을 구현해왔다고 구분하기도 했다. 그렇다면 어느 쪽이 옳을까? 비록 문화적 맥락의 변화가 때로 어느 한쪽을 더 선호하겠지만 분명 둘 다 필요하다. 어느 쪽이든 한쪽에만 의지하고 다른 한쪽을 무시하는 것은 궁극적으로 양성 모두에게 상당한 대가를 치르게 할 것이다.

남자들의 경우, 협소한 외적인 부분에만 집중한다면 결국 자신의 정신생활로부터 점차 소외될 것이다. 남자들이 헐떡거리며 추구한 것이 윌리엄 제임스가 말했던 "성공이라는 몹쓸 여신"이든 대중의 갈채든 돈이든 혹은 어떤 성취감이든 그들은 주로 외적인 성취에서 만족을 찾는다. 또한 그들 대부분은 자신의 파트너가 평형추 역할을 하면서 정서적 양육을 제공하기를 기대한다. 남자들은 부분적으로 본성이나 그들 부족의 메시지들에 의해 집이나 어머니 혹은 자신의 근거로부터 분리되며 또 부분적으로 그들의 문화적 명령에 의해 외부 세계에서 자신의 가치를 찾는다.

이러한 본능과 다른 사람들과의 관계에서 느끼는 소외는 심각한 외로움을 초래한다. 다른 곳에서도 썼지만, 여자가 전형적인 남자의 삶을 이해하려면 다음과 같이 상상하면 된다. 1) 가장 깊은 비밀과 두려움 그리고 희망을 공유하는 가장 가까운 친구들로부터 떨어져 나간다. 2) 내적인 안내 시스템과의 연결을 끊는다. 그것이 그들의 본능이든 직관이든 아니면 삶을 느끼는 것이든 간에. 3) 주로 외적이고 추상적인 생산성의 기준을 달성할 수 있는 능력으로 자신의 가치를 측정한다. (대다수 여성에게 이러한 남자들의 심리적 황무지의 초상은 끔찍하겠지만, 적어도 남자의 삶을 더 잘 이해할 수 있게 도울 것이다. 이러한 가부장적 구조에서 경쟁하는 여성들 역시 스스로를 진단하고 대본 밖에서 구할 수 있는 향상된 능력과 허락이 있더라도 곧 남자들과 같은 비참함을 겪게 된다.)

역사적으로 여성의 삶은 무력하고 비참했다. 이는 남자들의 책임이 크다. 어쩌면 남자들의 삶이 자기소외의 대가를 치르느라 훨씬 더 비참하고 딱했기 때문일 것이다. 남자는 절멸 위기에 처한 젠더이다. 이러한 자기소외로 인해 일반적으로 자기 안에 있는 '여성적인 것'에 대한 접근이 거부되고 '그녀'와 연결하려는 노력을 조롱당했던 남자들은 여자들에게 너무 많은 심리적 권위를 양도하고 그녀를 통제하거나 기쁘게 해주려고 하거나 아니면 피하려고 한다. 이런 이유 때문에 성은 생물학적으로 움직인다 하더라도 심리학적으로는 남자들의 정신적인 부분에서 너무나 큰 역할을 차지한다. 우리 시대 가장 빠르게 증가하는 중독은 인터넷 중독이며, 가장 많은 웹페이지와 인기 있는 사이트들은 포르노와 관련된 것들이다. 이 사이트들은 피상적이지만, '여성적인 것'처럼 보이는 것에 대한 값싼 접근을 제공한다. 수천 년 동안 마약과 알코올이 그랬던 것처럼. 슬프게도 그것들은 여자들을 대상화한다. 또한 남자들과 그들의 삶 속에 실재하는 여자들에게 불가능한 기준과 기대를 만들어낼 뿐만 아니라, 그 분열된 남자들을 융이 그들의 아니마anima라고 불렀던 것으로부터 더욱더 멀어지게 할 뿐이다.

영혼을 뜻하는 라틴어 아니마는 남자 내면의 삶, 육체와의 관계, 본능, 느낌, 가치, 영적인 열망에 대한 메타포다. 자신의 아니마에서 분리된 남자는 우울과 분노, 집이 없는 느낌 그리고 바깥세상에서 '그녀'를 찾으려는 경향에 시달리게 된다. 그가 그 자신을 밖에서 바라볼수록 그녀의 부재를 더 많이 경험하게 될 것이다. 그는 자신이 여자나 어떤 승화된 대용물을 통해 그녀를 찾게 될 수 있을 거라 생각하지만, 그리고 이러한 연결이 강력하고 풍요로울 수도 있지만 영혼의 과제에 난 큰 상처를 부분적으로만 처치할 수 있을 뿐이다. 따라서 그의 에로스 경험은 자신의 아니마를 성공이나 여자 혹은 추상적 가치에 전형적으로 투사하는 것이며, 결국 낙담과 분노 그리고 우울로 끝나게 된다. 그러므로 평범한 남자는 역사적으로도 그랬듯이 지금도 마찬가지로 심오하고 유혹적이고 강력한 뭔가를 '저 밖에서' 찾을 것이다. 또한 자신이 '이 안의' 그녀와의 연결을 잃었다는 깨달음에서 더욱더 멀어질 거라는 사실을 알 수 있다.

남자들의 아니마에 대한 에로스 투사는 다음과 같은 전형적인 모습으로 나타난다. 1) 이브의 모습, 즉 본능적인 성. 2) 어머니, 즉 양육의 원천. 3) 단테에게 베아트리체가 그랬듯 뮤즈 혹은 영감을 주는 여자. 4) 자연적인 지혜의 원천, 소피아. 너무나 많은 문학과 예술과 너무나 많은 문화적 추구, 너무나 많은 투사와 너무나 많은 에너지가 이러한 정신 내부의 이마고들, 즉 본인도 모르게 사람의 행동에 영향을 미치는, 상상 속에서 완벽한 모습으로 새겨져 있는 인물상들에서 나왔다. 그렇지만 아니마는 대다수 남자들의 삶에서 점점 더 멀어지고 있다. 그럼에도 우리는 "그대가 찾는 것은 가까이에 있으며 이미 그대를 만나러 오고 있다"는 시인 프리드리히 횔덜린의 적절한 충고를 기억하지 못한다.

여성에게 융의 아니무스animus•라는 용어는 '자율권empowerment' 의식, 즉 개인적인 가치나 심리적 위엄, 세계 안에서 자신의 삶을 살아도 된다는 허락과 수용력을 나타낸다. 남성에게 아니마가 삶을 지탱하는 영혼을 나타낸다면, 여성에게 아니무스는 자신의 방식대로 삶을 성취

• 융이 정신으로 번역한 '영혼'을 나타내는 라틴어의 남성형.

하는 활기찬 에너지를 의미한다. 여성 내면의 아니무스가 지지할 때 '그'는 그녀의 욕망을 정당화하고 그녀가 그 욕망을 실현할 수 있도록 도울 수 있다. 그러나 아니무스가 부정적일 때 '그'는 그녀의 자신감을 떨어트리고 그녀의 가치를 비난하고 공격하며 에로스에 대한 의심과 거부나 왜곡, 우울증으로 그녀의 에너지를 분산시킨다. 여자들은 아니무스가 의식적으로 존재하지 않을 경우 남자들처럼 그것을 밖으로 투사할 것이다. 이러한 투사의 대중적, 문화적 형태는 다음과 같다. 1) 타잔, 즉 짐승 같은 힘을 가진 남자. 2) 영웅, 즉 행동하는 사람. 3) 로고스, 말, 지성 혹은 표현력을 가진 남자. 4) 현자, 초월적 영적 지혜를 가진 남자. 이러한 역할과 능력 그리고 과제를 각자에게 요구하는 것은 여자의 성숙한 발달을 위해 매우 중요하다.

오늘날 이러한 고정관념들은 당연하게도 문화적인 젠더 제약이라고 비판받고 있다. 하지만 여전히 우리의 영화나 노래, 시트콤과 관습에서 이러한 투사의 수많은 표현을 볼 수 있다. (가령 어느 대중가요 작사가가 사랑할 타자를 찾다가 멋진 타자를 만나게 되고 걸핏하면 화를 내는 그 까다로운 타자와 갈등을 겪고 삐걱대다 결국 헤어진 뒤 다시 그 타자를 새롭게 만나게 되기를 희구하는 가사를 쓴다면, 그런 일을 겪어봤거나 겪고 있는 모든 사람의 마음을 사로잡을 것이고 그렇게 해서 시대를 초월한 사랑 노래가 탄생하게 될 것이다.) 패러디하기 쉽다고 하지만 그러한 문화적 형태들이 우리의 무의식적인 삶의 깊숙한 곳에 있는 무언가에게 말을 걸지 않는다면 우리 대중문화의 보편적인 부분을 차지하지는 못할 것이다. 우리는 우리 안의 깊숙한 곳에 가닿지 않는 것에 끌리거나 감동받지 않기 때문이다.

에로스와 의식적인 관계를 맺지 못하거나 남자든 여자든 이 대지의 에너지와 연결하기 위한 모델에게 허락과 승인을 얻지 못한다면, 그들 자신을 안내하는 본능에서 분리되어 초월적인 것과 단절되었다고 느낄 것이며 내면에서 잃어버린 것을 바깥세상에서 부질없이 강박적으로 찾아 나서게 될 것이다. 실제로 사랑하는 타자 안에서 양육과 자율성—동등한 우리의 쌍둥이 욕구—의 원천을 찾아보지 않은 사람이 어디 있겠는가? 이러한 탐색의 문화적 표현들에 의해 만들어지지 않거나 상처 입지 않은 사람이 어디 있겠는가? 환상의 유혹에 면역되어 신적인 힘들이 처음부터 우리 안에 있다는 사실을 잊어버리거나 전혀 몰랐던 사람이 어디 있겠는가? 언젠가 융은 "신경증은 노한 신이다"라고 했는데, 이는 깊고 본능적인 에너지를 무시하면 궁극적으로 육체적 장애나 강박, 중독 혹은 다른 사람들을 향한 투사로 스스로에게 앙갚음하게 된다는 이야기를 은유적으로 한 것이었다. 내면에서 무엇을 부정하든 대신 그것을 바깥세상에서 강박적으로 찾게 될 것이라는 사실은 믿어도 좋다. 에로스를 자신과 세계에 대한 더 큰 지식의 탐색으로 소중히 여기지 않는다면, 우리는 우리의 투사와 투사 대상—그것이 섹스든 약물이든 상징이든 관계 중독이든 간에—의 노예가 되기 쉽다. 그 어떤 것도 우리의 무의식보다 우리를 지배하는 더 큰 힘을 갖고 있지 않기 때문이다. 무의식은 필연적으로 일상의 행동

전반에 걸쳐 우리를 대신해서 결정을 내린다.

◆◆◆

일반적으로 여자들은 남자들보다 에로스와의 관계가 더 미묘하다고 말하곤 한다. 여자들은 다양한 장venue에서 에로스가 하는 일을 찾을 가능성이 더 크기 때문이다. 남자들은 그 신을 자신의 노력에 의한 성공과 동등하게 취급하기 때문에 무능하거나 패배하거나, 해고나 은퇴를 당했을 때 큰 타격을 받는다. 그럴 경우 안타깝게도 그들은 슬픔이나 우울증, 강박적인 성관계나 약물 남용에 빠지거나 자살을 시도하는가 하면 즉각적인 대리 애인이나 기분 전환할 대상을 찾아 나설 가능성이 높다. 남자들은 여자에 비해 결혼이나 배우자의 죽음, 은퇴나 직업상의 변화 같은 것들을 잘 처리하지 못한다. 이는 영적인 정신생활과의 접촉면을 상실했기 때문이다. 여성들도 이러한 상실을 심하게 앓는 것은 마찬가지지만 대개 의지가 되는 친구나 취미, 다양한 활동과 풍부한 대화가 이뤄지는 관계 등으로 이뤄진 네트워크를 형성함으로써 에로스와 보다 차별화된 관계를 맺는다.

외로움에 가장 좋은 대응책은 고독이라고들 말한다. 고독 속에서 우리는 혼자가 아니다. 자기 자신과 더 수준 높은 대화를 나눌 수도 있다. 일반적으로 대부분의 여자들은 자신과 대화를 나누며 관계를 발달시키는 편이며, 그들을 지지하는 네트워크 없이도 외로움을 효과적으로 다룰 수 있다. 자신과의 본능적인 대화를 통한 에로스와의 관계는 여자들에게 있어 남자들의 전형적인 전략보다 효과가 크다. 남자들은 외부의 아니마와 새로운 대화를 추구하는 과정을 통해 고통을 마비시키거나 우울 속으로 빠져든다. 여자든 남자든 에로스라는 신을 통해 인생의 실존적인 시련을 초월하려 하지만, 그 전략과 결과는 크게 다르다. 일반적으로 남자들은 자기소외에 무의식적으로 시달리는 편이다. 하지만 여자들은 에로스 신을 섬기려면 자신을 돌봐야 하고 관계와 건강을 유지해야 한다는 것을 본능적으로 알고 있다. 또한 세상에서 제대로 살아가기 위해서는 자신과 적극적으로 대화하는 동시에 본능과의 접촉면을 상실하지 않아야 한다는 것을 알고 있다. 여자들은 어쩔 수 없는 상실을 공개적이고 심리적으로 솔직하게 드러내며 슬퍼할 가능성이 더 크다. 하지만 남자들은 보통 상실을 묻어버리거나 비껴가려고 한다. 그러나 알다시피 억누른 것은 예외 없이 어딘가 다른 곳에서 불거지게 마련이다.

◆◆◆

최근에 내가 아는 그 어떤 사람들보다 은퇴에 잘 대처한 매우 사려 깊은 남자와 대화를 나눈 적이 있다. 그는 돈을 버느라 보냈던 이전의 삶이 자신에게 남긴 영적인 퍼즐의 조각들을 찾기 위해 은퇴를 선언했다. 그럼에도 그는 여전히 인정받고 싶은 예전의 그 끈질긴 원형적 욕구에 주기적으로 사로잡혀, 아직까지 그를 찾는 회사 이사회에 자신의 식견과 현명한 지도력을 증명하고 있다고 한다. 다른 사람들에게 인정받고 싶은 욕구는 아이의 자존감을 키우는 일처럼 매우 중요하며 정상적인 어른의 당연한 욕망이기도 하다. 그는 자신이 이러한 욕구를 떨치지 못한다는 사실을 인정하면서도 이러한 집요한 태도가 자신이 마무리하지 못한 사업의 한 편린을 드러낸다는 것을 알고 있다. 돈을 벌고 권력을 휘두르는 사업에 평생을 바쳤던 그는 지금의 자신에게 요구되는 '사업'이 무엇인지 명확히 이해하고 있다. 그가 자신의 내면과 나눠온 대화에서 충족되지 못한 영혼의 많은 측면들을 소중히 여기는 법을 배우는 것이 현재 그가 해야 할 일이다. 그의 영혼을 치유하는 일은 앞으로도 계속되어야 할 것이다. 그의 영혼은 동양의 영성에 심취하고, 역사적 의미가 담긴 장소들로 여행을 가고, 심리학과 철학 그리고 로데오 사진 촬영법을 깊이 있게 공부하겠다는 개인적인 버킷 리스트를 구체적으로 만든 뒤에야 열성적인 반응을 보이기 시작했다. 젊은 시절 경제학이라는 위대한 신을 섬기라는 부름을 받고 나중으로 미뤘던 모든 열정들이 이제야 깨어난 것이다. 은퇴를 했지만 에로스는 여전히 그를 움직인다. 다만 그 방향은 외부의 압력이나 잠정적인 역할들이 오랫동안 밀어냈던 가치들, 그럼에도 영혼이 오랫동안 요구했던 가치들을 섬기는 쪽으로 향하고 있다.

◆◆◆

에로스를 신이라고 말하는 것은 신학적이거나 형이상학적인 주장을 하려는 것이 아니라 우리 삶 속의 원형적이고 보편적인 심오한 힘을 은유적으로 강조하기 위한 것이라는 사실을 기억해주기 바란다. 우리가 '신들'을 에너지의 구현으로 생각한다면, 그러한 에너지를 의식이 이용할 수 있게 하는 수단만 갖는 것이 아니라 우리의 삶에서 이러한 힘들의 자율성과 초월성, 보편성을 존중하는 것일 수도 있다. 전능한 에로스가 기저귀를 차고 활과 화살을 든 꼬마 큐피드의 이미지로 전락하고 만 것은 이러한 존중이 줄어든 탓이다. 큐피드라는 이미지는 강력할지 모르지만 유아적인 가능성만 드러내는 경향이 있다. 또한 모든 생명의 근거가 되는 원형적이고 활동적인 원리에 대한 지속적인 존중은 전혀 이끌어내지 못한 결과이다. 악마가 스포츠의 대표적인 마스코트가 된 것처럼 큐피드가 로맨스와 밸런타인의 문화적 아이콘이 된 것은 이러한 강력한 이미지들이 어떻게 신비를 가리켰던 상징에서 에고의 제약 안에 캡슐화된 단순한 관념의 사소한 기호로 전락했는지를 보여준다.

최근 나는 더 이상 아내에게 성적 매력을 느끼지 못하는 남자를 상담하고 있다. 그에게는 곤혹스러운 일이고 아내에게도 슬픈 일이지만, 물론 그의 에로스가 완전히 사라진 것은 아니다. 신들은 결코 사라지지 않기 때문이다. 하지만 다른 곳으로 갈 수는 있다.* 그렇다면 그의 에로스는 어디에 있는 것일까? 일이나 또 다른 어떤 투사된 가치에 투입된 것일까? 아니면 병이나 프시케에 의해 무의식 속으로 물러난 것일까? 이 남자는 슬프기는 하지만 우울하지는 않다. 바쁘지만 일에 집착하지는 않는다. 명백한 병에 걸린 것도 아니다. 그런데 신과의 접촉을 상실한 것이다. 이제 정체를 숨긴 신의 자취를 추적하면서 그가 어디로 갔는지 찾아보자.

프로이트는 에로스의 힘을 찬양함으로써 우리 모두에게 호의를 베풀었지만 그 존재를 너무 협소한 성적인 장으로 제한하는 데도 기여했다. 그는 승화라는 강력한 개념을 명확히 했다. '성적' 본능은 주된 대상으로부터 차단될 경우 분화되어 일이나 예술 혹은 '보다 고차원적인' 문화적 형태로 분산될 수 있다. 융 또한 에로스의 힘을 인정했지만, 그는 오히려 그것의 많은 문화적 형태를 주된 과제의 부차적인 정교화로서가 아니라 우리의 전체론적인 의미 추구에 본질적인 것으로 여겼다. 융은 인간이 상징을 만들고 창조하는 동물이라고 주장했다. 예를 들어 기껏해야 평균 수명이 30세였던 시대에 살던 이들이 그처럼 짧은 인생을 완공하는 데 400년이 걸릴지 모를 성당을 짓는 데 허비하는 것만 보고도 알 수 있다. 그 놀라운 건물이 완성되는 것을 보지 못할 거라는 걸 뻔히 알면서도 말이다. 이와 마찬가지로 왜 부모는 자식을 위해 기꺼이 희생하는 것일까? 아이 역시 언젠가 죽을 것

• 이 문제는 왜 신들이 명사가 아니라 동사인지 그리고 그들이 오늘날 어디 있는지 생각해보는 뒷장에서 다루게 될 것이다.

이고 필시 부모의 기대와 상당히 다른 길을 갈 거라는 걸 알면서도 말이다. 이것들을 분화된 성이라고 보더라도, 이 모두가 성에 기인한다고 보는 것은 조금 지나친 것이 아닐까? 그런 식으로 성을 확대해서 보는 것보다 그 생명력이 심오하고 신비로운 목적에 봉사하는 모든 형태를 통해 세상 속에 존재하려는 근본적인 에너지를 드러내는 다양한 표현 가운데 하나라고 말하는 편이 더 낫지 않을까? 신으로서의 에로스는 결국 우리의 이해를 넘어서는 불가사의한 존재가 아닐까? 에로스는 인간이 가진 모든 형태의 표현에서 발견되는 것이 아닐까? 신들이 우리에게 요구하는 것은 그들을 기억하고 존중하는 것임을 기억하자. 우리가 에로스의 힘을 기억할 때 우리는 삶 자체를 섬기게 된다. 우리는 우리를 움직이고 우리 선조들을 움직이고 우리의 후손들을 움직이게 될 그 불가사의한 목적들을 섬기는 것이다. 에로스와의 접촉을 상실할 때 우리는 삶과의 접촉도 잃게 될 것이다. 가끔 우리 모두는 이 접촉을 상실한 것 때문에 산만해지고 지치고 질리고 우울해지는 것이다. 우리는 신들의 부름을 망각하고 우리의 편협한 신경증에 가차 없이 빠져든다. 최근 어떤 사람이 내게 "이제 할 일이 없으니 가야겠다"라고, 즉 "죽어야겠다"라고 말했다. 나는 그녀가 사는 동안 많은 과제를 훌륭히 해냈더라도 에로스는 항상 우리를 새롭게 소환하기 때문에 숨을 거둘 때까지 그 신비한 소환에 응해야 한다고 대답했다.

심리 치료사라면 삶이 어디에 있는지, 에로스가 어디로 움직이는

지, 심지어 그것이 가장 비참한 상황에서도 우리에게 무엇을 요구하는지 항상 물어야 한다. 역설적으로 우리는 종종 우리가 없애거나 억누르려는 괴로운 증상 그 자체가 상처 입은 에로스의 표현이라는 사실을 발견한다. 우리의 영혼을 치유하려면 다른 사람들을 향한 우리의 투사에서 에로스의 움직임을 추적해야 한다. 어쩌면 에로스의 희미해진 발자국을 따라 우리의 우울의 밑바닥까지, 에로스가 우리와의 재회를 기다리고 있는 그 밑바닥까지 들어가야 할 것이다. 길을 안내해주는 빵부스러기를 따라 우리의 감정의 숲을 통과하는 것, 다른 식으로 비유하자면 아리아드네의 실을 따라 우리 모두의 내부에 있는 미로를 통과하는 것이 의식의 과업이자 치료의 과업이며 신들과의 올바른 관계를 회복하는 방법이다.

몇 가지 예를 들어보자. 왜 우울증이 닥치는지, 왜 공황발작을 겪는지, 왜 반복적으로 스스로를 방해하는지 같은 문제들을 다룰 때 우리는 증상의 '논리'에 따라 영혼이 우리에게 무엇을 원하는지 추적해 들어가야 한다. (우리가 겪는 증상들은 내적 갈등의 '논리적' 표현이며 억압과 표현 사이의 불화가 구현된 것이다.) 왜 우울증에 빠지면 '정신생활 위원회'는 CEO인 에고의 과제에 협조를 철회하는가? '그들'은 무엇을 원하는가? 왜 실존적 상황의 불가피한 측면인 이 일반적인 불안이 공황 상태의 장venue으로 선택된 것일까? 불안 속에서 헤엄을 치고 있으면서도 우리의 에로스를 해방시켜 원하는 것을 이루도록 하기 위해 의식이 다뤄야 할 과제는 어떤 것일까? 우리는 어떻게 여전히 우리의 가치에 대한 오래된 원형적 메시지이며, 반복적인 자기 방해라는 불쾌한 경향에서 나타나는 그 메시지에 지배되는 것일까? 그 집요한 메시지는 언제부터, 또 누구로부터 오는 것일까? 그리고 보상으로 어떤 반대 행동을 요구하는 것일까?

우리는 상처 입은 에로스에 대한 이러한 탐구와 의식을 약화시키는 문제인 증상들로부터 보다 충만하고 자연스러운 삶의 표현을 위해 덤불을 깨끗이 치우라는 요구를 받는다. 이러한 자기 검토는 우리를 '잘 적응된' 존재로 만들어주지도 않고 다른 사람들의 갈채를 받게 해주지도 않지만, 더 큰 진정성으로 나아가게 해줄 것이다. 신학자 폴 틸리히는 죄를 "진짜가 아닌 것"으로 정의했고, 융은 신경증을 진짜 고통이 아닌 가짜 고통을 선택하는 것이라 정의했다. 분명 신들은 신경증보다는 진짜 고통 안에서 섬김을 받는 것 같다.

내가 보기에 현대 심층심리학 최초의 위대한 작품이자 프로이트 이전에 나온 에로스에 대한 찬가는 도스토옙스키의 《지하 생활자의 수기》이다. 1863년에 나온 이 작품에서 도스토옙스키는 문명세계의 밑바닥을 흐르는 공언된 가치관을 교란시키고 반박하는 자기애적인 그림자의 과제들을 당혹스러울 정도로 상세하게 묘사한다. 우리의 자기기만적 경향들에 대한 신랄한 비평이지만, 그럼에도 도스토옙스키는 결국 우리의 비이성적 에너지이자 우리의 욕망이 주도하는 에로스의 서커스를 찬양한다. 우리는 그것들에 의해 우리가 인간이라는 사실을, 치기만 하면 프로그래밍된 예측할 수 있는 방식으로 울려 퍼지는 피아노 건반이 아니라는 사실을 증명한다.• 그가 예언한 공포는 우리가 그 성마른 에로스와의 접촉마저 상실하고 프로그래밍된 사람이 되는 것이었다. 그다음 세기에 익명성, 비인간화, 기계적인 반응과 조건화된 가치들을 창출하는 수많은 제도들이 등장하면서 그의 공포는 현실이 되었다.

도스토옙스키가 그린 인간의 초상은 골치가 아팠고, 우리의 이상적인 에고와는 분명 어긋난 것이었다. 하지만 융이 지적했듯이 그림자 없는 사람은 결국 피상적인 존재가 되고 만다. 그 지하 인간은 심술궂고 질투도 심하고 이기적이며, 사랑하는 사람에게 상처를 주는 인물이다. 다시 말해 그는 우리와 비슷하다. 그래도 그 지하 인간은 우리가 스스로 위장하는 옹졸함과 나르시시즘도 기꺼이 인정한다. 혐오스럽긴 해도 그는 우리이며, 그의 삶은 온갖 형태로 표현될 수 있는 에로스의 생생한 표현이다. 그는 어여쁜 초상은 아니지만, 우리 인간을 움직이는 다양한 신들의 이질적인 주장들에 전 음역을 가장 충실히 제공하는 초상이다.

우리 각자의 인생 여정에서 에로스는 신속한 영혼의 길잡이이다. 우리 대부분은 일찍부터 우리의 욕망을 불신하고 우리 앞에 있는 대과업을 회피하는 법을 배웠다. 일반적으로 우리는 확장보다는 편안함

• 현대 심리학의 너무 많은 부분이 탐구와 치료의 영역을 자발적인 조건화 혹은 인지적이고 행동적인 과정에 제한함으로써 인간의 풍부함과 복잡성을 퇴색시킨다. 우리는 의미를 요구하고 의미의 결핍에 시달리며 그 빛을 찾기 위해 고통스러울 정도로 우리 자신을 비트는 존재이다.

을, 위험보다는 안정을 추구하며 예측 가능한 것에서 벗어나는 모험을 하지 않는다. 우리의 딜레마는 너무 많은 악을 저지르거나 너무 많은 자기부정을 일삼는 것이 아니라 영적으로 너무 많이 옹졸해지는 것이다. 확장 앞으로 소환되거나 신적인 것의 부름을 받는 것이 '끔찍한' 일이 될 수도 있지만 그런 순간이야말로 우리가 우리의 여행을 가장 충만하게 표현하는 순간이다.

신들은 절대 사라지지 않는다. 그들은 지하로 내려갔다가 다른 어딘가에서 다시 나타난다. 그들이 어디로 갔는지, 프로테우스처럼 어떤 다른 형태로 환생했는지 알아내는 것이 치유를 향한 우리의 첫걸음이다. 에고는 이러한 만남을 거의 통제하지 못한다. 신들이 우리를 데려가고자 하는 곳—심오한 사랑이나 광기나 욕망—은 우리의 제한된 힘을 넘어서기 때문이다. 우리가 우리의 선택과 그 결과에 책임을 지는 동안 에고는 그러한 힘들을 존중하도록 요구받는다. 그 힘들을 부정할 경우 조만간 우리로서는 상상도 할 수 없는 결과가 생길 것이다.

모든 신들은 우리가 그들을 좋아하든 두려워하든 상관없이 존중을 요구한다. 에로스와 보다 의식적인 관계를 맺는 것은 삶 자체와 올바른 관계를 맺는 것이다. 상처 입은 에로스는 치유를 원한다. 그러나 무시받은 에로스는 복수를 구하며 조만간 괴물을 창조할 것이다. 언젠가 베를린 주재 스위스 대사가 1930년대 어느 리셉션에서 히틀러가 했던 말을 인용했다. "나는 건축가가 됐어야 했는데 이미 너무 늦었다"라는 말이었다. 이 오스트리아 병사의 상처 입은 에로스, 훼손되고 방치된 이 에로스로 인해 이 세계에 어떤 병적인 일들이 벌어졌는지 우리 모두 알고 있다. 그가 그런 일을 벌이는 대신 예술을 창조했더라면 그를 위해서나 이 괴로운 세상을 위해서나 얼마나 다행이었겠는가. 에로스는 어느 쪽으로든 등장한다. 건물을 세우는 쪽으로든 건물을 불사르는 쪽으로든. 융은 스위스의 퀴스나흐트에 있는 자신의 집 현관 위에 에라스무스의 다음과 같은 말을 새겼다. "불리든 불리지 않든 신은 그곳에 있을 것이다."• 에로스 역시 불리든 불리지 않든 우리를 부를 것이다. 그런 신을 추적하는 일은 항상 풍요로운 삶의 정글 속으로 우리를 더 깊이 이끌 것이다.

그 신을 섬기기 위해서는 우리 자신을(우리가 관리하거나 견딜 수 있는 모든 틈새를) 알아야 하고, 우리 안의 사랑할 수 없는 것처럼 보이는 것들도 인정해야 하며, 우리의 일상이라는 강물의 밑바닥에서 솟구쳐 펼쳐지는 영혼의 모든 신비로운 측면을 탐구해야 한다. 시인 파울 첼란이 통찰했듯 "현실은 단순히 거기 있는 것이 아니라 탐색되고 얻어내야 한다." 아무리 상처 입고 박탈당해서 혼자인 것 같더라도 욕망에 흔들리는 것은 삶을 섬기는 것이다. 전투에서 얻은 상흔을 지닌 채 자신이 잃은 많은 이들의 유령에 시달리면서도 다시 포도주처럼 어둡고 위험한 바다를 그리워하는 늙어가는 율리시즈를 그린 테니슨의 빅토리아풍 초상은 오늘날에도 여전히 우리가 처한 본질적 조건

• 에라스무스에게서 빌려온 이 말은 라틴어로는 Vocatus et non Vocatus Deus Aderit이다. 텍사스 휴스턴의 융 센터 입구에도 이 말이 새겨져 있다.

을 잘 보여준다. 에로스가 부르고, 사랑이 소환하고, 필시 새로운 재난들도 손짓하는.

노년에도 나름의 명예와 싸움이 있다.
죽음은 모든 것을 끝낸다; 하지만 끝이 오기 전에 어떤 것을,
신들과 싸웠던 남자들에게 어울리는,
숭고한 어떤 일을 할 수도 있으리라.
…오라, 나의 친구들이여,
새로운 세계를 찾기에 너무 늦지 않았으니.•

그렇다. 결국 이런저런 재난이 우리가 건설한 세계를 전복시킬 테지만 분명 그 여행이 흥미롭다는 것을 인정해야 한다. 그래서 불리든 불리지 않든 이 변화무쌍한 에로스는 모든 것을 주관하며 일련의 욕망을 통해 고집스럽게 우리를 삶 속으로 부른다. 우리가 에로스를 잊을 수는 있어도, 시련이든 비극이든 승리든 에로스는 우리를 잊지 않는다.

• Tennyson, "Ulysses", 11, 50ff.

◆◆◆

이 장의 처음 부분에 등장했던 안젤라를 기억하는가? 우리가 만났던 마지막 시간에 그녀는 이렇게 말했다. "저는 사랑을 위해 결혼 생활을 희생했어요. 하지만 저는 남편을 사랑하지 않는다는 것을 알았죠. 그리고 그 사람도 마땅히 자신을 사랑하는 사람과 결혼해야 했어요. 저도 마땅히 제가 사랑할 수 있는 사람과 결혼했어야 했고요. 엄마는 제가 내린 결정에 대해 우리의 종교적 신념에 어긋나는 일이라며 고함을 쳤어요." 그러나 우리는 안젤라가 에로스라는 이름을 가진 신을 위해 어렵지만 종교적인 희생을 했다는 걸 안다.

5장

삶의 확장

"우리는 너무 작은 신발을 신고 걷는다"라는 융의 소박한 금언은 우리 주변의 목소리나 환경의 요구에 순응해야 할 필요성을 일깨워준다. 또한 우리를 통해 세상에 구현되기를 바라는 본능에 맞춰 살기보다는 심리학적인 도움을 얻으며 살아야 한다는 사실을 상기시켜준다. 더 나아가 융의 메타포는 우리가 거의 매일 신경쇠약에 시달린다는 사실도 암시한다. '작게' 사는 것은 크게 사는 것보다 쉽다. '크게' 사는 것은 자기애적인 팽창•이 아니라 우리 자신이 되려는 위험을 무릅쓰라는 소환과 매 순간 마주치는 것을 의미한다.

최근 나는 일흔에 퇴직한 남자를 상담했다. 이제 압박받는 일에서 내려와 평화롭게 자신의 관심사를 추구할 자유를 누리려고 했지만 다소 문제에 부딪힌 것처럼 보였다. 그는 수십 년 동안 가족과 직업과 교회의 기대에 충실히 부응하며 살았던 탓에 뒤늦게 자신의 요구나 본능과 대면할 자신감을 잃은 것 같았다. 내가 만나는 너무나 많은 사람들처럼 그도 있는 그대로의 자신으로 살거나 자신이 원하는 것을 하거나 영혼이 원하는 것을 추구할 '허가'를 받지 못했다고 느끼고 있었다. 생산적인 일에 인생을 바쳤던 한 사람이 가족과 문화의 인정은 물론 외적인 목적을 모두 달성했는데도 여전히 어떤 '허가'도 받지 못했다고 느낀다면 이는 얼마나 믿기 힘든 일인가?

그러나 이런 문제는 상당히 일반적인 일이다. 젊었을 때 우리는 자신의 삶을 책임져야 하고 정해진 운명에 충실히 복무해야 한다는 말에 설득되었다. 혹시 의심이 생기더라도 이를 감당할 여유가 없었기에 늘 전진해야만 했다. 그리하여 우리에게 주어진 파트너나 부모 혹은 부양자로서의 역할을 우리 자신의 삶의 목적과 동일시하게 되었다. 그러나 이런 역할들을 충실하게 수행하고 난 다음 뒤늦게 그 역할들이 자신에게 도움이 됐는지 의문을 품게 된다. 나중에 충분한 힘을

• 미국의 철학자 펄 베일리가 언젠가 말했듯, "그들이라고 생각하는데 아닌 그들."

얻거나 혹은 충분히 절박해진 뒤에 의문을 제기하거나 과거를 돌아보며 이렇게 질문하게 될지도 모른다. "그런 역할들을 빼놓는다면 도대체 나란 존재는 무엇이란 말인가?" "내 삶의 역사이자 나에게 부여되었던 역할을 그만두었을 때 과연 나는 누구란 말인가?" 혹은 "내가 왜 여기 있는 거지?"라고 물을 수도 있다. 그때 우리는 그런 심오한 질문에 대한 답을 모른다는 걸 깨닫고 당황한다. 우리는 우리가 누구인지, 뭘 하고 있는지 혹은 무엇에 봉사하고 있는지 알지 못한다. 여기까지 와서야 그 어딘가에서 진정한 나 자신을 찾을 심리적 '허가증'을 잃었다는 사실을 깨닫는 일마저도 매우 드물다.

'허가'의 문제는 우리 여행의 기원을 찾는 근본적인 사실로 거슬러 올라가야 한다. 세계에 대한 우리의 경험은 조건부이다. 우리는 운명이 우리에게 제시한 조건인 우리의 유전자와 원가족 그리고 그것의 핵심 역학과 우리의 시대정신에 종속된다. 이 모든 사회적 배경은 메시지를 구현하며 어느 정도 순응을 요구한다. 우리 모두가 받은 한 가지 메시지는 이렇다. "세계는 커다랗지만 너는 그렇지 않다. 세계는 힘이 세지만 너는 그렇지 않다. 그러니 모든 것을 감당하며 살아야 한다!"

그러한 메시지를 '우리의 것'이자 반박할 수 없는 세계의 본질로써 현실의 기본적인 구성 조건으로 흡수하는 순간 우리는 반드시 거기에 적응해야 한다. 이러한 메시지의 필수적인 내면화와 그 요구에 대한 적응이 의미하는 바는 우리가 점차 우리 자신의 본능적인 길잡이와의 접촉을 잃게 된다는 사실이다. 따라서 우리 대다수에게 있어 있는 그대로의 자기 자신—서로 다른 목표를 가진 독립된 개별 여행자—이 되어도 좋다는 '허가'의 문제는 내면으로부터 부정된다. 세상에서 아무리 많은 것을 얻었다 하더라도 우리는 종종 어떤 사람이든 신들이 의도했던 자기 자신과의 접촉을 전적으로 상실했을지 모른다는 걸 깨닫고 아연해한다.

대신 우리는 당혹스럽게도 우리 자신이 적응 과정에서 형성된 누구 내지는 무엇이라는 것을 알게 된다. 최근 유명한 10대 아이돌이 공개적으로 자신의 머리칼을 잘랐다. 나는 그전에 낸 책 때문에 몇 건의 라디오 인터뷰에 나갔다가 많은 사람들이 부러워하는 특권층의 삶을 사는 아이돌이 어떻게 그런 '미친' 짓을 할 수 있느냐는 질문을 여러 차례 받았다. (왜 그토록 많은 지적인 사람들이 그녀가 하는 일이면 무엇이든 관심을 갖는 것인지, 그것 역시도 의문이다.) 그러니 이러한 '광기'를 통해 프시케가 하려는 말이 무엇인지 살펴보자.

확실히 그녀는 그토록 많은 투사projection의 '프로젝트project'가 되는 것에 대한 공포를 증언하고 있다. 그것은 그가 가진 명성이 요구하는 것이기도 하다.• 그녀의 행동은 분명 자신이 다른 사람들에 의해 해석된 사람이 아니라는 사실을 자각하고, 명성에 의해 캡슐화된 자신과

• 장 폴 사르트르는 《닫힌 방》에서 "타인은 지옥"이라고 외쳤다. 그는 우리의 인간성은 흔히 다른 사람들의 투사의 '프로젝트'가 되면서 쪼그라들고 제한된다고 설명한다. T. S. 엘리엇의 '프루프록'도 비슷하게 다른 사람들의 의견에 의해 벽에 곤충처럼 고정되는 것을 불평한다.

의 필수적인 연결고리를 상실했다는 것에 저항하는 그녀 내면의 일부를 인식했음을 자신도 모르게 세상을 향해 '고백하고 있는' 것이다. 어쩌면 멘붕 상태와도 같은 내적 불일치로 인한 빠른 인식은 스타의 지위를 버리고 예전 자신의 모습을 되찾을 수 있는 충분한 공간과 시간을 제공할 수도 있을 것이다. 하지만 '성공'의 유혹과 그녀를 빨아먹는 측근들의 사리사욕이 그녀를 다시 자신의 명성과 스스로를 동일시하는 상태로 끌어당길 가능성이 훨씬 크다. 융이 "페르소나의 퇴행적 복원"이라고 불렀던 것은 그녀의 프시케로 하여금 훨씬 더 강력한 반란으로 이루어진 병적 이상 상태를 요구할 것이다. 그녀의 딜레마는 자신을 적응과 동일시하면서, 자기와 페르소나를 혼동하는 우리 모두가 마주친 딜레마의 캐리커처일 뿐이다. 조만간 우리의 영혼에서도 엄청난 고뇌가 일어나 우리를 곤란하게 만들고 당혹시키고 낙담시킬 테지만, 만일 그 고뇌가 우리에게 무엇을 원하는지 질문할 수 있다면 곧 우리의 가장 친한 친구가 될 것이다.

많은 사람들이 그녀의 행동을 비웃고 조롱하고 또 그녀가 들어갈 어떤 병적인 범주를 찾았지만,• 그녀의 프시케가 동원된 것은 분명 유리 거품 같은 존재로부터 그녀를 구하기 위해서였을 것이다. 너 자신에게 물어봐, 너는 왜 스스로 머리칼을 자른 거니? 그것도 공개적으

• 우리는 성급하게 다른 사람을 비정상이라거나 건강하지 않다고 판단함으로써 자신의 광기를 인정하는 것과 거리를 둘 수 있다. 도스토엡스키가 언젠가 《작가 일기》에서 "자신의 이웃을 가둠으로써 자신의 분별력을 확신하게 된다"라고 말했듯이.

로? 그것이 의미하는 것이 무엇인지 네 자신에게 물어봐. 인기를 더 얻기 위해? 인기는 지금도 너무 많잖아. '신경쇠약'의 징조일까? 아니면 그런 자기 파괴적인 행동이 그녀의 프시케가 악마와 흥정하는 방식일까?

많은 10대 소녀들은 유명인의 삶과 자신의 삶을 두말없이 교환하고 싶어 할 것이다. 그들은 결국 다른 사람들이 지켜봐 주고, 특별하게 느끼고, 중요하게 여겨주기를 바란다. 다른 사람들의 주목의 대상이 되기를 바라는 것이다. 이미 부모와 선생님들이 항상 자신들의 일거수일투족을 샅샅이 감시한다며 화가 났으면서도. 처음의 흥분이 가시고 과도한 찬사에 도취되고 난 뒤에도 사람들이 끊임없이 자신을 지켜보는 것은 어떤 느낌일까? 특히 무슨 실수라도 하지 않나 찾아내려고 하는 사람들이 많다면? 만일 그 역할에 갇혀 그만두지도 못하고 사생활도 자신의 마음을 바꿀 능력도 보장받지 못한다는 것을 알게 된다면, 그때는 어떤 기분일까? 그 특권을 놓아버리기 싫다고 해도 자신의 역할이나 명성을 증오하게 될 것이다. 그러면 그들의 프시케가 비틀거리는 의식의 자리를 넘겨받아야 할 것이다. 그들은 불안 발작과 우울증에 시달릴 것이고, 그들의 불-편함dis-ease, 즉 병을 술과 약으로 치료할 것이며 더 큰 이목을 끌기 위해 그들이 가짜 세계에서 벌이는 요란한 활동의 가치를 갈수록 확대할 것이다. 그러면 프시케는 그에 대응해 그와 반대되는 것을 확대해야 할 것이다. 번아웃, 자기파괴, 거짓자기의 붕괴 같은 명백한 사례를 보고 싶다면 마릴린 먼로나

엘비스 프레슬리, 애나 니콜 스미스 같은 이들의 사례를 떠올리면 된다. 이런 사실을 이미 알고 있는 프시케는 우리가 우리의 영혼을 학대하는 것을 영원히 용납하지 않을 것이다.

이 아이의 상징적 행동의 밑바닥에는 진정한 삶을 향한 심오한 욕망이 깔려 있다. 그녀가 여성으로서의 자부심인 머리칼을 민 것은 그녀의 왕관corona을 벗은 것이다. 그녀는 더 이상 자기 영혼의 가치가 줄어든 정의를 견딜 수 없고, 이렇게 구성된 자신을 떠받칠 수 없으며, 거기에서 벗어나기 위해서는 그것을 철저히 해체시켜야 한다고 우리 모두에게 말하고 있는 것이다. 내가 이 문장들을 쓰던 날에도 그녀는 두 번째인가 세 번째로 재활원에 들어갔다 나왔다. 그런데 매번 하루도 채 머물지 않았다.

그녀가 거짓된 자신에게 매달려 있는 것은 이해할 만하다. 우리 모두 그 광휘에 유혹되었던 적이 있고 또 여전히 그러하니까. 그래서 이제 확실히 더 커진 프시케는 다른 어딘가에서 그녀와 다시 만나야 한다. 주인의 포도밭에서 일하다 저승사자를 만난 남자에 대한 이란의 우화가 생각난다. 남자는 주인에게 사마라로 도망치게 빠른 말을 빌려달라고 부탁했고 주인은 그의 요청을 들어준다. 나중에 주인은 포도밭을 걷다가 저승사자와 마주쳐서 왜 그렇게 무서운 모습으로 하인에게 겁을 주었느냐고 묻는다. 이에 저승사자는 "그를 놀라게 하려고 했던 것이 아니다. 그저 오늘 밤늦게 사마라에서 만나기로 되어 있는데 아직도 여기 있는 걸 보고 놀랐을 뿐이다"라고 대답한다. 프시케는 우리를 기다리고 있으며, 다른 어딘가에서 우리를 만날 것이다. 우리가 그 약속을 잊으려고 해도 프시케는 잊지 않을 것이다.

◆◆◆

우리가 더 큰 삶 속으로 발을 들이기 거부하는 또 다른 형태는 갑갑한 과거를 붙들고 있는 것이다. 우리는 원한이나 모욕, 부상이나 과거의 상처를 붙들고 그것이 우리의 현재를 지배하도록 내버려 두기도 한다. 예전에 어떤 여자를 한 시간 정도 상담한 적이 있다. 그녀는 결혼한 두 아들이 자신을 찾아오지도 않고 명절이나 기념일도 챙기지 않는다고 불평하기 위해 온 것이었다. 그녀는 아들들과 그들의 아버지인 전 남편 욕을 한참 해대더니 그 모든 것을 며느리들 탓으로 돌리며 인생 전반에 걸친 신세한탄을 늘어놓았다. 왜 그들이 그녀를 찾지 않는지 어렵지 않게 알 수 있었다. 나는 그녀에게 할 수 있는 한 최대한 상냥하고 좀 더 수용적으로 그들을 대해보는 게 어떻겠느냐고 권유했다. 그랬더니 그녀는 나에게도 공격을 가하기 시작했다. 다행스럽게도 그녀는 얼마 지나지 않아 자리에서 일어나 밖으로 나가버렸다.

그녀의 사례처럼 쓰라린 이혼을 겪은 이후 그 일을 몇 번이고 곱씹으며 수십 년을 흘려보내는 사람들을 볼 때가 있다. 그런 사람들이 아무도 자신을 돌봐주지 않는다고 끊임없이 불평을 늘어놓을 때마다 나는 그 사람들이 더 큰 삶 속으로 발을 들여놓지 못했다는 사실을 알 수 있었다. 그들은 의식적으로든 무의식적으로든 누군가가 당연히 자신을 돌봐줄 것이고 인생을 의미 있는 시간으로 채워줘 평범한 삶의 모호함과 고통으로부터 구해줄 것이기 때문에 자신은 성장하지 않아도 될 거라고 생각한다. 다 큰 자식들이 사는 동네로 이사 가는 부모들이 우리 주변에 얼마나 많은가? 물론 부모의 헌신이라는 명분을 내세우지만 그들은 이제 자식들이 자신들의 정서적 갈증을 채워주기를 은밀히 기대하면서 그러는 것이다. 그들은 자기 인생의 도전을 받아들이지 않았기 때문에 성장하기를 거부한 것이다. 이런 방식으로 살다 보면 그들은 아마 사랑받지도 사랑하지도 못한 채 죽을 것이다. 그들의 자기애가 격렬하게 화를 내면 자신의 내면을 들여다보고 거기에서 발견한 것에 대해 책임지기를 거부할 것이기 때문이다. 어릴 때는 당연히 돌봐주고 보호해주고 키워주고 길을 가르쳐줄 사람을 찾아야 한다. 때로는 그런 사람을 찾기도 하지만 때로는 찾지 못하기도 한다. 어떤 경우든 우리는 모두 성장해야 하고 우리의 삶을 전적으로 책임져야 하며 다른 사람들에게서 좋은 부모의 모습을 찾는 일을 포기하고 이제 징징대는 것도 그만둬야 한다.

내가 아는 어떤 시민단체 회원들은 한때 서로 의지하고 축하해주는 분위기 속에서 살았다. 합리화 조치로 인해 지원이 끊기자 그들은 '공동체'가 지속되기 어려워졌다며 이사회를 비난했다. 그러나 그들의 공동체는 의존적인 사람들이 결탁한 모임이었던 탓에, 그 안에서 성장하거나 자율권을 갖거나 궁핍한 생활에서 벗어나 발전한 사람이 거의 없었다. 그들은 수십 년 동안 그런 상황을 상당히 만족스러워하며 살았다. 남을 탓하거나 서로를 불쌍히 여기며 꼼짝 않고 안주해 있는 것이 훨씬 쉬웠던 것이다. 이러한 의존적인 태도나 성장에 대한 거부는 본인은 물론이고 그들의 파트너나 자식들 더 나아가 사회에도 아무런 도움이 되지 않는다.

그렇더라도 우리 각자에게는 소심하고 두려워하는 의존적이며 궁핍한 부분이 있다는 것을 인정해야 한다. 자신은 그런 부분이 없다고 생각하면서 그런 요구를 다른 사람들이 해결해줄 거라 기대하는 모습은 그야말로 순진하고 경우 없는 짓이다. 그런 것들이 우리의 삶을 지배하지 못하게 부단히 노력해야 한다. 이 과제를 다른 사람들에게 떠넘기지 않고 스스로 감당하는 것은 다른 사람들에게도 큰 도움을 주는 일이다.

이러한 궁핍은 우리의 관계를 방해하고 지나치게 단순한 신학과 정치의 형태로 나타나 우리의 문화를 소아화시키고 있다. 우리 집 근처에는 대형 교회 두 곳이 있는데, 나는 매주 수천 명의 사람들이 구루의 말을 듣기 위해 성소로 터벅터벅 걸어 들어가는 광경을 본다. 나는 과연 그곳에서 영적으로 확장된 경험을 하는 사람이 있는지 궁금하다. 자신의 두려움을 직시하고 성장하라는—그것을 우리 공통의 두려움으로 만들라는—부름이나 결과적으로 소외와 고독을 겪게 되더라도 개인의 권위나 영적 성숙을 되찾으라는 부름을 받는 사람이 있을까? 진실로 더 큰 삶을 향해 나오라는 요구를 받는 사람이 있을까?

아니면 무엇을 생각할지, 어떻게 살아야 할지, 무엇을 소중하게 여길지 일일이 말해주는 누군가에게 자신의 전부를 내맡기고 있는 것은 아닐까? 그들이 바라던 삶에 대한 약속이 그들의 기대를 배반할 때, 즉 그들에게 정말 큰 시련이 닥칠 때, 그들은 '신'을 탓할까 아니면 의지박약이라며 자신을 책망할까? 우리 문화의 근본주의자 파벌들은 너무나 자주 사람들을 위협해 순종하도록 하거나—나는 그런 영적인 폭력을 저지른 사람들을 절대 용서하고 싶지 않다—우리 모두가 젖어 있는 편한 물질주의와 자기애를 정당화하도록 유혹함으로써 그들의 콤플렉스를 스스로 받아들이게 만든다.

사소한 것에 의해 움직이는 문화는 그 자체의 문제를 들여다볼 만큼 성숙하지 못하다. 진실한 비전을 제공하고 세계 공동체의 성장과 상호작용에 대한 현실적인 대가를 치르도록 우리에게 요구하고 또 모든 중요한 이슈와 미묘하고 모호한 현실을 효과적으로 다룰 수 있는 지도자를 찾아 선출하기를 어떻게 기대할 수 있겠는가? 왜 우리는 국내외적으로 우리가 직면한 문제들은 복잡하다고, 어떤 선택을 하더라도 대가가 따른다고, 그러니 인내와 겸손에 기반한 대화와 복잡성에 대한 더 큰 이해가 요구될 거라고 정중하고 솔직하게 말하는 리더를 갖지 못하는 걸까? 왜 우리는 스스로의 의지를 가로막거나 거짓말을 할 정도로 외면하거나 지적 단련이 부족한 우리 자신의 복잡한 문제들을 다루는 데 따르는 시련을 함께 견딜 누군가가 필요할 정도로 서투른 것일까? 왜 우리는 인생에는 고통이 따르며 우리의 가장 심오한 질문들은 결코 완전히 답해지지 않을 것임을 확인해주는 신학자나 설교자들을 더 많이 갖지 못할까? 왜 우리는 우리 모두가 매일 느끼는 모순이나 실제 삶의 부산물인 고통을 검증해주는 대신 간단한 3단계만 따라 하면 행복해질 것이고 물질적으로도 풍요로워질 거라고 말하는 심리학자들을 방송에서 보고 있는 것일까? 우리가 하나의 사회적 개인으로 성장해 우리의 여행을 온전히 책임지는 큰 도전에 발을 들여놓기 전까지는 이러한 선동적인 리더들과 우리의 미숙함에서 비롯된 소아적인 문화를 갖게 될 것이다. 이러한 외부의 인위적 대상들은 우리가 내면에서 다루지 않았던 것을 반영하기 때문이다.

◆◆◆

우리 모두는 우리의 관계와 소속, 직업, 정치 그리고 신학에 대해 다음과 같은 간단하지만 예리한 질문을 던져야 한다. "이 길을 선택하는 것이 나를 더 크게 만드는가 아니면 더 작게 만드는가?" 보통은 그 답을 알고 있다. 우리는 언제나 직관적으로 판단할 수 있기 때문이다. 그런데 우리는 우리가 알고 있는 것을 두려워하며, 그것이 우리에게 요구할지 모르는 것을 더 두려워한다. 만일 진심으로 답을 모르고 있다면 답이 저절로 나올 때까지 그 질문을 계속해야 한다. 그럴 때 틀림없이 참된 과업이 시작된다. (융은 모든 심리 치료사가 다음과 같은 질문을 던져야 한다고 말했다. "이 사람의 신경증은 이 사람의 어떤 과업을 회피하게 해주고 있는가?") 우리는 그러한 계시의 순간에 삶이 우리에게 무엇을 하기를 요구하고 있는지, 우리가 어떤 방향으로 성장해야 하는지 알게 된다. 그렇다면 우리는 이제 어떻게 해야 할까? 죽을 때까지 자신을 부정하고 억압하고 남을 탓하며 질질 끌거나 꾸물대면서 태평스럽게 춤이나 출 것인가 아니면 성장을 선택해 마침내 더 큰 삶을 사는 어른이 될 것인가?

확장에 대한 두려움과 연관된 현상 중 하나는 가족과 자신을 부양하고 세상에 기여하는 등의 훌륭한 일을 해왔으면서도 내면적으로는 그 일의 정당성을 느끼지 못하거나, 진정으로 자신이 느끼는 것을 느끼거나 원하는 것을 원하거나 자신을 소환하는 것을 추구할 자격이 있는 '참된' 사람들 축에 끼지 못한다고 생각하는 것이다. 나는 지금까지 이런 모습을 많이 봐왔었지만 처음에는 믿지 않았다. 그런데 그런 사람들을 자꾸 만나게 되었다. 우리 모두는 적응의 동물이지만 특히 이런 사람들은 일찍부터 그들이 처한 환경을 자신이 누군지, 무엇을 해야 하고 무엇을 하지 말아야 하는지, 또 무엇을 중시해야 하는지에 관한 메시지로 '읽는다'. 우리가 생각하는 잠정적인 자신, 즉 가짜 정체성은 본질적으로 불안 관리 시스템이다. 이 시스템은 너무나 많은 힘과 자율성을 가지고 있고 우리의 프시케 속에 너무나 깊이 묻혀 있어서 우리는 그 존재를 거의 알지 못한다. 또한 그것이 행사하는 위임된 권력과 그것이 우리 삶을 지배하는 정도를 거의 이해하지 못한다. 오로지 우리 자신이 우리의 증상과 패턴, 자신과의 고통스러운 만남에 관심을 기울일 때에만 우리의 역사가 그토록 오랫동안 섬겨온 이질적이고 이식된 '관념들'을 알아보기 시작한다. 오로지 우리가 개인적인 역사의 패턴을 볼 때에만 우리 외부의 가시적인 역사를 이루고 있는 반복적인 모티프와 결과, 이러한 가치의 위계를 만들어낸 보이지 않는 시스템이자 콤플렉스에 부여된 자율성을 보게 되는 것이다.

나는 매일 50~60대들을 상담한다. 그들은 정서적으로 충분히 성숙하고 들여다보기에 충분한 역사가 있으며 불쾌한 진실을 견딜 만큼 에고도 강하다. 한 남자는 자신의 성취 지향적이었던 외적인 삶이 어머니가 자신의 삶에 가치를 부여하기 위한 것이었음을 깨닫게 되었다. 한 여자는 자기 방해적인 삶을 살았는데, 자신의 부모로부터 정서적으로 심하게 방치되는 바람에 자신을 좋은 사람이라고 볼 수 없었다. 그녀가 자신의 거울을 들여다봤을 때 그 속에는 아무도 없었다. 그녀의 동반자들은 하나같이 자기애가 강했는데, 비록 무의식적이긴 했지만 그들을 선택한 것은 그녀 자신이었다. 아마도 그들이 그녀 자신의 원형적 초상화를 재확인시켜준 것으로 보인다. 또 다른 여자는 만성적인 우울증에 시달렸다. 운명은 그녀에게 뇌성마비를 가진 동생을 주었고, 그녀는 비참한 장애를 가진 남동생을 돌보는 데 인생을 바치는 부모를 지켜보면서 그녀 자신을 위해서는 어떤 것도 부모에게 요구할 자격이 없다는 메시지를 얻었다. 이는 가족 역학에 대한 부정확한 해석은 아니지만 이후 성인으로서의 삶에 대한 계획을 세울 때 반복적으로 우울증을 유발하는 요인이 되었다.

지난 20년간 심리 치료사로 일해 오면서 다른 치료사들을 만나고,• 강연자로 나설 때 치료사 집단을 상담했던 경우도 꽤 있었다. 그런 경우 불가피하게 '상처 입은 치료사wounded healer'라는 주제가 등장한다. 간호사나 사회 복지사, 성직자나 치료사 등 돌봄 직종에 종사하는 사람들 중에는 문제 있는 가정 출신이 압도적으로 많다. 어릴 때 그들은 자신의 욕구는 부차적인 것으로 여기고 그들 가족의 안정이나 부모가 가진 미해결된 문제들의 희생양 노릇을 위해 자연스럽게 자신의 인격을 연마하는 법을 배웠다. 뿐만 아니라 하나같이 무슨 수를 써서라도 자신의 부모를 치유하려고 열심히 노력했다. 불가능하지만 강박적인 이 과제가 그들의 삶에 너무 깊이 각인되는 바람에 그들은 어른이 되어서도 여전히 이 역할을 자신과 동일시했다. 통찰력과 공감 능력 때문에 많은 이들이 이런 일을 아주 잘 해내지만 거의 모든 이들은 계속 정신 내부의 동요에 시달리고 있다. 이는 문제가 많은 그들 가족의 역학이 그들의 내담자들을 통해 재창조되었기 때문이다.

그들의 원가족은 치유될 수 없었다. 그것은 아이가 가진 능력 밖의 일이었기 때문이다. 그리고 이제는 세상도 치유될 수 없다. 한 사람을 치유하고 나면 바로 그 뒤로 또 다른 상처 입은 사람들이 줄을 서기

• 어느 정신분석가가 첫 상담 시간에 내게 말했듯, "우리 모두는 우리 자신의 작업을 할 때가 오면 정신역학 치료사에게 간다는 것을 알고 있다." 그 사람 또한 한 정신과 의사와 제휴를 맺은 숙련된 행동주의자였는데, 두 사람 모두 약리학에 관심이 많았다. 나는 늘 전문 치료사들이 알고 있는 것을 일반 사람들이 안다면 어떻게 될까 궁금했다. 즉 진정한 성장과 치유의 작업은 시간을 잡아먹는 일이며, 보험 회사의 이익을 위해 짜여진 '관리형 진료'라는 환상은 말할 필요도 없이 대부분의 치료 방식이 제공하지 않는 심도 있는 탐구를 필요로 한다는 사실 말이다.

때문이다. 그리하여 그들은 이 끝도 없는 과업에 공생적으로 몰두하며 불안과 우울, 강박적 헌신이라는 스트레스에 매시간 시달린다. 게다가 불안한 환경에 놓인 이 일에서 떠나려고 할 때는 심한 '죄책감'으로 고통을 받는다. 그들의 죄책감은 참된 죄책감이 아니다. 스스로를 돌보려는 것은 자신이 구할 수 있는 유일한 사람을 구하려고 하는 것이며, 이는 전혀 나쁜 일이 아니기 때문이다. 그것은 오히려 그들의 원형적 임무라는 궁지에서 벗어날 때 활성화되는 불안이다. (나의 짐작으로는 돌봄 직종에 종사하는 사람들 가운데 약 50퍼센트는 현장에 남아야 하고, 약 50퍼센트는 현장을 떠나야 한다. 후자에 속하는 사람들의 경우 자신의 원형적 상처가 활성화되면 그 대상이 내담자이든 교구민이든 환자이든 아니면 그들 자신이든 간에 누군가에게 해를 끼칠 수밖에 없다. 그런데 밖에서 보면 누가 어느 쪽에 속하는지 알 수 없다.)

운명에 의해 의무 지워진 전형적인 적응보다는 영혼이 주도하는 과제를 통해 자신의 삶을 살 수 있는 허가증을 갖지 못한 이 특별한 범주의 전문 돌봄 인력은 명확하게 식별 가능하다. 그러나 우리 대다수는 그런 허가증이 진짜라는 느낌을 갖고 있지 않은 것이 일반적이다. 나도 노동자 계급 출신이라서 일이 생존과 가치 그리고 성실과 동의어라는 것을 알기 때문에 일을 하지 않고 사는 게 힘들다. 가정에 대한 이러한 윤리는 영적인 길로 '선행'의 우위를 강조하는 유년 시절의 종교 훈련으로 강화된다. 나는 휴가 때조차 월트 휘트먼의 말처럼 영혼에게 빈둥거리라고 요구하는 게 어렵다. 나는 늘 문에서 늑대를 떼어놓기 위해서나 세상에 건설적인 기여를 하기 위해 뭔가를 하고 있어야 했다. '게으른' 것은 내가 상상할 수 있는 최악의 것이었다. 우리의 청교도적인 과거의 유산은 암암리에 일을 신의 축복과 동일시한다. 그것은 젠더 가치이지만 심리적 부의 척도로서 생산성이라는 관념과 얽혀 있다. 그러나 이러한 공식이 갖는 문제는 '게으름'에 대한 판단이 편파적이고 환원적이라는 것이다. 콤플렉스가 원하는 일보다 영혼이 원하는 일을 하는 것은 게으른 것이 아니다. 그것은 우리의 원형적 전기archaic biography가 허용하는 것보다 더 큰 과제에 봉사하는 일이다. 그래서 말장난을 좀 하자면, 나는 여전히 이 문제로 '작업 중'이다. 적어도 나는 어디에서 일해야 하는지는 안다.

삶의 후반기에 이르면 우리는 더 큰 삶에 발을 들이는 것이 두려운 일임을 알게 된다. 그것은 진정한 자기 자신이 되는 위험, 즉 우리의 에고를 편하게 해주거나 어떤 것이든 우리에게 내려온 지시를 따르기보다 우리를 통해 세상에 나오기를 원하는 위험을 감수할 것을 요구하기 때문이다. 우리는 다른 누군가가 우리에게 허락해주기를 기대할 수 없다. 부모 콤플렉스 혹은 문화 콤플렉스는 역사에 새겨져 있고 그것들은 계속 주장을 멈추지 않을 것이다. (그것들은 상상력이 부족하다.) 너무나 오랫동안 그 목소리들을 따랐더라도 인생 후반기에는 우리 자신의 프시케가 독특한 관점을 가지고 있다는 것을 알게 된다. 우리 각자가 각기 다른 운명을 향하고 있는 다른 존재라는 사실을 깨닫는 것은 우리 자신에게 달려 있다. 형제자매라 해도 우리 모두는 각기 다른 여행을 하게 되어 있다. 삶의 끝에 이르면 우리 모두 삶의 여행에서 무엇을 했는가에 대해 답해야 할 것이다.

더 큰 삶 속으로 들어가려면 우리의 개인적 권위를 다른 사람들의 권위나 우리의 내면화된 훈계의 권위와 구별할 줄 알아야 하며, 위험을 무릅쓰고 담대하게 이 내적인 권위에 따라 살아야 할 것이다. 동료 중 하나가 교회에서 여성 단체를 이끌고 있는데, "우리가 믿는 것이 무엇이냐?"라는 질문을 계속 듣게 된다고 한다. 어느 정도 나이가 찬 사람들이 그처럼 중요한 문제에 대해 스스로 생각해보지도 않고 "우리가 믿는 것이 무엇이냐?"라고 묻고 있다니 슬픈 일 아닌가. 그 사람들은 광고주에게도 "무엇을 사야 하느냐?"라고 물어보는 걸까? 어쩌면 그럴지도 모르겠다.

두려움은 적이다. 무엇보다 우리 영혼의 광대함이 가장 두렵다. 그래서 우리는 그토록 자주 다른 사람의 지시에 따르는 것이다. 리무진 심지어 헬리콥터를 탄 두건을 쓴 구루들이 무엇을 가치 있게 여겨야 하고 어떻게 살아야 하는지 말하는 것을 듣겠다고 강당이나 예배당으로 몰려가는 사람들을 볼 때면, 나는 이것이 '종교'라는 생각이 들지 않는다. 영혼의 더 큰 위험이나 신비로운 확장을 경험할 수 있는 만남의 장으로 나오라는 소환장이 보이지 않는다. 나는 그러한 진부한 것들이 신이나 그들의 무서운 힘을 경배하는 것으로 보이지 않는다. 내게는 그런 것들이 외부의 권위적인 목소리를 따르라는 유년 시절에 배운 의무의 소아적인 반복이며, 행복은 강력한 타자에게 순종하는 데서 온다는 메시지를 강화하는 것처럼 보인다. 그때 우리 안에 있는 '타자'인 영혼의 목소리는 너무나도 멀리 떨어져 있는 것처럼 보인다.

프리드리히 니체는 그의 모순어법적인 잠언 중 하나에서 우리는 심연인 동시에 그 심연을 가로지르는 밧줄이라고 했다. 핵심을 조금 벗어나긴 했지만 마르틴 하이데거는 더 나아가 "심연은 존재의 열림"이라고 했다. 예언적이고 도발적인 이런 생각들을 통해 우리는 우리 안에 있는 엄청난 가능성을 두려워하는 원인에 대해 이해할 수 있게 된다. 신들이 우리를 이곳으로 데려온 것은 우리의 상호신경증적인 공동체의 그 골치 아픈 소심함에 따르라는 것이 아니다. 우리 모두는 그것이 어떤 것이든 신들의 의지를 실현하기 위해서라는 생각으로부터 도망치는 법을 배웠다. 그런데 우리가 우리 자신의 가장 깊숙한 곳에서부터 우리의 여행을 전개한다면 실존적 불안이라는 심연을 건널 수 있는 의지와 지지받는 느낌을 지속적으로 발견하게 될 것이다. 그때 우리는 비로소 우리가 가장 두려워했던 것이 무섭고도 집요한 우리 자신의 자유였음을 깨닫게 된다.

최근 정신분석을 받고 있는 한 내담자에게 다음과 같은 이메일을 썼다. 그녀는 결혼 생활에 대한 힘든 결정을 내린 다음 친구들의 오해를 받았고 종교 공동체마저 포기하는 바람에 자포자기한 상태로 끔찍한 외로움에 시달리고 있었다.

친애하는…

이것이 수 세기 전 십자가의 성 요한이 말했던 그 유명한 '영혼의 어두운 밤'입니다. 그것을 통과하는 것은 고통을 재탄생의 대가로 치러야 하는 신에 의한 선택의 한 요건입니다. '거짓 자기false self'의 붕괴는 실로 고통스럽지만 그 과정을 거쳐야 과거에 필요했던 그 모든 태도와 적응의 밑바닥에서 자기self가 나오게 됩니다. 죽음과 부활, 이 힘든 '과도기'는 당신이 자기를 되찾는 방법이고 진정한 당신 자신을 이 세계로 데려오는 방법입니다. 이전의 자신이 두려움을 관리하는 데 봉사한다면 앞으로의 자신은 당연히 신성에 봉사합니다.

당신은 정이 많고 사랑스러운 인간이며 위대한 영혼입니다. 부디 당신의 인생을 빠르게 이동하는 화물열차 뒷칸에 있는 승무원 차량의 창문을 통해 보지 마세요. 앞으로 걸어가서 엔진룸의 키를 잡고 그 창문으로 앞을 내다보며 나아가세요. 과거는 지나간 것이며 우리의 뒤를 느릿느릿 따라옵니다. 미래와 새로운 친구와의 관계 그리고 도전이 있는 미래가 당신을 향해 달려오고 있고, 그에 대해 준비하라고 요구하고 있습니다. 미래는 우리 모두에게 많은 것을 요구할 것이며, 우리는 기꺼이 그 미래를 만드는 일에 참여하라는 부름을 받을 것입니다.

자신의 권위를 무릅쓰는 것, 이 무서운 곳에 발을 들이는 것, 우리 각자의 내면 깊은 곳에 있는 뭔가가 받쳐 주리라는 것을 경험으로 깨닫는 것이 우리를 우리 자신에게로 돌아오게 한다. 결국 광대함에 대한 두려움은 우리 자신의 영혼에 내재하는 광대함을 두려워하는 것에서 비롯된다. 만일 우리가 우리 자신에 대한 두려움을 견딜 수 있다면 다른 사람도 두려워하지 않을 수 있다. 언젠가 내가 정신병원 폐쇄병동의 인턴 일을 시작하기 전에 불안감을 내비치자 나의 취리히 분석가는 내게 선불교와 같은 명료함으로 "당신 자신의 마음을 괴롭히는 것을 직시해 왔다면 다른 사람들의 그것은 무섭지 않을 것"이라고 말했다. 나는 그의 말이 사실임을 알게 되었다. 몇 주 후 그곳 정신과 직원들을 위한 워크숍을 진행해 달라는 요청을 받고 "당신은 여기 있는 당신의 환자들과 어떻게 다릅니까?"라는 주제로 반나절의 워크숍을 준비했다. 대부분의 직원들은 다음과 같은 식으로 대답했다. "음, 그들은 미쳤지만 나는 아니죠." 나는 그곳 사람들이 자기 안에 있는 심연이나 콤플렉스, 광기에 맞서 자신을 방어하는 방법 중 하나가 자신의 광기를 쪼개서 다른 사람들한테만 쌓는다는 것을 금세 알게 되었다. 우리 자신의 심연을 직시하는 것은 타자의 광대함도 받아들일 수 있게 해준다. 그 광대함이 관계든 자연이든 아니면 신들 그 자신의 신비스러운 움직임에서 발견되든 간에.

우리가 날마다 마음을 괴롭히는 두려움과 환원주의를 불러내 영혼이 의도한 광대한 여정 속으로 발을 들여놓을 수 있다면 실제로 세상에 더 도움이 될 것이다. 세상에 우리 각자가 대표하는 독특한 선물을 가져다줄 수 있기 때문이다. 세상에 줄 수 있는 우리의 선물을 부정하는 것이 실제로 세상에 어떤 도움이 될 수 있겠는가? 우리 자신의 광대함으로 발을 들이는 것은 자기애가 아니며, 궁극적으로는 다른 사람들에게 가장 큰 기여를 하는 것이다. 우리는 그저 자신의 광대함을 겸허하고 책임감 있게 마주하고, 그런 다음 그 안으로 발을 들여놓겠다는 결심만 하면 된다.

6장

안전보다 성장

"너희는 너희의 삶이 무슨 의미가 있었는지 두려워할 필요가 없다.
너희는 너희의 시간을 어떻게 썼는지 저주하지 않을 것이다."
– W. D. 스노드그래스, 〈마그다 괴벨스〉

우리는 이미 우리의 공통 조건이 깨지기 쉽고 위험으로 가득 차 있으며 통제할 수 없는 강대국들과 속국들에 의해 좌우된다는 사실을 입증했다. 아마도 아침에 침대에서 나오지 않는 것이 논리적이고 분별 있는 일일 것이다.* 사실 우리가 알아차렸든 못 알아차렸든 침대에서 나오는 것은 일상화된 습관적 행위이며 자신도 모르게 저지르

• 위에서 인용한 스노드그래스의 시는 아이러니하게도 마그다 괴벨스가 제국의 최후 순간에 베를린에 있는 총통의 벙커에서 자신의 아이들을 독살한다는 내용이다. 광기에 인생을 탕진한 그녀는 자식들을 죽이는 것이 그러한 본질과 반전에서 자식들을 구하는 것이라고 합리화한다.

는 어리석은 짓이거나 아니면 굉장히 용기 있는 행동이다. 옛 속담에서 말하듯 물에 빠져 죽지 않을 것을 안다고 해서 교수형이나 다른 수많은 치명적인 일을 당하지 않는 것은 아니다. 사실 침대 발치를 자세히 살펴보면 작은 두 놈이 눈에 띌 것이다. 그놈들을 그렘린이나 악마라고 부르자. 한 놈의 이름은 두려움이고 다른 한 놈의 이름은 무기력이다. 전자는 우리를 향해 이를 드러내며 씨익 웃고 후자는 유혹의 말을 속살댄다. 전자는 우리에게 아주 친숙한 방식으로 말한다. "이봐, 세상은 너한테 너무 크고 너무 무섭고 너무 힘이 세. 그러니까 나가지마, 다치기만 할 거야. 숨어 있어." 그러면 이때다 싶어 후자가 속살거린다. "이봐…." (그놈들은 정말 이런 식으로 말한다) "이봐… 긴장 풀어, 편히 누워, 내일이 있잖아. 초콜릿 좀 먹어. 티비를 보던가 인터넷에 들어가. 다시 이불을 뒤집어쓰고 샐리에게 전화해." (사려 깊게도 우리의 세계는 의식과 그것이 매일 해야 하는 힘든 일들을 덮어버릴 아주 많은 가상의 이불을 제공한다.)

사실 그놈들의 말은 일리가 있다. 우리는 이 비즈니스에서 살아서 빠져나오지 못한다. 우리는 너무 쉽게 상처를 입는다. 산다는 것은 너무나 많은 부단한 노력을 요구한다. 그리고 어쨌거나 실제로 누구도 우리를 돕지 못하며 이해하지도 못한다. 아니, 그래서 우리는 우리 자신에게… 반사적이고 방어적으로 말하는 것이다. 정확히 이 모든 소환의 첫 순간에서 깨어나려는 이 모든 찰나에.

두려워할 것이 많기는 하다. 해야 할 일도 너무 많기는 하다. 그러니 밖에 나가지 않는 편이 더 나은 것 같다. 어릴 적에 나는 말 그대로 삶에 짓눌리고 얻어맞고 패배한 사람들로부터 그런 아주 친절한 충고나 훈계를 자주 듣고 자랐다. 그들은 이렇게 말했다. "집에 가만히 있어…. 우리 서로 돌봐주자…. 무슨 일이 있어도 '저 밖으로' 나가지 마. 상처만 받고 마음만 찢어질 거야." (그들이 나에게 품은 최고의 희망은 안전하고 예측 가능한 사람과 결혼한 다음 가까운 곳에 살면서 그들의 종교적, 문화적 가치에 따르고 늘 깨끗한 속옷을 입고,• 벨 텔레폰에서 일하는 것이었다. 영원히 그곳에 있을 회사, 어쨌거나 우리는 항상 전화를 해야 할 테니까. 게다가 벨 텔레폰은 깨끗하고 안전했다. 내 친척들이 안전화와 안전복을 입고 구슬땀을 흘리며 삶을 꾸려가는 트랙터 공장의 조립 라인과 비교했을 때 그랬다.) 실제로 그들의 삶의 경험에 대한 평가는 매우 정확했고 그들의 훈계도 나를 보호하려는 정직하고 애정 깊은 것이었다.

따라서 인생 전반기 동안 그들이 해준 선의의 충고는 나의 전기를 상당히 많이 구술했다. 나는 학업을 위해 집을 떠나 '어머니 콤플렉스'••에서 집단 어머니 콤플렉스alma mater인 대학으로 달아났다. 나는 지적으로 말하면서 쓰고 생각하는 법과 싸움에 휘말리지 않는 법, 현실과

• 나는 학교에 가기 전에 속옷이 깨끗해야 한다는 구체적인 훈계를 들었다. 그래야 날이 저물어 그들이 병원에 와서 나를 데려가야 할 때 창피하지 않을 거라고.

•• '어머니 콤플렉스'는 개인적인 어머니가 아니라 안전, 친숙함, 소속에 대한 우리의 공통적인 필요를 고려한 것이다. 이러한 욕구는 비난할 것은 못 되지만 그런 욕구가 우세해 우리를 위한 결정을 내리는 경우, 우리를 삶의 고난으로 부르는 소환장이 파괴되며 더 큰 그림으로 들어가기로 되어 있던 우리의 운명은 그것이 어떤 것이든 제대로 이뤄지지 못한다.

일상적 교류의 평범한 수준을 넘어서는 법을 배웠다. 그래도 인생에서는 난입이 벌어지고 우리는 거기에서 상처받고 상처를 주기도 하며 아무리 피하려 해도 가슴이 찢어지는 일이 발생하곤 한다. 어떤 결정적인 순간, 더 큰 삶에 대한 두려움과 소환 사이에서 엉거주춤 서 있을 때 나는 나 자신에게 간단한 질문을 던졌다. "옳은 일들을 다 했다면, 주어진 숙제를 다 했다면 이렇게 비참한 기분이 들까?" 사랑하는 가족이 있고 대학교수라는 훌륭한 직업도 있고 명예와 안전을 제공하는 경력도 밟아 왔는데. 왜 나는 서른다섯이란 나이에 어두운 숲속에서 있는 기분이 들었던 걸까?

'계획'과 그 지시에 대한 에고의 묵종 사이에 벌어진 불일치로 인해 나는 처음으로 정신분석을 받게 되었다. 그 시간들을 통해 나는 내가 다른 누군가의 인생을, 그들의 이해와 그들이 진심으로 느끼는 믿음들 안에서 살고 있다는 것을 깨달았다. 나는 어두운 숲을 통과하는 중인 나 자신의 길을 찾아야 했고 그렇지 못하면 죽어야 했다. 나는 미국에서 정신분석을 받으면서 스위스 취리히의 융 연구소로 가라는, 더 심층적인 개인적 분석을 계속 받으라는 그리고 그것이 데려가는 곳이면 어디든 가라는 부름을 받았다고 느꼈다. 그렇지만 너무나 많은 것들이 마음속을 오가며 미지의 심연으로 뛰어드는 일을 가로막았다. 무엇보다 침대 발치에서 어른대며 잔소리를 해대는 그렘린이 이렇게 말했다. "네가? 네가? 넌 못 해. 너한테는 벅차. 너의 집, 너의 가치관, 너의 가족, 기존의 너의 판단기준을 잃게 될걸."

내가 우리 집안 최초로 고등학교와 대학교는 물론 대학원까지 졸업했다는 사실을 감안한다면, 이런 행동은 그러한 단계들이 요구했던 졸업이라는 일련의 루비콘을 건너는 것 이상의 도전이었다. 그것은 차라리 화성으로 여행을 가는 것만큼이나 있을 수 없는 일이었다. 그럼에도 내가 취리히로 떠나던 날은 소중한 추억으로 남아 있다. 데일 삼촌이 내게 말했다. "지미, 성경 말씀을 잊지 마라." 나는 대답했다. "어떤 성경 말씀이요?" "네 손이 할 일을 찾거든 온 힘을 다해라." 나는 삼촌이 전도서를 빌어 나의 출발을 축복하고 있다는 걸 알았다. 비록 삼촌은 내가 얼마나 먼 해안을 향해 여행을 떠나는지 알지 못했지만, 삼촌이 해주었던 말은 오늘날까지도 잊히지 않는 축복의 만트라로 남아 있다.

그래서 나는 또 하나의 간단한 질문을 나 자신에게 던졌다. "취리히에 가려면 어떻게 해야 할까?" 여권은 문제가 아니었다. 돈은 빌릴 수 있었고 가족도 애정으로 나의 미래를 지지해주었다. 하지만 그 해안은 여전히 너무 멀어 보였고, 그 임무도 너무 커 보였다. 그러니 취리히에 가려면 어떻게 해야 하지? 어느 날 늦은 시간까지 이 난제에 대해 곰곰이 생각하고 있는데 분명한 목소리로 대답이 들렸다. "비행기를 타!" 음, 관광객의 가벼운 방문과는 상당히 다른 종류의 여행에 따르는 위험의 차이를 알고 있긴 했지만 나는 거부할 수 없는 그 명령 같은 진술이 옳다는 것도 알았다. 그 대답은 어디에서 왔을까? 거기에 '다른' 사람이 있었던 것일까 아니면 환각이었을까? 우리 모두 어느 수준에 이르면 알 수 있듯이 나도 내가 무엇을 해야 하는지 직관적으로 알고 있었던 것 같다. 가도 죽고 안 가도 죽을 거라는 것을. 그러한 중대한 시기에 이르면 우리를 옴짝달싹 못 하게 가둬 두는 죽음보다는 확장시키는 죽음을 선택하는 편이 낫다.

가장 오래된 신화적 모티프 중 하나는 '죽는 신'이다. 사실 나는 나중에 융 연구소에서 그 주제로 논문을 썼다. 죽는 신이라는 모티프는 사실상 모든 고대 종교와 신화, 특히 지중해와 레반트 지역에서 찾아볼 수 있는데, 그중 가장 중요한 것이 기독교의 중심적인 역설이다. 논리적으로 죽는 신이라는 말은 모순처럼 보인다. 어떻게 신이 죽을 수 있단 말인가? 신은 불멸의 존재가 아닌가? 이 원형적 모티프가 시사하는 바는 어떤 원리나 에너지, 가치가 부정되거나 고갈되어 내쳐지면 생명의 원천으로서 기능을 멈추게 된다는 것이다. 그렇지만 그것들은 지하세계에서 새로운 형태로 성장해 다시 등장하고 또 새로운 순환이 시작된다. 이러한 거시적인 패턴은 물론 계절과 문명의 주기에서도 연출되지만 우리 개개인의 미시적 발달 패턴에서도 나타난다.

우리의 도덕적, 지적, 정서적 발달은 일련의 죽음을 포함하며 흔히 고통스럽게 획득되는 영혼의 확장이 뒤따른다. 집을 떠나 혼자 학교로 걸어가는 길이 무서웠던 때도 있었다. 엄마, 아빠를 떠나 혼자 힘으로 위험을 무릅쓰고 어른들의 세계로 뛰어들 때도 두려웠다. 이혼을 하는 것, 자식들을 떠나보내는 것, 친구를 잃는 것, 당연시 여겼던 오랜 의존성과 진리를 잃는 것, 젊음을 잃는 것은 여전히 두려운 일이고 마지막으로 생명을 잃는 것 또한 여전히 무섭다. 그렇지만 이 모든 죽음들은 우리의 본성과 우리 안을 돌아다니는 심오한 힘들에 의해 이뤄지며, 우리의 이야기를 처음부터 그렇게 이끌어왔다. 나는 분석을 받으면서 나의 나머지 더 큰 부분이 살기 위해서는 내 안의 뭔가가 죽어야만 한다는 걸 알게 되었다. 내가 획득한 자신은 더 큰 자신에 참여하기 위해 사라져야 했다.

나의 논문 심사위원 중 한 사람이—아마 당시에 60대 여성이었던 것 같다(나는 마흔 둘이었다)—구두 심사 중에 "나는 나의 신이 죽을 때까지 개성화를 시작하지 않았다"라고 말했다. 그녀는 조용히 엄숙하게 말했고 우리 모두는 잘 알고 있다는 듯 고개를 끄덕였다. 우리는 모두 우리의 영적 지형에서 많은 죽음을 거치고서야 그곳에 이르렀기 때문이다. 모든 '죽음'에서 우리는 카드를 접고 의자를 치우고 죽을 것인지, 아니면 옛 세계에서는 죽고 이제 무섭고 새로운 세계로 발을 들여놓을 것인지 결정해야 했다. 우리가 성장보다는 안전을 선택하거나, 할 수 있는 한 우리의 소환을 의식하지 못한 채 남아 있으려고 하는 것은 놀랄 일이 아니다. 우리의 문화는 전체적으로 중독적인 치료계획과 감각적인 오락 그리고 성장에 대한 방어수단으로써 무의식을 통한 안전의 선호에 움직이는 재미 없는 조바심으로 이뤄져 있다.

취리히에서 내가 처음으로 꾸었던, 나의 새로운 분석가에게 충실하게 가져갔던 꿈에서 나는 중세의 성벽을 지키는 기사였던 것 같다. 성은 포위되어 있었다. 공중에는 내 쪽으로 날아오는 화살들이 가득

했고, 숲 가장자리에서 마녀처럼 보이는 인물이 공격을 지휘하고 있는 것을 볼 수 있었다. 꿈에서 깼을 때 나는 불안과 더불어 성이 버틸 수 있을까 하는 지극히 현실적인 문제에 사로잡혔다. 전형적인 중년의 꿈, 더 나아가 분석을 필요로 하는 꿈 아닌가?

그 '기사'는 의식적인 태도를 굳건히 방어하는 갑옷을 입은 나의 에고였다. 그 '성'은 자신이 구축한 세계이며 저항이 일어나는 경우에는 방어선이다. 결국 이 꿈은 나의 원가족이 보내는 메시지였다. "집을 떠나지 말고 성벽을 튼튼히 해라. 저 밖은 너무 위험하다. 너의 성을 떠나지 마라. 공격당할 것이고 가슴만 찢어질 뿐이다." 그리고 그들의 메시지는 틀리지 않았다. 그런데 동일하게도 그 성은 지나친 안전이 우리의 여행에서 강제적으로 죽음을 요구한다는 사실을 의미한다. 그리고 마녀의 등장은 소외되고 멀어진 내 아니마의 외침이 아니었을까?

그 꿈을 들은 나의 스위스 분석가, 아돌프 암만 박사는 내게 "도개교를 내리고 밖으로 나가서 그녀를 만난 뒤에 왜 그렇게 적대적인지 알아내야 할 거"라고 말했다. "그래요… 맞습니다"라고 나는 생각했다. "그녀는 내게 전혀 좋은 의미가 아니다"라는 말을 하긴 했지만. 그러나 이왕 시작한 일이니 끝까지 해보자 싶어서 나는 위험한 여정을 위해 안전이라는 성을 떠나는 과정을 시작했고, 그러면서 내 프시케의 다른 부분들, 소외되어 걸핏하면 화를 내고 완고해진 다른 부분들에 주의를 기울이기 시작했다. 우리 모두는 성장보다는 안전을 선택하면서 영혼을 화나게 하고, 분노한 영혼은 우울증이나 불안장애, 타인에 대한 시기와 질투, 의존성 같은 많은 증상들로 나타난다.

그로부터 얼마 후 나는 두 번째 꿈을 꾸었다. 나는 베르히테스가덴이라는 독일 마을 외곽에 있었다(사실 그곳은 꿈을 꾸기 직전에 방문한 곳으로, 우리는 그곳에 있던 연합군의 폭격에서 살아남은 총통의 지하 벙커 안을 돌아다녔다). 나는 여덟 살 난 아들을 그 지하 미로에서 잃어버린 것을 알게 됐다. 잠깐 상상해보라. 미로 같은 지하에서 자신의 아이를 잃어버린 상황을. 부모라면 다 그렇듯 나는 당연히 공포에 질려 아이를 찾아 헤매기 시작했지만 소용이 없었다. 그래서 마을로 달려가 시장실로, 현지 목사에게로, 학교로, 심지어 소방서까지 찾아갔다. 그러나 아무도 아이를 찾는 것을 도와주려 하지 않거나 도와줄 수 없었다. 암담한 심정으로 숲속을 헤매던 나는 한 남자를 만났다. 헝클어진 머리칼에 수염을 기르고 상체는 울퉁불퉁하고 다리가 땅속으로 자란 그 남자는 자신을 우르구스Urgus라고 소개하면서 아이를 찾을 수 있게 도와주겠다고 했다. (Ur는 최초나 원초를 뜻하는 독일어 접두사이고 gus는 내 생각에 만난 적 없는 나의 스웨덴인 할아버지 구스타프 린드그렌Gustav Lindgren과 연관되지 않았나 싶다.) 이러한 원초적이고 원형적인 남성 에너지와의 만남은 신비하면서도—그가 진실을 말한다는 것을 알았기 때문에—무서웠는데, 우르구스가 내게 많은 걸 요구하리라는 것을 알았기 때문이다. 그럼에도 이 분리된 원형적인 남성성과의 만남은 다른 종류의 죽음과 점진적인 안전의 상실을 요구하는 또 다른 여행의 시작이었다.

마지막으로 꿈 하나를 더 꿨다. 나는 미국으로 돌아와 익숙한 강의실에서 학생들을 가르치고 있었다. 그런데 강의실 뒤쪽은 대나무 숲이었고 그 뒤는 정글이었다. 그 정글에서 어린 시절 이후 보지 못했던 사람이 나타났다. 그는 성큼성큼 앞으로 걸어오더니 한 팔로 내 목덜미를 잡고 나를 바닥에서 들어 올렸다. 나는 그의 침범이 무섭고도 창피했다. 그는 딱 한마디를 하더니 나를 떨어트리고 다시 정글로 성큼성큼 돌아갔다. "나는 그저 네가 이곳의 진짜 책임자가 누군지 알기를 바랄 뿐이야!"

여기 또 다른 죽음, 거짓으로 구성된 학문적이고 이성적인 자기의 죽음이 있었다. 이렇게 구성된 자기는 많은 환경에서 가치가 있었지만, 어린 시절 남겨진 원형적이고 무정부적인 감정에 대한 방어로서는 장애였다. 사실 취리히에서 그 과정을 통해 내가 배운 가장 심오한 진실 중 하나는 지금까지 우리가 이뤄낸 우리 자신이 우리 여정의 가장 큰 장애라는 점이었다. 지금까지 형성된 우리란 전형적으로 우리의 운명이 구술한 전기가 우리에게 가져오는 적응적 필요에 의해 생성된 방어기제와 불안 관리 시스템의 집합체였다.

어린 시절 이후로 보지 못했던 그 험악한 인물의 실제 이름은 리로이 솔로몬Leroy Solomon(le Roi Solomon, 즉 솔로몬 왕이었다. 그는 나의 타고난 지혜와 타고난 힘을 상징했다. 그는 나의 집합적인 방어기제에 맞서 그것을 전복시키고 보호적인 '어머니 콤플렉스', 즉 성장하기보다는 안전하게 지내려는 선택에서 나를 꺼내고 싶어 했다.

이러한 꿈 이미지와 시나리오는 누가 만드는 것일까? 우리 각자의 내면에 어떤 엄청난 지혜와 상징을 형성하는 놀라운 에너지가 있기에 여행을 부르는 소환을 위해 이러한 이미지들을 우리에게 가져오는 것일까? 나는 아직도 취리히에 가서 처음 꾸었던 그 세 가지 꿈과 그 꿈들이 보여준 지혜와 명령, 반박할 수 없는 도전이 정말 놀랍다.

우리 각자는 매일같이 위험천만한 쉼플레가데스와 대면한다. 우리가 우리의 갈등을 의식적으로 만들든 아니든 간에. 쉼플레가데스는 호머의 영웅들이 귀향의 여정에서 부서지기 쉬운 범선을 몰고 통과해야 하는 서로 충돌하는 두 개의 바위이다. 우리는 매일 두려움과 무기력 사이를 헤치고 우리의 좁은 통로를 발견하라고 소환된다. 최근에 이전에 나온 책과 관련해 라디오 인터뷰를 하다가 내가 분석하는 내담자 대다수가 50세에서 75세 사이라는 말을 했더니, 교육도 잘 받고 아는 게 많은 인터뷰 진행자가 "그렇지만 대학원에서 배운 바에 의하면 실제로 늙은 사람들은 잘 변하지 않고 갇혀 있다던데요"라고 말했다. 나는 그녀나 그녀를 지도했던 사람들이 조금 더 나이가 들면 다른 태도를 보일지도 모른다고 말했다.

맞다. 우리 모두는 몸이 땅속으로 묻히기 훨씬 전에 죽어버린 사람들을 알고 있다. 세상에는 종일 빈둥거리면서 텔레비전이나 컴퓨터 앞에 앉아 죽기를 기다리며 스캔들이나 멀리서 구경할 수 있는 남들의 재난을 보고 듣는 빈약한 감각만을 위해 살아가는 사람들로 가득

하다. 그러나 내담자들을 상담한 나의 경험과 내 동료들의 경험에 의하면, 인간의 프시케는 우리에게 계속 성장하고 발전하고 탐구하며 호기심을 갖기를 요구한다. 권태는 우울한 사람들이나 상상력이 없는 이들의 병적인 이상 증세다. 성장을 멈추는 것은 용기가 부족하기 때문이며, 그것은 우리의 프시케가 원하는 것이 아니다.

우리의 재능과 호기심과 탐구를 통해 배우고 경험하고 발전할 수 있는 것이 너무 많다. 우리의 적은 바로 그 친숙한 악령들인 두려움과 무기력이다. 우리에게 오디세우스가 영웅인 것은 우리의 여행의 원형인 그가 기꺼이 자신의 두려움에 물러서지 않고 맞섰기 때문이다. 그는 항상 가장 큰 위험 앞에서 이렇게 말했다. "나는 물러서지 않고 고난을 견뎌낼 것이며 파도가 나의 뗏목을 덮쳐 산산조각을 내면 헤엄을 칠 것이다."•

그와 그의 선원들이 휴식을 취하기 위해 이런저런 유혹이나 통제하기 어려운 두려움을 느끼게 되는 다양한 섬들에 도착할 때마다 호머는 "그리고 그들은 여행을 잊었다"라고 적었다. 겁을 먹거나 정신이 팔리는 것은 흔한 일이다. 우리 모두 그런 경험을 한다. 그러나 우리 각자의 발달 의무에서 벗어나는 일이 많아지면 우리는 우리의 여행이나 삶을 잃어버리며, 우리를 여기로 데려온 신들의 의도를 거스르게 된다.

• The Odyssey, V. 1. 363(나는 이 말을 잊지 않으려고 내 사무실 컴퓨터에 프린터로 출력해 테이프로 붙여 놓았다.)

융은 언젠가 우리가 젊은이들을 교육하기 위해서는 노력하고 있지만, 인생의 후반기에 이른 40대의 과제에 관해서는 교육하지 않는다는 말을 했다. 인생 전반기에는 본질적으로 사회적 과제, 즉 부모를 떠나 세상에 나가 책임과 의무를 다하며 짝을 만들고 시민의 역할을 수행할 수 있을 정도로 충분히 강한 에고의 힘을 발달시키는 과제에 힘쓴다면, 인생 후반기의 과제는 무엇일까? 한 세기 전이었다면 평균 사망 연령이 대략 47세였으니 통계적으로 저자를 포함해 이 책의 독자 대다수가 이곳에 없었을 것이다. 또한 그 시대에는 사회적 역할의 기대, 특히 젠더 구조가 매우 강제적이고 규범적이어서 대부분의 사람들은 그들을 위해 작성된 대본을 갖고 있었다. 그러한 대본 안에서 살아남는 것도 큰일이긴 하지만, 그러한 정체성의 합의적 정의에서 벗어나는 일은 추방을 당해야 할 정도로 매우 좋지 않았다.

인생의 후반기에 우리가 섬기는 가치가 무엇이냐고 묻는다면, 아마도 이미 사회에 공헌했고 종족 번식에도 이바지했을 것이기 때문에 그냥 시간이나 축내면서 놀다가 그때까지 냈던 세금의 혜택을 받다가 죽는 게 아닌가 싶기도 하다. 물론 자신의 소소한 안전을—집, 가족, 신분, 은퇴—확보하려고 힘들게 일하고 희생했는데, 왜 그런 것을 잃어버릴 위험을 감수하겠는가? 여행에 대해 왈가왈부하기는 쉽지만 매일같이 투쟁하며 얻어내지 않으면 안 되는 세상에서 왜 이렇게 소소한 안전마저 던져버려야 할까? 이러한 현실적인 반대는 전적으로 맞는 말이지만, 이와 다른 태도를 요구하는 한 가지 이유를 들자면 우리의 프시케, 우리의 영혼은 우리를 통해 우리에게 더 많은 것을 원하며 그러한 끈덕진 요구를 멈추지 않을 것이라는 사실이다.

실제로 내게 치료를 받으러 오는 사람들은 대부분 성공적인 삶을 살고 있지만, 그런데도 분명 그 이상의 뭔가를 요구받고 있다. 게다가 그걸 무시하는 경우 우울증이나 꿈, 중독, 불안 등의 증상이 나타난다. 그들도 의식적으로 최선을 다해 올바른 일들을 했지만 그럼에도 그들의 프시케는 반란을 일으켰다.

한 남자는 그것을 이런 식으로 표현했다. "나는 항상 무슨 게임이든 이기려고 했는데, 이제야 그동안 게임이 나를 가지고 놀았다는 것을 깨달았습니다. 나는 항상 내가 뭔가를 이기고 있다고 생각하면서 열심히 게임을 했습니다. 하지만 따지고 보니 사실 이길 게 아무것도 없었거나, 결국 내가 이겼던 것은 실제로 중요하지 않았습니다." 우리 대다수가 깨닫게 되는 진실을 얼마나 잘 표현하는 말인가. 이러한 통찰은 새로울 것은 없지만 우리 모두는 그 사실을 믿기 전에 저마다의 방식으로 발견해야만 한다. 수천 년 전으로 돌아가 전도서를 한번 읽어보자. 거기에서는 우리의 형제들이 부나 성취, 이런저런 다른 기대에 어떻게 투사했었는지, 그리고 결국 그것들이 모두 hebel, 즉 '안개'라는 것을 알게 되었다고 묘사하고 있다. 우리는 모두 우리의 목표를 달성하면 지속적인 만족에 이르게 될 거라고 기대하고 여행에 나선다. 그런 목표 자체가 가치 없다는 것이 아니라 그런 것들이 너무 자주 영혼을 유혹하는 장소가 되거나, 안전을 더 많은 신비와 교환하라는 초대를 거절하는 것이 된다는 점이다.

쉰 살에 두 번째 결혼이 실패로 끝나자 이렇게 말했던 여자에 대해 생각해보자. "나는 항상 결혼이 바로 나 자신을 규정할 거라고 생각했어요. 이제 나는 그 결혼들에서 혹은 다른 관계들에서도 내가 나조차도 아니었다는 걸 알아요." 그녀가 누구였는지 그리고 그녀의 여행은 어떤 것이었는지는 이후 우리가 함께할 작업의 의식적인 매개체가 되었다. 이 두 사람의 이야기는 잘 생각해보면 사실상 우리 모두의 이야기이다. 인생 후반기에 우리는 어디로 가고 있고 또 무엇을 위해 살고 있는 것일까?

인생 후반기는 정신적인 삶으로 나오라는 소환, 무엇이 가장 중요한지 우리 스스로에게 독자적이고 개별적으로 묻고 답하라는 소환의 시기이다. 우리가 우리에게 요구된 많은 죽음들에 저항할 때 우리는 더 큰 삶으로 나오라는 소환에 저항하는 것이다. 우리가 성장을 위해 두려움을 무릅쓰는 것에 저항할 때 우리는 신들의 뜻을 저버리는 것이다. 이것을 가장 잘 표현한 말은 우리의 임무는 언제나 더 큰 것들에 패배하는 것이라는 라이너 마리아 릴케의 단언이다. 젊은 자아는 패배를 거의 용납하지 못하지만, 인생의 후반기에 접어든 성숙한 사람은 인생이란 끊임없는 패배의 연속임을 안다. 특히 에고가 주도권을 갖고 있다는 망상에 갇혀 있는 한. 사실 언제나 더 큰 것들에 패배하는 것이 우리의 임무이다. 그것은 우리가 끊임없이 성장하고 있다는 것을 의미하기 때문이다. 극작가인 크리스토퍼 프라이가 《죄수의 잠A Sleep of Prisoners》에서 표현한 것처럼, 이 소환은 우리에게 와서 "결코 떠나지 않을 것이다 / 영혼이 있는 사람들이 여태껏 취했던 가장 큰 걸음을 / 우리가 취할 때까지. / 이제 문제는 영혼의 크기이고 우리가 해야 할 일은 신에 대한 탐구이다."

영혼의 크기가 문제라는 것을 깨닫게 되면 항상 우리를 따라다니는 그 익숙한 두려움과 무기력이 판을 치도록 허락할 수 없다는 걸 깨닫게 된다. 우리의 삶이 낭비가 되거나 우리의 영혼을 무시하지 않으려면 말이다. 그 결정의 순간은 날마다 우리에게 찾아온다. 성장이냐 안전이냐 택하라. 두 가지 다 선택할 수는 없다. 충돌을 앞둔 쉼플레가데스 사이로 부서지기 쉬운 우리의 돛단배를 몰고 두려움과 무기력의 감언이설에 흔들리지 않고 항해를 계속하든지 아니면 슬그머니 항구로 돌아가 우리의 소중한 짐을 풀고 죽든지 선택해야 한다.

◆◆◆

최근 매우 생각이 깊은 내담자가 "해답을 찾기 위해 정신분석을 받으러 왔는데 당신이 지금까지 한 일이라고는 점점 더 많은 질문들을 제시한 것뿐"이라는 말을 했다.

나는 짜증 섞인 그의 평가에 동의했다.

그는 자신의 불확실성에 대한 해결책을 찾기 위해 왔다고 말했다. 무엇보다도 그는 구루를 원했다. 결국 내가 그의 실존적 불안에 대한 답변을 갖고 있지 않다면, 돈을 내고 상담을 받아봤자 소용없는 일이다. 그렇다면 무엇이 그의 불안을 치료할 수 있을까? 나는 다르마 로드를 걸으며 그의 불안을 치유할 무언가에 대해 배웠던 것일까?

그의 평가는 옳았고, 그는 진리를 찾으려는 그의 의도를 고집했다.

나는 말했다. "하지만 나는 당신의 질문에 대답을 했습니다. 당신은 무엇이 가장 중요한지 물었습니다. 어떻게 살아야 하느냐고 물었습니다. 그리고 이 모든 질문에 대한 답이 무엇이냐고 물었습니다."

"그런데 그게 뭔데요?"

"나는 당신이 불확실성을 대할 때 좀 더 편해지라고 알려주었습니다. 그것이 답입니다." 그리고 덧붙였다. "내가 어떤 답을 제시한다고 해도 결국 그것은 나의 답이고 당신의 답이 아닌 것으로 판명 날 것입니다. 아니, 당신의 답이든 다른 '답'이든 결국 시간이 지나면 제한적이고 맞지 않고 쓸모없어질 겁니다."

그는 고개를 끄덕였고, 그리고 이해했다.

우리는 편하기 위해 여기 있는 것이 아니다. 비록 그것이 현대 물질주의와 대중 심리학과 신학이• 그리고 이러저러한 중독과 오락의 유혹이 제공하는 진부한 감언이설이라고 해도. "결국 나는 당신에게

• 나는 교회 안에 십자가가 없는 '기독교' 교회 한 곳을 알고 있다. "십자가가 사람들을 불편하게 만들 수도 있기 때문"이라고 한다. 분명 그곳의 어느 누구도 디트리히 본회퍼의 《나를 따르라The Cost of Discipleship》를 읽어봤거나 "값싼 은혜" 같은 모순어법에 대해 들어보지 못했을 것이다. 또 그들 신앙의 창시자가 많은 사람들을 불편하게 만들었다는 사실에 그다지 관심을 기울이지도 않았을 것이다.

당신의 불확실성 안에서 좀 더 편해지라고 알려주었습니다. 그 어떤 '확실성'보다 이렇게 모호함을 받아들이는 편이 보다 발전적인 과제로, 신비가 움직이는 삶으로 이끌어줄 것입니다."

그는 동의했다. 그리고 그는 이제 진정으로 다르마 로드를 걷고 있다.

7장

명사가 아닌 동사로서의 삶

"나는 모든 것의 서명을 읽으러 왔다.
바다 생물의 알, 해초, 다가오는 조수."
– 제임스 조이스, 《율리시스》

잠시 우리의 에고, 우리의 중심이자 핵심이고 우리의 정체성이자 영원한 반석처럼 보이는 그 에고 자체가 수많은 '콤플렉스' 가운데 하나라는 사실을 떠올려보자. 에고는 의식의 중심 콤플렉스이며 우리가 생각하는 우리 자신이다. 하지만 그 자체로 잘 변하는 이 콤플렉스는 언제든 정반대되는 과제와 대본이나 잠정적 정체성을 가진 다른 에너지들에 흡수될 수 있으며, 그런 것들과 결탁해 예측 불가능한 결과를 만들어낸다. (누구든 냉정하게 자신의 축적된 역사를 바라보는 사람이라면 잘 알 것이다.) 에고는 그처럼 단단하지 않고 무른 암흑에서 헤엄을 치고 있기에 자연스럽게 불확실성보다는 확실성을, 놀라움보다는 예측 가능성을, 모호함보다는 명료함을, 무정부 상태보다는 통제를, 양가감정보다는 결단을 선호한다. 그리하여 이 소심한 겁쟁이 에고는 여기저기 부산하게 돌아다니며 모든 것이 잘 돌아가도록 애쓰면서 자신의 머리를 때리고 이웃과 주먹질을 하고 책임자의 자리를 잃지 않으려고 집착한다. 동요하는 과제의 일부로서 겁쟁이 에고는 명사들의 세계에 살고자 한다. 위안이 되는 명사들의 세계에서. 즉 고정된 정체성들이나 마음대로 움직일 수 있는 테이블 위의 카운터들, 통제되고 조종되고 억제될 수 있는 예측 가능한 존재들의 세계에. 그런데 그러는 내내 에고는 실제로는 동사의 바다에서 헤엄을 치고 있다. 즉 고정된 것들이 아니라 생성되고 있는 것들의 바다에서 헤엄치는 것이다. 그리고 에고는 이따금 이런 사실에 걸려 넘어지면서 점점 더 불안정해지고 불안해지고 혼란스러워하며, 그리하여 더더욱 부산해진다.

우리는 모두 실재의 본성에 대해 고정되고 구체화된 가정들을 갖고 있다. 한때 사람들은 '저 위'나 '저 아래'에 천국이나 지옥이 있다고 믿었다. 그들은 자신들의 평범한 감각들의 증언을 믿으며 3층짜리 우주에서 살았다. 게다가 그들은 에고처럼 만물의 중심에 당당히 서 있는 사탕발림 같은 지구상을 받아들였다. (만일 겁쟁이들의 동요와 만물을 '고정'시켜 안정적이고 예측 가능하게 만들려는 결의가 의심스럽다면, 다른 상을 제시한 대가로 희생된 브루노와 지금 우리가 알고 있는 것처럼 이 지구를 수백만 개의 태양 중 하나의 태양 주위를 도는 일개 행성으로 좌천시킨 대안적인 상을 제시한 죄로 당대의 홍위병들에 의해 핍박받았던 갈릴레오를 떠올리기만 하면 된다. 그런 사람들은 주도권, 안정성, 고정성에 대한 겁쟁이 에고의 환상을 폐위시킨 대가로 불태워졌던 것이다.)

수 세기가 지난 후, 그때보다 살짝 더 관대해진 시대에 프로이트는 자신의 비전이 인간의 자기 개념에 있어 제3차 대혁명이라고 당당히 선언했다. 인간 에고의 제1차 폐위는 코페르니쿠스의 혁명으로 시작되었는데, 브루노와 갈릴레이가 그 일역을 담당했다. 여기에서 겁쟁이들의 에고 중심적인 교만은 훨씬 더 거대하고 훨씬 더 비인격적인 소용돌이 은하계 안에 재배치되었다. 제2차 대혁명은 찰스 다윈에 의해 이뤄졌는데, 이 혁명을 통해 이 종들의 독특함과 그 인간 중심적인 창조는 수백만 년에 걸친 긴 발달 여행, 아직 끝나지 않는 여행의 일부로 수정되었다. (오늘날에도 교양 있어 보이는 사람들이 이러한 역동적인 과정을 부정한다는 건 정말 놀랍다. 우리가 성장하고 변화하고, 새로운 식생활과 건강 상태에 적응하고 항생제에 대한 면역을 키우는 등 유한한 우리의 삶에서 실시간으로 진화가 일어나는 것을 볼 수 있는데도 말이다. 진화 과정은 우리 존재의 매 순간마다 일어나고 있다.)* 제3차 대혁명은 프로이트가 무의식의 광대함과 그 힘을 확인하면서 주장한 것으로, 여기에서 에고는 수면 중에는 파편만 보이는 빙산처럼 떠서 무의식이라는 해도를 그릴 수 없는 광대하고 어두운 내면의 바다를 항해한다.

시공 속의 우리 위치에 대한 이 세 가지 수정된 시각은 그 시각들이 구체화된 각 시대의 기성 권위로부터 완강한 저항을 받았다. 이 견해들은 아직도 겁쟁이들의 저항을 받고 있다. 그들은 학교 이사회에 포진해 교사들과 강의계획서와 그들이 거의 이해하지 못하는 일단의 지식을 통제하면서 각 분야의 전문가들이 힘들게 획득한 학문의 축적을 꺼리고 있다. 그리하여 그들이 보호하고자 하는 이들의 타고난 호기심과 지성은 모욕당하고 감퇴한다. 그들의 두려움 때문에 그들의 자녀들은 점차 우리의 공동 세계가 일군 보고의 일부인 최고의 정보와 엄격하게 시험된 이론에 대한 접근이 제한됨으로써 세계 안에서 경쟁력이 떨어지고 만다. 이러한 것들이 겁쟁이들이 가진 두려움의 힘이고, 자신의 주도권에 대한 그 어떤 무례에도 저항하는 약한 에고의 힘이며, 모호함과 도전 그리고 타자의 '타자성otherness'과 진정한 대화를 혐오하는 영혼의 소심함이다. 그런 겁쟁이들은 관념의 흐름을 제약할 뿐만 아니라 변화와 모호함, 복잡한 것과 미지의 것 같은 그들만의 적들을 막기 위해 그들의 심리적, 영적, 정치적 요새에 주둔하고 있다. 하지만 그 적들은 이미 성문으로 몰려와 그들의 정신적 성채를

• 가령 현대 유전학, 우리 존재의 '평면도'는 19세기의 멘델적 시각에서 고정된 코드로서가 아니라 환경 조건의 긴급성과 내면의 심리적 생활의 반응이 우리 내부세계와 외부세계의 지속적인 대화 속에서 흡수되고 재해석되고 재결합되는, 계속 진화하는 상호작용 시스템처럼 보인다. 최근 연구에 의하면 우리의 변화는 가속화되고 있으며, DNA 표지로 측정했을 때 우리는 우리의 조부모 세대보다 100배 빠른 속도로 진화하고 있다.

점령했다. 만일 그들이 그들 자신에 대해 은밀한 의심을 품고 있지 않다면 그들의 방어가 그렇게 완강하지는 않을 것이다.

거트루드 스타인은 언젠가 캘리포니아 오클랜드에 대해 분명 부당하게 "그곳에는 이제 그곳이 없다"라는 말을 했다. 우리는 이제 '저 위'가 없다는 사실을 알고 있다. 그렇지만 대부분의 사람들은 아직도 원시적 세계관, 즉 시대에 뒤처진 우주상으로 살아간다. 만일 부활한 예수가 말 그대로 '저 위'나 '저 밖'으로 나갔다면 그의 몸을 현대의 원격측정법으로 추적할 수 있을 거라는 간단한 사실에도 말이다. '부활'이 전적으로 다른 것을 의미할 수도 있다는 생각은 '메타포 장애를 지닌' 그 사람들에게는 너무나 위협적으로 보인다. (한 여자는 내게 이렇게 말했다. "나는 교회적인 것은 다 잊어버렸어요. 내가 처음 알코올 중독자 모임에 참석하기 전까지는 '부활'이라는 개념을 결코 이해하지 못했죠." 그녀의 '부활'은 이후 그녀의 고통을 덜어주지는 못했지만, 그녀를 그녀의 인생에서 가장 자율적인 단계로 이끌어주었다.)

세계를 통제하기 위해 세계를 구체화하고 고정시키고 단단하게 만들고, 그 위치를 결정하고 또 속박하고 싶어 하는 것은 내 옆 사람뿐만 아니라 내 안에도 있는 우리의 자연스러운 성향이다. 이 욕구가 자연스러운 만큼 그것은 또한 우리의 오해나 소외, 즉 세계로부터 그것을 알려주려는 신비한 에너지로부터 우리가 소외된 주된 원인일 수도 있다. 이처럼 지배하려는 경향이 서구 세계보다 강한 곳은 없다. 우리는 자연환경에 대한 커다란 통치권은 얻었지만, 점점 더 뿌리 뽑힌 존재인 것 같고 늘 불행해 보인다.

만물은 유전하고 중요한 것은 현재에 존재하는 것이며 '흐름에 내맡기는 것'이라는 고전적인 동양의 견해는 매력적이지만 우리가 삼키기에는 쓴 약이다. 2,600년 전, 소크라테스 이전 철학자인 헤라클레이토스는 "모든 것은 불"이라고 말했는데, 그것은 만물이 유전한다는 말을 은유적으로 표현한 것이었다. 그는 더 나아가 그 강물은 이미 흘러갔고 우리 역시 흘러갔으므로 우리는 같은 강물에 두 번 들어갈 수 없다는 유명한 주장도 했다. 그럼에도 형이상학의 선구자 중 한 명인 플라톤조차도 영원한 실재를, 고정된 존재의 근거를 찾거나 구성하고자 했으며 애처롭게 하소연했다. "다자many 가운데 일자one를 보여줄 수 있는 사람을 데려와 달라. 그러면 가슴 깊이 품겠다"라고. 헤라클레이토스로부터 플라톤으로 가면서 에고는 강화되었고 본격적으로 서구 세계가 출범했다. 더불어 '만사 지나가는 것들'의 이 동사적 우주로부터 우리의 소외는 물론 우리가 '전진'할수록 계속 아가리를 벌리는 심연도 깊어졌다.

가장 오래된 종교적 이단

애초에 종교적 관념이 어떻게 등장하는가를 고려했을 때, 그것은 결코 '관념'으로 시작되지 않는다는 점을 상기해야 한다. 그것은 굉장히 격앙된 감정적인 초월 경험으로서 생기며 훨씬 뒤에는 관념이 된다. 가령 소규모 집단은 안전이나 분업 내지는 유전자 풀의 증가 등의 이유로 함께 뭉친다. 그렇게 형성된 집단은 하나의 사회가 된다. 여기서 사회는 어떤 목적을 위해 존재한다. 사회는 수평 구조를 이루며 의식적인 목적들로 움직인다. 목적이 바뀌거나 다른 세력이 더 강력해지면 사회는 와해된다. 오직 그러한 집단이 수직적인 것을 경험할 때에만 그 집단은 공동체가 된다. 이 수직적 벡터, 그것이 예언자나 자연적 사건, 사회정치적 순간으로 구체화되면 각 개인을 고양시켜 그 육신으로부터 들어 올리며 상상의 집단적인 경험으로 데려간다. 따라서 초월적인 경험과 연결된 공동체는 사회보다 심리적 유지력이 더 강하다.

어떤 형태로 나타나든 초월적 경험에서 '이미지'가 나온다. 달리 말해 눈으로 볼 수는 없지만 심리적으로 느껴지는 강렬한 경험은 어떤 불가사의한 이미지로 구체화되고 구현된다. 그것이 불타는 덤불이든 카리스마를 가진 예언자든 혹은 위대한 전투나 대이동이든 간에. 최초 사건의 일부였던 사람들에게 그 이미지는 '설명'할 필요가 없다. 왜냐하면 그것은 아직도 그 자체 너머를 가리키며 최초 경험으로 느껴진 현실성과 다시 연결될 수 있기 때문이다. 그처럼 실제적이고 정서적으로 격양된 이미지가 상징이다.

이미지가 그 자체 너머를 가리키고 최초의 것에 대한 강렬한 감정적 반응을 불러올 수 있는 힘이 약해지면 기호로 이행한다. 상징은 신비를 가리키고 기호는 내용, 즉 '관념'을 지시한다. 사람들이 이미지를 내용으로 경험하기 시작하면 그 이미지와 그것이 한때 불러일으킬 수 있었던 강렬한 감정 사이에 점진적 불일치를 겪게 된다. 이러한 점진적인 이미지의 이행에 대응해 인류는 세 가지 형식을 만들어냈다. 그렇게 한 목적은 최초의 만남과 그 공동의 의미에 대한 접근 방법을 보유하고, 그 의미를 전달하고, 공동체를 그것과 연결하는 것이었다. 유지력을 지닌 이 세 형식은 도그마, 의식, 컬트적 관례cultic practices이다.

도그마는 그것이 어떤 의미이든 간에 그 최초의 만남에서 생겨났거나 그 만남에 부여된 '의미'에 대한 질문과 추정적 답변을 공식화한다. 무슨 일이 있었나? 언제부터였나? 그것이 우리에게 무슨 의미가 있는가? 그것이 우리에게 무엇을 요구하는가? 이와 같은 질문들은 그 만남 최초의 감정적인 힘이 이미 사그라지기 시작했을 때 마음에 만족을 얻기 위한 것이다.• 물론 시간이 흐르면서 도그마는 더 이상 어떤 강렬한 감정도 불러일으키지 못하게 되고, 무미건조해지다가 독단적dogmatic이 된다.

의식은 원래 강한 종교적 성질을 되찾고자 하는 희망에서 최초 경험의 재현으로서 발전했다. 이 역시 시간이 지나면 자의적이고 지리멸렬해 보일 수 있다. "그런데 왜 해마다 이런 의식을 치르는 거지?" "글쎄… 늘 그래왔으니까." "아…."

• 해리 슬로초워는 돈키호테와 파우스트, 도스토옙스키와 토마스 만의 작품 같은 서구의 고전을 연구한 그의 훌륭한 저서, 《미소포에시스Mythopoesis(그리스어로 '신화 만들기'라는 의미)》에서 이야기와 신화가 가진 힘이 이미 사라지기 시작할 때 집단적 상상력이 그 가치를 보존하기 위해 행동한다고 주장한다.

음식을 준비하고, 결혼을 하고, 죽은 사람을 매장하고, 윤리적 사법적 제도를 발전시키는 등의 컬트적 관례는 Y와 Z가 아니라 최초의 X를 만난 이들을 구별하는 수단이다. 상당히 정교하고 독특한 이 표현들은 항상 신성한 기원 내지는 조상의 권위로부터 인가받았음을 주장하며, 공동체 구성원들에게 소속감과 애착 네트워크를 제공하고 일반적으로 인정된 가치체계의 보존을 돕는다. 따라서 종교, 국가, 민족 집단은 자신이 소속된 팀이 경기를 하면 자주색과 황금색 혹은 일련의 다른 색깔 옷들을 입고 "힘내라! 힘내라!"라고 외치며 응원한다. 이러한 컬트적 차이 역시 시간이 흐르면서 자의적이고 고풍스러운 것이 된다. 비록 그들이 여전히 '우리 팀'이고 향수를 부르는 동일시와 호전적인 방어를 불러일으킨다고 하더라도.

한때 초월적인 것과 만난 느낌을 중심으로 조직된 공동체에서 일어나는 일은 제도화이다. 제도는 방어할 수 있는 많은 목적을 섬기는데, 특히 특정 가치의 유지와 전파에 힘쓴다. 그렇지만 우리가 알고 있듯이 제도에는 너무나 자주 그 설립 원칙을 위반하게 되는 특유한 방식이 있다. 겉으로 보면 두 가지 본질적인 제도의 법칙이 변함없이 등장한다. 첫 번째, 제도는 무슨 수를 써서라도, 설령 그 설립 비전을 선택적으로 훼손하는 위험을 무릅쓰더라도 그 자체를 보존한다는 점이다.* 두 번째, 제도는 그 사제의 지위를 보존한다는 점이다. 그것이 기득권을 가진 성직자든 황금 낙하산을 타고 내려온 간부든 지위와 종신 재직권을 가진 학자든, 혹은 자신들과 같은 사람들에게 특권을 주기 위해 법을 바꾸는 정치가이든 간에. 제도는 꼭 필요하긴 하지만 자기 이익이라는 긴 그림자를 드리우며 전형적인 설립 경험과 생성적 가치와의 감정적인 연결을 끊게 된다.

그래서 또한 우리는 최초의 만남, 그 예기치 못한 경험에서 자연스럽게 생겨난 이미지를 구체화한다. 이미지에 대해 느껴진 경험인 현상phenomenon에는 우리를 움직이고 흔들고 어쩌면 위협할 수도 있을 만큼의 강한 감정이 실려 있다. 부수현상epiphenomenon은 우리가 그 이미지로 만드는 것이며, 우리가 그것을 이해하고 소통하는 방식이자 어쩌면 나중에 그것을 제도화하는 방식이다. 상징의 초월적 직무는 그 자체를 넘어 그 최초의 대타자를 가리키는 것임을 기억하자. 영원으로 들어가는 이미지화된 이 틈이 여전히 작동할 때 우리는 진정한 신비와 잠시 관계를 맺는다. 그러나 우리의 에고는 그 심오한 타자성을 불편해하며 그 경험을 일어나고 있는 어떤 일로부터 일어난 어떤 일로 옮기는, 그것을 현상학적으로 느껴진 만남에서 우리가 이해하고 어쩌면 통제할 수도 있는 대상으로 옮기는 경향이 있다. 그런 순간에 우리는 가장 오래된 종교적 이단, 즉 우상 숭배의 위험에 노출된다.

무심코 그러는지도 모르지만 우리는 모두 우상 숭배자이다. 때때로 우리는 우리의 구성물에 매혹되며 지성보다는 안정을 바라는 우리

• 많은 사례 중 하나는 미국의 주요 교파가 그들의 권위의 원천을 그리스도에서 성경으로 전환한 데서 찾아볼 수 있다. 분명 그리스도는 당혹스러운 유형들과 어울렸고 사람들 사이에 있는 너무 많은 장을 허문 반면 성경은 누구든 자신의 콤플렉스나 편견, 특별한 이익을 누구나 정당화할 수 있도록 충분히 잡다한 부족적인 의견을 제시하고 있다.

의 욕망에 현혹된다. 아주 구체적인 세 가지 사례를 들어보겠다. 몇 년 전 자동차에서 전미공공방송협회NPR 라디오 채널에 출연한 저널리스트 머레이 켐프턴의 인터뷰를 들었다. 그는 시민권 투쟁이 한창일 때 마틴 루터 킹을 인터뷰하려고 비행기를 타고 멤피스에 갔던 일에 대해 이야기했다. 그가 공항에서 택시를 타고 운전사에게 마틴 루터 킹 박사의 교회로 가자고 했더니 택시 기사는 꿈쩍도 하지 않았다. "좋습니다. 그러면 마틴 루터 킹 박사라고들 부르는 사람의 교회로 갑시다"라고 켐프턴은 다시 말했다. 택시는 부릉 소리를 내며 에베네저 침례교회를 향해 달렸다고 한다. 비슷한 예로, 소수민족 자녀 교육에 힘쓰는 '신앙에 기초한' 어떤 공동체 기관이 인기 많고 확실히 실력 좋은 교사를 '해고한' 경우가 있었다. 그녀가 자신의 이름을 다른 종교적 전통과 연결될 수도 있는 이름으로 바꿨다는 게 해고 사유였다. 아이들을 있는 그대로의 진짜 세상에서 제구실을 하도록 준비시킨다면서 관용이니 다양성이라는 해방적 가치니 하고 떠들더니만 이런 일이 생겼다. 세 번째 사례는 대통령 선거운동이 실제로 시작되기 2년 전에 있었던 일이다. 나는 유명한 비영리단체의 지도적 위치에 있는 사람이 직원들과 다른 사람들에게 보낸 이메일을 본 적이 있다. 상원의원 버락 오바마의 이름이 오사마 빈 라덴처럼 들리기 때문에 그의 후보 가능성을 불길하게 경고하는 메일이었다. 이처럼 특권층에 속해 있는 고학력을 소지한 부유층 사람들이 패러다임 전환에 너무나 쉽사리 겁을 집어먹고 그처럼 천박하고 허황된 비유에 의지한다는 것은 변화에 대한 두려움이 종종 우리의 고차원적인 자신과 공언된 원칙을 압도한다는 사실을 상기시킨다. 이 사례들 하나하나는 쉽게 동요하는 동사의 모호함과 사랑을 속삭이기보다는 명사에 의한 우상 숭배적 유혹을 선호하는 불안정한 사람들의 성향을 드러낸다. 슬프게도 링컨이 첫 취임 연설에서 한 말을 빌리자면, "우리 본성의 더 선한 천사들"은 두려움과 무지라는 그 치명적인 연합체에 너무나 쉽게 패배한다.

우상 숭배는 우리의 감정적인 헌신이 최초의 대타자에서 이미지 자체로 옮겨졌을 때 일어난다. 가령 성경의 다양한 예언자들이 모든 종류의 조각된 이미지를 숭배하는 것을 심하게 책망할 때, 그들은 하나의 이미지에 담을 수 없는 신비에 대해 깊은 경의를 표하는 것이다. 에고 의식은 매달릴 이미지들을 바라는 반면 그러한 이미지들은 신비를 배반하고 신비를 분리시키고 제한하는 과정을 통해 동사의 세계에서 명사의 세계로 이동한다. 신학자 폴 틸리히는 신은 사라진 신 뒤에서 나타나는 신이라고 말한 바 있다. 달리 말하면, 우주에 흐르는 신비는 우리가 생각하는 신의 이미지imago Dei 안에 담기기를 거부하며 그래서 그 이미지를 단지 하나의 이미지나 의식의 인공물로 남겨 두고 그것을 당연시하기 시작하면 새로운 형태로 다시 등장한다는 것이다.

또 다른 예가 도움이 될지 모르겠다. 제우스라는 이름의 어원은 '섬광'을 뜻한다. 제우스는 태양도 아니고 태양과 동의어도 아니며, 오히려 태양의 첫 광선이 어둠을 뚫는 순간을 의미한다. 제우스는 하늘에 있는 기체로 된 공이 아니라 빛으로 가득 차 있는 움직이는 경험이다. 즉 제우스는 경이로 들어가는 틈이다. 나중에 제우스는 특정한 인격적 특징을 가진 인물로 해석되었고 시간이 지나면서 믿을 수 없을 만큼 우리와 비슷한 존재로 바뀌었다. 사실 신학자 칼 바르트의 말을 빌리자면, 모든 신들은 처음에 전적인 대타자Wholly Other로 경험되다가 서서히 독단적인 부모와 같은 인물로, 질투하는 삼촌으로, 싸우기 좋아하는 사촌으로, 잔소리를 해대는 시어머니나 장모 등으로 변했다. 그들은 우리가 투사한 신성을 전용하는 우리의 제한된 방식의 각인을 받았는데, 이때의 신성이란 정의상 전적으로 우리의 하찮은 개념적 장치를 전적으로 초월하는 것이었다. 간단히 말해 우주를 책임지는 동사들—분노의 힘인 성난 아레스, 피할 수 없는 사랑의 소환장인 매혹적인 아프로디테, 우아한 이들의 매혹적이고 심미적인 아폴로, 연장을 휘두르는 튼튼한 대장장이 헤파이스토스—이 모두 매력적인 의미를 담은 명사가 되어 단순한 전기biography가 되고 시간이 흐르면서 신성을 잃었다. 마력이 없는 신은 아무리 사제가 많고, 교구민이 많고, 제도적으로 강력하다고 해도 죽고 만다.

형식이 숭배될 때 신은 '죽는다'. 즉 그것에 생명을 주었던 활기찬 신비가 인간의 구성물로 대체되는 것이다. 이것이 19세기에 프리드리히 니체가 신은 죽었다라고 했을 때 그가 의미했던 바였다. 그는 형이상학적 진술을 한 것도, 심지어 신학적 선언을 한 것도 아니었다. 그는 자신의 동시대인들이 모든 인습과 에고의 마력을 당혹시키며 끊임없이 변하는 타자와 관계를 맺기보다 예배 형식에만 전념하는 심리적 사실을 말했던 것이다.• 덴마크의 신학자 쇠렌 키에르케고르도 이와 유사하게 자신의 동시대인들에게 이름 붙일 수 있는 신은 신이 아님을 상기시켰다. 그들이 말하는 신은 평범한 의식의 인공물이며, 따라서 우리에게 속한 것이지 신비에 관한 것이 아니라고 말했다.•• 최근에도 선견지명이 있는 존 셸비 스퐁 성공회 주교는 자신에게 "죽일 수 있는 신이라면 죽여야 한다…"라고 말한 어떤 신학 교수에 대한 글에서 "우리는 또한 진리로부터 보호되어야만 하는 신은 어떤 근원에서 생겼든 이미 죽은 것이라는 사실을 직시할 필요가 있다"라고 썼다.•••

내가 지금 상담 중인 한 남자는 최근에 이런 꿈을 꾸었다. 그는 이제 곧 은퇴를 하는데, 영적으로 성장하기를 원하면서도 만족스러운 결혼 생활 외부의 공동체에 들어가 사람들과 교제하고 싶은 강한 욕구도 있다는 걸 알고 있었다. 얼마 동안 직업상 어울리는 동료들 사이에서 그 욕구를 충족시켜보려고 했지만 그의 질문들은 애초에 같이 어울리던 이들의 수준을 넘어섰다는 사실을 알게 되었다. 게다가 그가 다니는 교회의 성경 공부 모임에서도 그가 던진 큰 질문들을 소화하지 못한다는 것을 알게 된다. 성경 공부는 그저 찾아낸 '대답들'에

• 니체는 춤추는 신, 즉 죽은 명사가 아니라 동사적 만남만을 숭배할 수 있다고 덧붙였다.

•• 융은 언젠가 "모든 심리학은 주관적 고백"이라고 했다. 그렇다면 우리의 심리학 대부분에 대해 말할 수 있는 것은 그것이 우리의 자아가 주도하는 통제와 관리, 자기애적인 위안의 환상을 드러낸다는 점이다. 따라서 우리의 심리학이 영혼의 신비와 프시케의 무한의 깊이가 아니라 진부한 것에만 전념한다면, 우리의 현대 신학들은 어떻게 될까?

••• John Shelby Spong, Jesus for the Non-Religious, P. Xii.

따르는 것에 불과했고, 그 대답들 역시 과거의 시간과 장소에 존재했던 다른 사람들을 만족시켰던 것들이었다. 그는 그 '공부'라는 것이 실제로 발전적이지 않았고 심지어 영적이지도 않았으며, 의심과 싸우면서 솔직한 탐구는 피하면서 일반적으로 인정된 외부의 권위를 수용함으로써 모호함을 교묘하게 처리하고 있다는 것을 깨닫는다.

자, 여기 그의 문제와 해결책이 모두 담겨 있는 그가 꾼 꿈을 소개한다.

나는 주일학교 교실에 있는 원형 탁자에 예닐곱 명의 남자들과 함께 둘러앉아 있습니다. 내 옆 사람은 내가 성경 공부에만 몰두하기를 바란다는 느낌이 듭니다. 우리가 단체로 이야기를 시작하자 나는 "그래요. 예수는 탁자 중앙에 있는 빛의 흐름입니다"라고 말합니다. 내가 한 말은 모임 전체의 분위기를 망치는 것 같습니다. 게다가 내 오른쪽에 앉아 있는 남자가 울어서 기분이 좋지 않습니다. 그럼에도 나는 또다시, "그렇습니다. 그리스도는 탁자 중앙의 전류입니다"라고 말합니다. 다시 그 남자가 울자 다들 당황한 것처럼 보입니다. 마치 내가 성경 공부 교실에서 똥이라도 싼 것처럼요. 나는 내가 다른 사람들을 위한 뭔가를 망치기라도 한 것처럼 어찌할 바를 몰라 자리를 뜨기로 합니다. 나는 그들이 왜 내 말을 받아들이지 못하는지 이해할 수 없습니다. 그리고 왜 그 발언이 그들을 그토록 괴롭히는지 정말 알지 못합니다.

이 꿈은 그가 자신의 모임에서 느꼈던 실제 느낌에 가깝다. 그의 자발적인 의견은 모임을 위협하고 있다. 그들의 관심은 탐구가 아니라 확실성을 찾는 데 있고, 개인적이고 독창적인 통찰을 통한 확장보다는 더 확실한 외부 권위의 승인에 있기 때문이다. 만일 옆에서 울던 남자를 꿈을 꾼 사람의 측면에서 본다면, 그 사람 역시 더 단순했던 과거를 슬퍼하지만 브루노와 갈릴레오처럼 스스로 본 것을 보지 않은 것으로 할 수는 없었던 것으로 해석할 수 있다. 그리고 그 꿈은 그걸 바로잡는 과정이다. 그 꿈은 무엇이 그를 신비의 핵심으로 들어가게 해주는가에 대한 심오한 신학적 논평이다. 꿈이 정확히 묻고 있듯이 더 복잡한 것을 추구하는 그 단순한 일이 왜 그토록 골치 아픈 일이어야 하는가? 자신의 전통을 긍정하고 싶은 이 남자는 어떻게 자신의 교육과 이성, 복잡성에 대한 그 자신의 의견을 존중하는 이해심을 발견할 수 있을까?

예수는 죽음까지 포함한 인간 조건의 그 모든 은혜와 결점으로 물든 사람이었다. 만일 그가 그리스도이고 기름을 부은 자이고 메시아였다면, 그는 또한 신적인 에너지의 매개자이기도 했다. 이렇게 생각해보자. 우리 모두 전구를 소중하게 생각하고 그 혜택을 받고 그것을 이용한다. 그렇지만 우리는 그 하찮은 유리구를 숭배하지는 않는다. 우리의 어둠에 빛을 가져오는 것은 그 전구를 통해 쏟아지는 에너지이다. 빛을 발하는 이는 고타마가 아니지만 그는 깨달음의 빛을 비추는 매개자 역할을 한다. 옛 선사는 "길에서 부처를 만나거든, 그 부처를 죽여라"라고 했다. 즉 부처는 깨달음에 대한, 꿰뚫어 볼 수 있는• 우리의 보편적인 잠재성의 상징이며 그 사람을 숭배하는 것은 본질을 놓치는 것이다. 즉 전구를 빛나게 하는 것은 전구가 아니라 에너지인 것이다.

그러니 이 꿈을 꾼 사람은 길 위에서 벗을 찾는 일이 현재로서는 실패했다는 것을 의식하고 있다. 그가 마주친 사람들 대부분은 전혀 길 위에 있지 않고 길가의 편안한 역사에 묵고 있기 때문이다. 그는 사실 역사적으로 예수가 깨달음과 신성의 화신이고 다른 사람들을 깊이 감동시켰을 수도 있다는 것을 이해한다. 물론 신성한 것은 예수가 이 지상에 존재했던 껍데기나 우리 가운데 있는 어떤 이가 아니라 우리를 통해 이 어두운 세상에 빛을 비추는 존재였다는 점이다. 그리스도는 누군가의 이름이나 고정된 도그마나 의식이 아니라 에너지, 즉 많은 전류 가운데 하나의 전류였다. 그 에너지들이 우리가 신이라 부르는 신비를 다 같이 개별적으로 일으킨다. 그러므로 신들은 명사가 아니라 동사이다.

우리 모두는 내면적으로 우리의 여정에서 만나는 역사들에 틀어박히게 된다. 즉 우리 자신에 대한 이전의 이해와 신들과의 추정상의 계약, 의존적 역할과 다른 사람들에게 거는 원형적 기대들 같은 그런

• 산스크리트어 동사 부드budh는 '본다'는 뜻이다. 달리 말해 자아의 망상을 꿰뚫고 존재의 본질적인 에너지적 본성을, 그것은 결코 고정적이 아니라 영원히 변한다는 것을 꿰뚫어 보는 것이다.

역사들에 의지한다. 우리 자신의 프시케는 영원히 흐르며 옛것을 파괴하고 미지의 것을 향해 변증법적으로 움직이지만 우리 모두는 이 과정에 맞서려는 성향을 갖고 있다. 내가 만나는 많은 내담자들은 결국 그들 자신과의 이 겸허한 약속에 이르게 된다. 그들은 자신들의 프시케가 감당할 수 없는 병변으로 반란을 일으킬 때까지 그러한 성장에 저항했기 때문이다. 우리의 에고가 저항하는 것은 끈덕지게 되돌아올 것이다. 어느 쪽이든 우리는 옛것은 '죽이라'는 요청을 받는다. 우리는 다음 단계로 나아가기 위해 과거의 우리 자신을 죽이거나 혹은 틀어박혀 꼼짝도 하지 않은 채로 정체와 무기력에 시달린다. 제닌은 누군가가 자신의 문제를 처리해줄 거라는 환상을 버리지 않을 것이고, 카렌은 성장하지 않을 것이며, 조지는 갈등에 대한 두려움을 직시하지 않는 착한 소년으로 남을 것이다. 그들 각각은 구체화된 세계, 즉 명사들의 세계에 갇혀 있으며 동사적 세계가 그들의 안전한 발판을 흔들면 더 열심히 버티려고 할 것이다.

우리 모두는 익숙한 것 뒤에 무엇이 따라올지 몰라 두려워하며 변화에 저항한다. 유일하게 변하지 않는 것은 변화뿐이라는 충분한 증거에도 우리는 저항한다. 개인적인 선례와 세계의 모든 위대한 종교의 증언에도 불구하고 우리는 우리 자신의 발달 단계, 특히 노화와 사멸을 향해 거침없이 표류하는 것에 반항한다. 우리의 주된 신경증은—내게 그 말은 소외를 의미하는데—영원히 변하고 있는 것을 붙들면서 익숙한 것에 안주하려는, 움직임을 정지 상태에 굴복시키려는 구상화와 경직화를 통해 불멸성을 간구하려는 우리의 욕망이 아닐까?

풍부한 메타포로 신비와의 많은 싸움에서 동사와 명사 사이의 역설적 관계를 잘 보여준 이가 한 사람 더 있다. 19세기 예수회 사제, 제라드 맨리 홉킨스이다. 그는 양심적이고 동등한 열정이 담긴 시들로 믿음과 의심하는 자세를 표현했다. 그의 싸움이 아직 끝나지 않았다는 것, 그가 찬미와 의심을 모두 표명했다는 것, 그가 자신의 창조주 안에서 기뻐했고 또 홀로 영혼의 어두운 밤을 통과했다는 것은 그의 영적 여행의 진정성을 보여주는 증언이다. 명사와 동사 사이의 교전을 가장 잘 보여주는 〈자연은 헤라클레이토스의 불이며 부활의 위안〉이라는 멋진 시를 소개한다. 그는 우리 발밑에 깔린 진흙에서도 동사적인 신성을 보았다.

진창을 밟은 노역이 발자국으로 남긴
가면과 사람의 흔적은
물기가 빠져 딱딱하게 말라
가루가 되고 먼지가 된다.
무진장한 연료가 있어
자연의 화톳불은 타오른다…

이 시에서 헤라클레이토스는—'자연의 화톳불'은—되돌아온다. 신성한 '동사화'의 덧없음에 대한 홉킨스의 극심한 공포심은 죽음은 명사의 종말에 불과하며 우리가 우리 자신이라 부른 명사에 에너지를 주는 것은 그것이 무엇이든 훨씬 더 신비한 어떤 것으로 변한다는 부활의 역설을 포용하도록 그를 이끈다.

따라서 홉킨스는 이 탄화된 유기적 흙반죽에서조차 신성이 작용해 변화가 일어나는 것을 본다…. 그리고 심오한 동사적 우주에서 보석으로 장식된 그 자신의 죽음의 자리를 발견하고 아연해한다.

이 무지렁이, 농담, 하찮은 질그릇 조각, 가죽 조각, 성냥개비, 불멸의 다이아몬드, 불멸의 다이아몬드이니.

결국 홉킨스가 종교적 시인인 것은 그가 시를 쓰는 성직자이거나 '종교적' 주제를 취해서가 아니다. 신비는 명사가 아니라 동사라는 것을 그가 알고 있기 때문이다. 그의 예수는 명사이며, 전기적 사건이다. 그의 그리스도는 동사이며, 총체성을 향해 몰아가는 원형 에너지로서 역사 속을 흐르며 역사와 초월이 수렴되는 십자가이다. 특정 신화적 이야기에 동의하느냐 마느냐는 개인적인 확신의 문제이지만, 우리에게 공통되는 이야기는 흐르는 신비의 매개자인 우리가 의식적인 삶에서는 명사에 불과하지만, 시공을 지나는 우리의 여행에서는 모두 동사라는 점이다. 현대 과학과 한 성직자의 직관이 모두 별들이 이끄는 우리 여행의 역설로 수렴된다. 여기서 탄소에 지나지 않는 우리는 명사이지만, 에너지화된 탄소는 동사화하고, 동사화하고, 언제나 동사화하는… 동명사이다.

8장

창조성과 어리석은 열정

"당신이 잠을 잤다면, 자면서 꿈을 꾸었다면, 꿈에 천국에 가서 이상하고 아름다운 꽃 한 송이를 꺾었다면, 깨어났는데 그 꽃을 손에 쥐고 있었다면? 아, 그렇다면?"
– 사무엘 테일러 콜리지

"인간은 의식 상태에 오래 머물 수 없다. 다시금 무의식 속으로 물러나야 한다. 그곳이 우리의 뿌리가 있는 곳이기 때문이다."
– 파울 클레, 《파르벤레르》

오늘 아침 나는 한 남자와 있었다. 평생을 정의와 사회적 평등을 위해 그리고 자신의 공동체를 더 살기 좋은 곳으로 만들기 위해 헌신하며, 매우 진지한 일을 매우 진지한 방식으로 하는 남자였다. 상담이 진행되는 동안 그는 이 이야기를 듣고 놀라지 말라며 매우 진지한 고백이자, 일종의 자백을 하고는 내 반응을 기다렸다. 그가 털어놓은 이야기는 18개월 전부터 와인 애호가가 되었다는 고백이었다! 맞다. 그것은 그가 포도를 키우고 수확하고 처리하는 그 연금술적인 과정을 통해 나올 수도 있고 나오지 않을 수도 있는 그 신비한 정수를 사랑하게 되었고, 거기에 매료되었다는 겸손한 고백이었다. 세상에… 그는 포도를 재배하고 와인을 향유하는 애호가가 된 것이다!

그런데 무엇이 문제일까?

그의 말에 따르면 올바른 가치관과 일, 소명을 대단히 중시하는 자신의 가치체계에서 와인 애호가가 되는 일은 방종이나 허세와 같은 일이라고 했다. 그는 와인 애호를 속물근성이나 과도한 돈, 나태 등과 연관시켰다. 아마도 와인에 대한 이러한 열정은 그 남자가 아니라 그런 묘사에 어울리는 사람에게 나타나는 것이리라. 그가 그 순간 겪고 있는 것은 프로이트가 초자아라고 불렀던 것과 이드라고 불렀던 것 사이의 괴리였다. 그러나 그의 본성 가운데 무언가가 숙고된, 상당히 고상한 그의 도덕적 유보에도 불구하고 타고난 열정을 주장하며 표면으로 밀어 올린 것처럼 보인다.

어쩌면 동등한 변태일 수도 있겠는데,• 가까운 한 친구에게는 판다가 '어리석은 열정'을 불어넣었다. 그녀는 말 그대로 판다를 보려고 세계를 여행했고 매일 다양한 동물원의 실시간 인터넷 방송을 시청했으

• 여기에서 변태란 성적인 도착과 같은 것이 아니라 표준적인 것에서 독창적인 실험으로 방향을 튼 것을 의미한다.

며, 이 공통의 열정을 통해 원거리 우정을 쌓아가고 있다. 판다는 그녀 안의 깊은 무언가에게 말을 걸고 있고 그러한 순간은 존중되어야 한다. 우리 각자의 내면에 자리한 어떤 것들은 다른 사람들은 관심이 없거나 의문을 가질 수도 있는 형태나 이미지, 가치에 의해 움직인다. 만일 그러한 것들이 우리에게 말을 걸거나 반향을 일으키는 경우, 그것들은 내면에 놓여 있는 것과 약간 유사한 외적 형태로 나타난다. 우리 안에서 반향을 일으키지 않는 것들에 대해서는 유행이나 대중의 취향 혹은 기성의 권위가 아무리 보증한다 해도 우리는 관심이 없다. 그러한 내면의 동요는 존중되어야 한다. 그것은 단순한 실용성으로 그 예측 불허의 변화를 포괄하거나 포괄해서는 안 되는 영혼의 움직임이기 때문이다.

내가 지금까지 본 책 제목 가운데 가장 우스꽝스러웠던 것은(희미하고 부정확하긴 하지만 대학원 도서관에서 봤던 것 같다) 유명한 런던의 주교, 에드먼드 깁슨이 쓴《1702년 런던에서의 열정의 발발에 관하여》라는 제목이었다. 영국 성공회에 반대하는 비국교도들의 등장을 심하게 공격했던 그는 물론 열정en-theos이란 말을 원래 의미인 '신들리는 것'이라는 뜻으로 사용하고 있었다. 당시에는 그 말이 대체로 비국교도적인 생각에 '홀리거나' '사로잡히는 것'과 동일시됐다. 사실 신에게 사로잡히는 것은 대단히 중요한 문제이다. 그러나 그 훌륭한 주교는 아마도 감리교 신자나 퀘이커교도 같은 위험한 분자들을 심하게 공격하고 있었을 것이다. 그들은 그들의 '열정' 혹은 개인적 계시를 그들 내부에 실재하는 어떤 것의 확인으로 발견했던 것이다. 하지만 다른 누군가의 '열정'은 나머지에게 위협이 될 수도 있는 것 같다.•

물론 신에게 사로잡히는 것과 콤플렉스에 사로잡히는 것의 차이를 아는 것은 대단히 중요하다. 사랑에 빠지거나 폭력적인 행동을 한 많은 이들은 그 차이를 너무 늦게 알게 되는 바람에 그 점을 고려할 수 없었다. 콤플렉스에 사로잡힌다는 것은 우리 자신의 분열된 측면이 우리의 의식을 소유하는 것을 말한다. 신에게 사로잡힌다는 것은, 말하자면 더 높은 어떤 것에 순종하라는 부름을 받는 것이다. 그때도 우리는 물어야 한다. 어떤 신인지? 어떤 선택인지? 어떤 상황인지? 이전 책에서•• 나는 마르스, 다른 누구도 아닌 고대 로마의 그 분노의 신에게 사로잡혔던 한 청년에 관해 썼다. 몸 안에 전이성 암세포들이 들끓자 그는 요절할지도 모른다는 생각에 분노했다. 적어도 그는 그 어두운 시기에 무엇이 자신을 사로잡았는지 의식하고 있었다.

우리는 어떠한 '사로잡힘'이든 그것이 우리에게 무엇을 요구하는지, 이 긴급한 충동의 결과는 무엇인지 물어봐야 한다. 우리를 사로잡은 것이 신이라고 해서 그 결과가 자비롭거나 건전할 거라는 의미는

• 드루 대학교의 한 사서의 도움으로 실제로 훨씬 더 재밌는 제목을 발견했다. 《교구민들, 특히 런던과 웨스터민스터 두 대도시의 교구민들에게 보내는 런던 주교 교서: 한편으로는 뜨뜻미지근함을 그리고 다른 한편으로는 열정을 경계하며》(1739년, 런던)라는 제목이다. (물론 이 베스트셀러를 또 다른 영원한 인기작인 1820년에 리빙스턴 주교가 쓴 《감리교도들과 존경받는 카톨릭 신자들의 열정》과 혼동하지 말아야 한다.)

•• 프리츠 존의 통렬한 회고록, 마르스Mars에 대한 논의는 《Why Good People Do Bad Things: Understanding Our Darker Selves》, p.53에 나온다.

아니다. 먼저 신들이 우리에게 요구하는 것과 우리가 윤리적 책임을 져야 하는 것의 차이에 주의를 기울여야 하지 않을까? 어쨌거나 여러 신들의 이름으로, 다시 말해 광적인 '열정'으로 엄청난 만행들이 자행되어 왔다. 군중심리는 하나의 열정이다. 예외적 상황에 처한 보통 사람들이 동료 인간들을 상당히 열정적으로 살해했다. 그들의 명분이 종교였든 국가였든 아니면 대대로 전해 내려온 어떤 지독한 편견이었든 간에 말이다. 다니엘 골드하겐의 책, 《히틀러의 자발적인 사형집행인들 Hitler's Willing Executioners》이 보여주듯, 자발적인 프시케들을 임명해 살인적 열정에 봉사하도록 동원하는 일은 그리 어렵지 않다.

주의를 촉구하기 위한 고려는 이쯤 하기로 하자. 그런데 어떻게 와인의 기술과 과학에 대한 사랑이 '더 높은 소명'이 될 수 있을까? 어떤 '열정'이든 그럴 수 있을까? 자, 우선 우리가 우리의 열정을 선택하는 것은 아니다. 열정이 우리를 선택한다. 그 차이는 엄청나다. 우리는 열정을 가질 수도 있고 누군가로부터 배울 수도 있다. 물론 주위 사람들에게 영향을 받을 수도 있지만, 만일 그것이 우리 안에서 반향을 일으키지 않는다면 그것은 일시적인 애호일 것이다. 반향은 '다시 울린다'는 것을, 우리 안에서 메아리치며 내면에서 집요하게 반복된다는 것을 의미한다, 한 번 치면 한참 웅웅거리는 소리굽쇠처럼 우리가 반향을 경험할 때마다 우리를 위해 뭔가가 계속 웅웅거린다. 나는 위대한 조각가 헨리 무어가 어떻게 수십 년 동안 창조성을 유지할 수 있었느냐는 질문에 자신의 열정은 너무나 대단해서 다 쓸 수가 없었다고 대답했던 것이 기억난다. 그리고 수십 년 동안 창조성을 잃지 않았던 또 한 사람을 들자면 자신의 열정을—그 열정이 아일랜드의 정치적 독립이든 예술이든, 신비에 이르는 비술이든 아니면 모드라는 이름의 여인이든 간에—열렬히 추구했던 예이츠가 있다. 그는 자신의 지속적인 성장과 변화에 대한 비판에 대해 이렇게 응답했다.

> 내가 나의 노래를 고칠 때마다
> 잘못한다고 말하는 나의 친구들은
> 쟁점이 무엇인지 알아야 한다:
> 내가 고쳐 쓰는 것은 나 자신이다.

그의 열정은 그를 계속 살아 있게 했고 임종의 자리에 이를 때까지 그를 창조적이게 했다. 예이츠는 죽어가면서도 자신을 '사악하고 미친 늙은이'라고 묘사하며 "늙은이의 광기를 내려 달라 / 나 자신을 재창조해야 한다"라고 기도했다.

◆◆◆

투자은행가인 신시아가 최근에 이야기한 꿈을 통해 우리 각자의 내면에 있는 창조적 과정을 살펴보자. 신시내티에서 온 옛 친구 찰스가 나오는 꿈이다. 찰스는 산뜻하고 활기 넘치는 모습이다. 신시아의 어머니가 무대 위를 걸어 다니고 찰스는 투자은행가의 페르소나에 어울리는 차분한 옷으로 갈아입었다. 게다가 무대도 어딘가 장례식장 같다. 찰스는 새 아내와 함께 있는데 신시아의 어머니가 그 새 아내에게 고인의 것으로 보이는 드레스를 선물한다. 거기서 꿈은 끝난다. 누가 이런 꿈을 만들어내는 것일까? 그렇지만 이것은 신시아의 고등학교 친구와 그녀의 어머니가 나오는 신시아의 꿈이다.

신시아는 이 야간의 방문을 우리 모두가 그렇듯 혼란과 당혹스러움, 놀라움과 가벼운 불안감과 함께 받아들였다. 그녀의 무의식은 왜 이러한 인물들을 이용해 그녀의 현재 삶의 기저에 흐르는 드라마를 표현한 것일까. 여기에는 그녀의 연상이 결정적이다. 그녀가 오랫동안 보지 못했던 찰스는 모험을 좋아하는 성향으로 기꺼이 직업을 바꾸는 모험을 하며 위험을 감수하는 사람이었다. 그녀의 어머니는 위험을 감수하는 일을 몹시 싫어했다. 찰스의 새 아내는 좀 더 활력이 넘친 아니무스와 결부된 '여성적인 것'이나 어떤 새로운 관계를 의미하는 것처럼 보이지만 그녀의 어머니는 여전히 고인의 드레스로 이 새로운 가능성을 억압한다.

신시아가 커리어와 인생에 있어서 중대한 지점에 와 있음을 이해할 때, 우리는 이 꿈을 통해 그녀의 무의식이 어떻게 반응하고 있는지를 알게 된다. 신시아는 찰스가 그녀에게 본보기를 보여줬듯 자신을 재창조할 변화와 자유를 원하지만, 그녀의 '어머니 콤플렉스'는 '찰스'를 다시 인습적인 방식으로 바꾸고 죽은 자의 드레스로 싸버리는 것 같다. 사실 신시아의 어머니는 오래전에 돌아가셨지만 내면화된 어머니의 가치관은 결코 죽지 않았다. (많은 이들이 알고 있듯이 이혼처럼 죽음도 관계를 끝내지 못한다.) 그녀의 실제 어머니와 무관한 포괄적인 형태의 '어머니 콤플렉스'가 안정을 바라며 안전하고 관습적인 것을 선택하고 싶어 하는 욕구와 오래전에 정서적으로 그 유효기한이 지난 커리어를 고수하고 싶은 욕구로 나타난 것이다. '열정'이 부족한 그녀의 어머니가 이러한 소심한 태도를 강화했지만, 신시아는 요즘 자신의 전기를 직접 쓰고 있다. 우리는 다들 우리가 무엇을 하고 싶은지, 무엇을 할 필요가 있는지, 살아가기 위해서는 무엇을 해야 하는지 어느 정도는 알고 있다.

그 꿈은 신시아의 현재 딜레마를 그녀의 의식 앞에 상당히 잘 펼쳐놓았다. 그녀는 이미 그녀와 그녀의 어머니가 그녀를 위해 원했던 바를 이뤘다. 하지만 그녀의 영혼이 원했던 것은 무엇이었을까?• 신시아의 영혼은 스스로 자신이 원한다고 인정하는 것은 물론 새로운 삶과 모험을 통해 뒤에 남겨 둔 자신의 조각들을 되찾기를 원한다. 하지만 '어머니 콤플렉스'가 앞을 가로막고 있다. 상황이 진행 중이기 때문에 이 드라마에 해결책이 없다는 점에 주목하자. 신시아는 이제 자신을 가로막고 있는 것이 외적인 장애물이 아니라 내적인 장애물, 즉 부모를 기쁘게 하고 위험을 피하라는 원형적 메시지라는 것을 분명히

• 그리스어에서 유래한 프시케를 직역하면 '영혼'을 의미한다는 것을 상기하자.

알게 되었다. 아마도 그녀 부모의 삶에는 그러한 가치들에 공감하고 그것을 반복할 충분한 이유가 있었을 테지만, 신시아에게 있어 발달적 딜레마는 자기 정신의 창조적 갈망에 못 이겨 한 가지 형태의 여행을 끝내고 또 다른 여행을 시작할 것인가 혹은 과거의 훈계에 굴복할 것인가라고 할 수 있다. 그녀가 자신의 다급한 열정에 다가간다면 새로운 활력이 생길 테지만, 금융계 동료 모두를 혼란스럽게 만들 것이다. 왜 현재 우유를 잘 생산하고 있는 암소를 잡아버리는지 그들은 이해하지 못할 것이다. 그러나 많은 사람들은 내심 그러한 열정을 발견한 그녀를 부러워할 것이다.

알다시피 인생은 이행의 연속이다. 모든 이행에는 어떤 종류의 죽음이 있다. 순진함의 죽음, 의존의 죽음, 자신과 세계에 대한 이해의 죽음이 그것이다. 그리고 그 죽음 뒤에는 흔히 끔찍한 '중간 상태' 혹은 몇 년씩 이어지는 과도기가 온다. 우리의 에고는 당연히 어떤 것에 대해서든 죽는다는 생각을 좋아하지 않는다. 에고는 그 자체의 안전과 지속성이 확립된다면 가능한 한 옛것의 해체를 연장하고 부정하며 그에 저항할 것이다.•• 사람들이 치료를 받으러 오는 이유는 바로 그 끔찍한 '중간 상태' 때문이다. 이전 에고의 주권을 되찾는 과정에서 극심한 외로움과 무력감을 느끼기 때문이다.••• 나 역시 그런 과정을 종

•• 우디 앨런은 언젠가 거리에 자신의 이름을 붙이는 식으로 불멸이 되고 싶지는 않다고 말하면서 자신은 죽지 않음으로써 불멸이 되고 싶다고 했다.

••• 이 죽음과 재탄생의 과정은 나의 책, 《내가 누군지도 모른 채 마흔이 되었다》에서 훨씬 더 상세하게 논하고 있다.

종 겪었을 뿐 아니라 그런 과정을 겪는 내담자들을 수백 차례 상담했다. 좋은 소식과 나쁜 소식은 같다. 우리는 죽음을 요구받는다. 우리의 타고난 창조성은 죽음을 통해서만 그 발전 계획을 실행할 수 있다. 이론상으로는 쉬워도 실제 겪는 일은 그다지 즐겁지 않다. 그럼에도 한 걸음 물러나서 이것이 자연의 본성임을, 우리 자신의 프시케가 다음 단계로 우리를 이끌기 위해 이러한 죽음을 지시하고 있다는 것을 이해할 수 있다면 가끔은 창조적 과정에 저항하기보다 그 과정을 촉진할 수도 있을 것이다.

여기 그 창조적 과정이 작용하는 또 다른 예가 있다. 비록 다른 많은 통찰의 장이 있지만 나는 꿈을 택한다. 꿈은 너무나 명백히 우리 에고의 통제 밖에 있기 때문이다. (만일 당신이 책임자라고 생각한다면 오늘 밤 꿈속에서 당신의 프시케가 당신의 생각에 조금이라도 주의를 기울이는지 확인해보기 바란다.) 또한 꿈이 심야 뉴스나 당신이 신문에서 본 것에서 이미지를 차용할 수도 있다는 이유로 꿈으로 표현되는 그 급진적인 소환을 무시해서도 안 된다. 우리 안의 이 급진적인 창조 과정에 대한 소환을 해명하면서 현실을 회피하는 일은 또 얼마나 쉬운가. 프시케는 스캐빈저로 당신의 역사 혹은 최근의 사건들에서 빌리거나 훔치고, 또 어떤 불가능한 비역사적인 상황을 들여와 그것을 다 뒤섞은 다음 이렇게 말할 것이다. "자, 어때?"

분명 대부분의 현대 심리학은 그러한 특별한 방문객을 중요치 않은 뉴런들의 발화 내지는 낮의 잔재를 쏟아낸 것이라는 꼬리표를 붙이며 꿈 작업을 기피한다. 이렇게 꿈을 무시하는 태도는 아직 자신이 가진 무의식의 놀라운 힘 앞에서 알몸으로 서 있지 않아도 되는 이들이 느끼는 무언의 두려움에서 비롯된다. 그들이 시간을 두고 충실히 그러한 꿈들을 추적한다면 삶을 바꿔야 할 텐데, 누가 그러고 싶겠는가? 심리학자들도 변화를 원치 않는다. 그러나 분명 우리의 프시케는 그것을 원하고 있다.

토머스는 공동체에 많은 기여를 하면서 탁월한 공적인 삶을 살았다. 정신분석이 진행되면서 토머스는 앞에서 말한 신시아와 마찬가지로 자신이 무의식적으로 어머니의 바람에 예속된 선택들을 하면서 인생 대부분을 살아왔다는 사실을 깨닫게 되었다. 나는 그의 정신분석 과정을 최근에 낸 두 권의 책에서 기술했으며, 우리의 작업은 지금도 계속되고 있다. 첫 번째 책에 실린 토머스의 꿈에서 그는 대학으로 돌아가 시험을 보기 위해 앉아 있다. 그런데 시험을 관리하고 있는 엄한 시험관의 목소리와 톤이 자신의 어머니와 닮았다는 걸 알게 된다. 갑자기 그는 시험을 치르지 않아도 된다는 것을, 그녀의 기대에 부응하지 않아도 된다는 것을 깨닫고 교실에서 나온다. 두 번째 책에서는 심리적으로 부재한 그의 아버지가 어떻게 그의 꿈에 카메오로 출연해 아버지의 존중과 조언에 대한 토머스의 깊은 허기를 자극하기 시작했는지 기술했다. 또한 그 책에서 스쿠버 장비를 착용한 남자가 물 밖으로 나와 지시와 자율권과 관련된 활기찬 대화로 토머스를 이끌고 싶어 하는 그의 꿈에 대해서도 기술했다. 여기 토머스가 지난 3년 반 동안 제시한 180여 개의 꿈 가운데 최근에 꾼 꿈 하나를 소개한다.

나는 예배를 드리는 사람들로 가득 찬 신도석에 앉아 있었습니다. 목사가 한 청년을 앞쪽으로 가까이 부르더니 신도들에게 이야기를 하라고 했습니다. 청년은 자신이 어디 있는지 모르는 듯 두리번거리며 이상하게 행동했습니다. 그는 자리에서 일어서더니 비틀거리다 다시 앉았습니다. 목사는 청년에게 무슨 말이든 해야 한다고 끈질기게 우겼습니다. 청년이 어리둥절한 모습을 보일수록 목사는 더욱 그를 다그쳤습니다. 청년은 취했거나 아니면 아픈 것 같았습니다.

아버지가 나를 보더니 조용히 말씀하셨습니다. "그를 도와줘라."

나는 일어나서 청년의 팔을 잡고 밖으로 데리고 나와 내 차에 태웠습니다. 나는 그를 데리고 도시를 빠져나와 시골로 갔습니다. 곧 우리는 숲속의 오두막에 도착했고 그곳에서 아버지를 기다렸습니다.

내가 화장실에 갔다 오니 청년은 괜찮아 보였습니다. 그는 난로에 베이컨을 굽고 있었는데 그 냄새가 오두막을 가득 채웠습니다. 아주 맛있는 냄새였습니다.

우리 가운데 누가 이런 것들을 생각해낼 수 있을까? 토머스는 바로 그 혼란스럽고 무능력한 청년이 자신이라고 여겼다. 어린 시절의 예배에 대한 그의 기억은 그것이 강압적이었다는 것과 어머니의 가치관과 그에 대한 어머니의 의도와 일치했다는 것이었다. 대부분의 아이들과 마찬가지로 그도 어머니의 가치관과 의도를 내면화했으며 할 수 있는 한 최선을 다해 그에 따르며 살아왔다.

하지만 이제 정신분석 과정을 통해 어린 시절 아버지의 존재감이 훨씬 컸고, 어머니의 지배에 균형을 맞추는 충고와 에너지를 제공했었다는 것이 밝혀진다. 그는 청년, 즉 뒤에 남겨 둔 그의 내면의 삶인 그 젊은이를 교회와 도시라는 에고 구조로부터 영양 결핍인 자신의 일부를 회복시켜 되살리는 무의식으로 데려간다. 토머스가 젊을 때 좋아했던 베이컨이 주었던 즐거움을 떠올리며 마침내 아버지의 에너지가 이 청년의 치유를 촉진하기 위해 오고 있다는 확실한 느낌에 금세 기운이 난다. 그러니 우리의 성장과 치유는 결코 끝나지 않을 것이고, 그러한 과제에 좀 더 주의를 기울이라는 꿈의 소환 또한 결코 끝나지 않을 것이다.

이 계시적인 치유의 이야기에 좀 더 최근의 꿈이 보태진다. 토마스가 꾼 다음 꿈은 이랬다.

나는 넓은 마당을 걷고 있습니다. 아버지가 멋진 새 양복과 외투를 입고 나옵니다. 헤링본 무늬의 회색 옷입니다. 신발과 넥타이와 하얀 셔츠도 새것입니다. 아버지는 영국으로 떠날 채비를 하고 있습니다. 나는 아버지의 어깨에 손을 얹고 정말 멋지다고 말합니다. 아버지는 내 찬사에 감동합니다. 우리는 함께 거리를 걸었는데 아버지가 나보다 몇 인치 더 컸습니다.

프시케의 심연에서 나오는 이러한 이미지들을 통해 치유 과정이 계속됨을 보여준다는 것을 알 수 있다. 한때 사라졌던 그의 아버지는 이제 상당히 멋진 모습의 보다 생성적인 에너지의 매개자로 나타난다. 꿈꾼 이가 영국에서 연상하는 것은 여행과 낯선 모험, '위대한' 뭔가에 대한 호기심을 자극하는 생각이었다. 꿈 마지막에 그 두 사람은 확실히 더 다정한 사이가 되는데, 이는 '사라진 아버지' 콤플렉스와 그것이 구현하는 보상적 자율권이 점차 발달해서 토마스가 여행에 대한 주도권을 점차 더 많이 갖게 된다는 걸 시사한다.

그로부터 몇 개월이 흐른 지금, 이 원고를 출판사로 보내기 직전에 토머스는 내게 꿈 하나를 더 들려줬다. 그가 어둡고 노쇠한 구조에서 벗어나고 있음을 보여주는 꿈의 짧은 버전이었다. 길 건너편에 여행자 진리 약국이라는 간판을 건 약국이 보인다. 그곳에서 그의 아버지는 다시 말쑥한 차림새로 나온다. 토머스는 그의 아들인 것이 자랑스럽다. 그들은 팔짱을 끼고 거리를 걷는다. 어린 시절에 사라진 아버지의 에너지가 다시 한번 치유적이고 자율적인 길에 나서면서, 그동안 종종 고독한 여행자 같다고 느꼈던 토머스는 결국 다르마 로드이자 성스러운 진리의 여정을 걷고 있다.

이 꿈들이 토머스에게 가져다준 것은 어릴 적 그가 가졌던 삶에 대한 열정과 다른 누군가의 과제에 의해 거의 대부분 억압되고 걸러졌던 강력한 생명력과의 연결이다. 계시적 여행에 대한 그의 열정은 이제 젊은 시절 상상력을 불러일으켰던 관심사와 재능, 탐구를 되찾는 것으로 이어졌다. 이처럼 우리가 자신에게 옳은 일을 하고 있을 때 프시케는 삶에 대한 우리의 투자를 지탱할 열정과 에너지를 준다.

만일 우리의 주된 본성이 창조적임을 의심하고 있다면, 하나의 실례로 우리의 꿈만 돌아보면 된다. 속담에서 말하듯 우리는 우리의 꿈을 창조할 만큼 총명하지 못하기 때문에 우리의 꿈을 진지하게 취급해야 한다. 그렇지만 그 꿈들은 우리의 꿈이고, 자율적인 프시케로부터 생기는 현상이다. 어떻게 그렇게 종합적이면서도 요약적인 지성이 우리 모두의 내부에 존재하는 것일까? 꿈의 가치를 무시하는 '과학자들'은 실제로 오랜 시간 꿈의 모티프와 교정 수단, 통찰과 암시를 추적하려는 어떤 노력도 하지 않았다. 그러니 독자 여러분도 오늘 밤 꿈을 꿀 텐데, 당신이 지금 일하고 있는 곳에 3학년 때 담임선생님이 나타난다면 어떻겠는가? 오늘 당신을 가장 골치 아프게 했던 일은 그때 그 시절에 생겨난 문제 혹은 당신 내면의 무대에 선생님이 게스트로 출현함으로써 인격화되는 문제일 수도 있지 않을까? 자발적으로 생성된 이러한 일련의 이미지들은 우리 모두를 관통하는 본질적인 신비를 좀 더 열어서 보여주는 것이 아닐까?

이 창조적 과정은 우리 모두의 내면에서 발견되며 또한 우리 모두에게 많은 것을 요구한다. 그것은 숨겨진 구제 수단을 구현한 증상 혹은 보상적인 꿈이나 우울증으로 나타나서 프시케가 더 이상 우리의 잘못된 선택에 협조하지 않을 거라고 말한다. 이 창조적인 과정은 항상 어떤 낡은 태도의 죽음을 요구한다. 그래서 우리는 그토록 자주 우리 자신의 성장과 발전에 저항하는 것이고, 그리하여 다른 무엇을 넘겨받지 않으면 우리의 아이들이 우리 대신 수행하게 되는 것이다. 그 과정에서 우리가 고려하지 않았던 것은 우리가 창조성으로의 소환을 회피하거나 재능이나 능력을 발전시키지 않고 내버려 둘 때마다 우리가 그 선물을 세상에서 거둬들였다는 사실이다. 세상에 대한 우리의 선물은 우리가 가진 최고의 자아를 세상에 나오게 함으로써 명예로워진다. 역설적으로 우리는 우리의 창조적 과정을 위해 우리 에고의 안락을 희생함으로써 그렇게 하는데, 그 창조적 과정이란 옛것을 죽이면서 우리가 전진하는 프로젝트를 추진하는 것이다.

어리석은 열정

'어리석은' 열정에 대해서는 두 가지를 기억하자. 그 열정이 세상의 관점에서는 어리석을 수 있어도 우리 영혼의 관점에서는 어리석지 않다는 점이다. 그렇지 않다면 열정은 리비도를 끌어당기고 그 벡터를 동원해 안내할 힘이 없을 것이다. 시간을 낭비하는 것과—우리의 대중문화는 그렇게 할 수 있는 광대한 가능성의 장을 제공한다—열정을 갖는 것 사이에는 큰 차이가 있다. 융은 정신이 활발하지 않으면 우리 모두 나태에 빠지게 될 것이라고 했다. 그러나 활발한 정신은 우리를 속살거리는 잠에서 열정의 세계로 소환한다. Passio라는 라틴어가 '고통'을 의미한다는 것을 기억하자. 열정은 우리가 너무 깊이 강렬하게 느끼는 어떤 것이며, 아프지만 그 아픔에서 많은 가치 있는 것이 나온다. 우리 모두 열정을 갖고 있지만 그것이 우리에게 많은 것을 요구하기 때문에 흔히 모른 척 지나쳐버린다.• 우리 대부분은 열정을 뒤에 남겨 두고 산다. 만일 우리가 운명의 축복을 받아 충분히 오래 살 수 있다면 그 열정 중 일부를 되살릴 수 있는 기회, 적어도 그 열정들이 나타내는 우리 삶의 어떤 측면을 소중히 여기는 기회를 갖게 될 것이다.

몇 년 전 아내와 함께 워싱턴 D.C.에 있는 스미소니언 국립 미술관의 미국관을 찾았다. 우리는 그곳에서 기괴하지만 굉장히 흥미로운 대형 '민속 예술품'을 보게 되었다. 〈전국 새천년 총회의 제3천국의 왕좌The Throne of the Third Heaven of the Nations Millennium General Assembly〉라는 장황한 제목이 붙은 이 작품은 청소부로 일했던 제임스 햄튼(1909-1964)의 차고에서 발견된 것이다. 그는 연방 정부의 서비스 관리국 소속으로 오랜 세월 일하면서 주로 폐기된 껌 종이 은박지와 수많은 '발견한 물건들'을 모았다. 그는 오랜 세월 춥든 덥든 낮이면 시민의 의무를 다하기 위해 애썼고, 밤이면 자신의 열정에 탐닉했다. 그는 그 많은 호일 조각들을 집으로 가져와 천국은 어떤 모습일지 보여주는 환상적인 대형

• "당신은 글 쓰는 게 분명 쉽겠지요"라는 말을 나는 한두 번 들은 게 아니다. 나는 사람들이 왜 그런 말을 하는지 알지 못한다. 글쓰기는 나에게 개인적인 고통이다. 나는 하루 종일 일을 하고 난 뒤 이곳저곳에서 짬짬이 글을 쓰고, 그 때문에 평범한 삶을 희생하고서라도 늘 잘 단련된 사람처럼 나타나야 한다. 그러나 이 열정은 가끔 어디선가 알맞은 단어가 딱 제자리를 찾는 순간에 보상받는다. 그저 한순간일 뿐이고 항상 대가를 치르지만, 그럼에도 만족한다.

작품을 조립해 만들었다. '소탈한' 사람에게서 나온 그 경이로울 정도로 장식적인 작품은 우리 모두에게 주는 난해한 선물이다. 그것은 오래된 가구와 젤리 단지와 카펫 실린더들, 그보다 훨씬 많은 접착제와 테이프와 핀들을 결합한 약 180개의 조각들로 이뤄져 있다. 우리는 그의 어리석은 열정에 머리를 긁적이면서도 경탄하지 않을 수 없다. 이 남자가 죽은 뒤 천국을 발견했을 수도 발견하지 못했을 수도 있지만—그가 죽은 뒤에야 다른 사람들이 이 작품을 발견했다—그는 분명 시인 하트 크레인이 '비전을 보는 친구들visionary company'이라고 불렀던 부서지기 쉬운 이 유형의 세계와 또 다른 진부한 현실의 경사면에 놓여 있는 영속하는 세계 사이를 막고 있는 투명막을 뚫었던 이들과 같이 자리하고 있다. 나는 그의 어리석은 열정에 감동하고 그의 헌신에 감명받았다. 그리고 우리 각자에게는 자신의 신화를 건설할 의무가 있다는 사실을 떠올렸다. 일찍이 선각자 윌리엄 블레이크는 이렇게 말했다. 우리가 우리 자신의 신화를 창조하지 않는다면 우리는 다른 사람이 만든 신화의 노예가 될 것이다.

어느 저녁, 식사 후에 산책을 나갔다가 작은 흰 개를 데리고 가는 여자와 마주쳤다. 우리는 한두 번 함께 걸은 적이 있었는데, 나는 그런 만남에 대비해 강아지 비스켓을 가지고 다녔다. 그녀와 개의 건강에 관한 대화를 나누던 중에 그녀는 "내가 이 개를 왜 이렇게 아끼는지 아무도 이해하지 못할 거예요"라고 말했다. 나는 이해할 수 있었고 이해한다고 말했다. 사실 그 작은 흰 개를 볼 때마다 나는 심장이 쿵 쿵 뛴다. 2000년에 죽은 작은 애완용 테리어 종인 라사 압소, 우리의 사드락이 생각나기 때문이다. 우리는 아직도 사드락을 잊지 못하고 있다. 또 나는 매일 출근길에 휴스턴 시내의 스카이라인이 시야에 들어오는 어느 커브를 돌 때마다 우리가 사드락을 얼마나 사랑했었는지 떠올린다. 사실 나는 한 무리의 주황색 가사를 입은 티베트 승려들이 나타나 우리의 개가 달라이 라마만큼 고귀한 신분으로 환생할 거라는 발표를 할 거라고 반쯤 믿고 있다. 그때 사드락이 어떤 고귀한 신분을 얻든 지금 우리 마음 속의 영예로운 자리 앞에서는 빛이 바랠 것이다. 그러니 나는 이 부인이 개에 대해 느끼는 어리석은 열정에 대해 조금은 안다고 자신할 수 있다.

나를 아는 사람들은 나를 근면한 사람으로 알고 있고, 개중에는 일에 대해서만큼은 강박적인 사람이라고 말하는 이도 있다. 내가 가진 보상적 열정 중 하나는 독서이다. 독서는 내게 탈출구가 아니다. 독서는 보통 나를 어떤 곳으로 더 깊이 데려간 다음 나에게 반응을 요구하기 때문이다. 또 다른 하나는 운동이다. 어릴 적 나는 독서와 운동을 하는 재미로 살았다. 독서가 늘 내가 해왔던 것이라면, 운동은 최근 다시 시작했다. 다리가 삐걱대며 신음 소리를 내기 시작했는데도 말이다.

그런 어리석은 열정이 나의 현재 생각에 어떻게 영향을 미쳤는지 야구에 대한 회고담으로 예를 들어보겠다. 그러면 여러분을 그 옛날 야구 게임으로 데려가겠다. 야구가 '게임'인 것은 맞지만 고작 게임에 불과하다고 생각하지 않도록 초현실주의자 폴 엘뤼아르가 했던 말을 기억하자. "또 다른 세계가 있다. 그것이 이것이다." 그러니 스포츠를 좋아하지 않더라도 부디 계속 읽어주기 바란다. 사실 이것은 스포츠에 관한 이야기만은 아니기 때문이다.

기억 속의 녹색 들판

1945년 4월 아버지가 말했다. "루즈벨트 대통령이 죽었다." 라디오에서 3일 동안 클래식 음악이 흘러나왔기 때문에 나는 그 일이 중요하다는 사실을 알았다. 그 전에는 클래식 음악을 들어본 적이 없었다. 며칠 후 아버지가 말했다, "방금 히틀러가 죽었다." "우리가 집에 갈 수 있다는 건가요?" 내가 물었다. "그래, 곧." (전쟁 때문에 우리는 고향이었던 일리노이 주 스프링필드가 아니라 위스콘신 주 라신에 있었다.) 60년도 더 지난 일이지만 아직도 기억이 생생하다. 그로부터 3년 후 아버지가 말했다. "오늘 베이브 루스가 죽었다." "그게 누군데요?" 나는 물었다. "역사상 가장 위대한 야구선수"라고 아버지는 말했다. 이번에는 아버지의 두 눈이 촉촉했기 때문에 추측하기 좋아했던 여덟 살 아이는 베이브 루스가 분명 루스벨트나 히틀러보다 더 중요한 사람일 거라고 짐작했다. 그 직후 나는 내 최초의 야구 장비를 선물로 받았다. 그것은 엄지와 검지 사이에 약간의 가죽이 달린 사람 손 크기보다 조금 더 큰 납작한 가죽장갑이었다. 그로부터 몇 년 동안 나는 야구를 하는 재미로 살았다.

내가 아는 스프링필드 사람들은 모두 카디널스 아니면 큐비스를 응원했다. 나는 화이트 삭스 팬을 만나본 적이 없다. 스프링필드에서 코미스키 파크까지의 거리가 리글리 필드까지의 거리보다 전혀 더 멀지 않았는데도. 그런데 인정하기 부끄럽지만 나는 삐딱한 양키스 팬이 되었다. 그 시절에는 아무도 그 유명한 뉴욕 양키스의 구단주인 조지 스타인브레너라는 사람에 대해 들어본 적이 없었다. 그러나 나는 양키스의 고풍스러운 NY 로고를 사랑했으며 영화《양키스의 자부심》에 나온 게리 쿠퍼의 모습에 빠져 있었다. 그 모든 것들은 나를 핀 스트라이프의 진정한 신봉자로 만들기에 충분했다. 게릭이 자신을 "지상에서 가장 운 좋은 남자"라고 말했을 때 나는 그를 믿었다. 적어도 내가 근위축성 측색경화증으로 질식사하는 환자들을 보기 전까지는. 나는 오랫동안 친구 켄트와 내기를 하면서 10센트 동전들을 따곤 했다. 내가 디마지오와 맨틀이 루스와 게릭의 유산을 어떻게 이어가는지 찬양하는 동안, 내 친구는 삐딱하게 다저스를 응원했다. 아마도 다저스에 위대한 재키 로빈슨이 있었기 때문이었을 것이다. 나는 그로부터 몇 년 뒤까지도 양키스의 경기를 실제로 보러 가지는 못했지만, 잔디를 깎아 번 돈으로 NY 로고가 박힌 누더기 양키스 모자를 살 수 있는 것만으로도 신이 났었다. 내 평생 산 물건 중에 그 낡고 찢어진 모자만큼 만족감을 안겨준 것은 없었다. 양키스 로고는 말 그대로 내게 성스러운 것이었고, 양키 스타디움의 그물 모양 탑들은 내가 자라면 떠맡아야 할 성배 탐색의 종착지처럼 빛을 발했다.

이제 60년의 세월이 흐른 지금 나는 '더 보스', 조지 스타인브레너와 그 최고의 팀이 질 때면 특별한 만족감을 느낀다. 그 사이에 무슨 일이 일어난 것일까? 도대체 왜 그것이 중요해진 것일까? 왜 이 바보 같은 게임이 아직도 내 영혼을 붙들고 있는 것일까? 그리고 왜 영화 〈시민 케인〉에 나오는 허스트의 '로즈버드' 썰매처럼 마법의 로고가 달린 그 모자는 여전히 그토록 많은 의미를 띠는 것일까? 이제는 어느 상점이나 인터넷에서 너무도 쉽게 구할 수 있는데도 말이다. 그렇지만 더 궁금한 것은 이것이다. 나는 왜 이제 그 모자를 쓰고 있는 꿈을 꾸지 않을까?

◆ ◆ ◆

개리 윌스는 언젠가 낙원paradise의 어원은 사방이 녹색으로 둘러싸인 공간을 암시한다고 지적한 바 있다. 우리가 아무리 많은 경기를 관람하더라도 콘크리트 복도를 따라 올라가 멋진 녹색 들판이 처음 시야에 들어올 때 밀려드는 그 흥분과 집으로 돌아간다는, 어쩌면 에덴동산으로 홈스틸을 해서 돌아갈 수도 있다는 그 원형적 암시를 과연 부정할 수 있을까? (나는 심리 치료사로서 아무리 끔찍한 사건에 대한 이야기를 듣더라도 눈도 깜박이지 않고 헉 소리도 내지 않는 법을 배웠지만, 그 멋진 녹색 들판이 시야에 들어올 때마다 늘 딜런 토머스의 시, 〈펀 힐 농장〉을 떠올린다. "시간은 허락했지 / 푸르고 찬란한 어린 시절이 은총을 잃기 전 / 아름다운 선율로 가득한 진귀한 아침 노래를." 웨일스에 있는 숙모의 낙원 같던 사과 농장에 대한 기억은 그가 더 어둡고 냉담한 시절을 통과하는 동안 그를 떠나지 않고 그의 성인으로서의 인식과 다퉜다.

야구는 왜 아직도 나를 붙잡고 있는 것일까? 왜 이 어리석은 열정이 지속되는 것일까? 야구는 이 덧없는 세계에 몇 안 되는 변치 않는 것들 가운데 하나이다. 만약 19세기 뉴욕 니커보커 중 한 명을 오늘 당장 경기장에 내보낸다고 해도 그는 분명 어떻게 야구를 하는지 잘 알고 있을 것이다. 공을 치고 1루로 달리고 공보다 먼저 3루로 미끄러져 들어가는 것. 이것은 수천 년 전 에게 해의 뱃사람이 배를 타고 바다로 나가서 물고기를 잡은 다음 물에 빠뜨리지 않고 집으로 가져오리라는 기대만큼이나 분명하다.

야구, 이 어리석은 열정의 또 다른 매력은 그 명료함에 있다. 거기에는 승자와 패자가 있다. 이제 우리 대부분은 실제 삶에서 모두 패자라는 것을, 결코 게임에서 이기지 못한다는 것을, 어떤 게임을 하든간에 결국 운명에 좌지우지될 거라는 것을 알고 있다. 그렇지만 야구의 통계는 고전적인 것과 현대적인 것을 비교하는 것을 가능하게 해준다. 비록 우리가 옛날 루스와 코브가 늘려놓은 7회말에 벌컥벌컥 마셔대던 그 맥주를 마시다가 만취하고 지친 나머지 스테로이드를 잔뜩 복용한 오늘날의 백만장자들과 함께 데드볼dead ball과 힘이 실린 볼jucied ball의 차이를 논하고 있다고 하더라도. 존슨의 방어율은 코팩스와

견줘 어떨까? 캠피는 디키와 벤치와 베라를 어떻게 상대할까? 통계는 디즈레일리의 "거짓말, 새빨간 거짓말, 그리고 통계라는 세 종류의 거짓말이 있다"라는 말을 잊으라고 우리를 유혹한다. 하지만 칙칙한 회색빛이 커져 가는 세상에서 야구에는 분명한 뭔가가 있다. 공을 치면 페어볼인지 파울볼인지, 어느 쪽인지를 알려주는 위도와 경도가 있다. 1321년 단테의 죽음 이후, 서구 세계가 영혼의 위도와 경도에 대해 상대적인 합의를 했던 그 시대 이후 우리는 파울와 페어의 차이를 확실하게 알고 있지 못했다. 결국 예이츠가 〈미친 제인〉에서 "페어와 파울은 가장 가까운 친척"이라고 우리에게 말하지 않았던가. 사무엘 베케트의 고도 이후 이제 필드에는 우리에게 옳고 그름을 말해주거나 우리가 정말 어디로 가고 있는지 말해줄 그 어떤 하얀 줄무늬도 남아 있지 않다.

그러므로 야구는 노스탤지어의 문제에 가깝다. 그리스어에서 온 이 말은 우리가 지닌 '집을 향한 아픈 그리움'을 의미한다. 우리는 엘리엇의 표현을 빌자면, entre deux guerres, 즉 두 전쟁 사이의 망명자들이다. 스타인은 우리를 잃어버린 세대라고 했는데, 거기에는 허탈감을 감추기 위해 웅웅대며 무의미를 향해 표류하는 베이비붐 세대도 포함된다. 지금은 그 어떤 것도 그렇지 않지만, 야구만은 명료함을 제공한다. 내가 영화 〈양키스의 자부심〉을 봤을 때는 아직 우리가 미합중국 헌법을 충실히 지킨다고 믿을 수 있었고 대통령의 정직성에 기댈 수 있었으며 미국이 가진 의도의 순수성을 신뢰할 수 있는 시대였다. 하지만 지금은 야구만이 남았다. 그 흰 선들 사이에서는 잠정적일지언정 예측 가능한 명료성이 지배한다. 공이 땅에서 튀자마자 낚아채고 공을 외야에서 내야로 보내려다 놓치고 코너를 때리는 속구가 터지는… 세세하게 조정된 우주 안의 이 사소한 자극들.

아들에게 처음 야구를 가르칠 때 나는 베이스가 어디에 있고 어떤 순서로 돌아야 하는지 꼼꼼히 설명했다. 그런데 아들은 홈에서 바로 2루로 달렸다. "아니지, 1루로 먼저 가야지"라고 나는 말했다. 이 열 살짜리 아이는 "아빠, 1루는 그냥 임의적으로 정한 거잖아요. 그러니 2루 먼저 갈 수도 있어요"라고 했다. 아들은 이미 나를 앞서 있는 메타포였다. 자크 데리다를 읽어본 적도 없으면서 아들은 이미 포스트모던 해체주의자였고, 나는 한낱 근대인에 불과했다. 필드의 명료성, 구성의 고정성, 포스트모던의 의미 전이에 대해서는 이쯤 하기로 하자.

그런데 야구도 많이 변했다. 선수들은 계약을 체결할 때마다 연고지를 바꾼다. 페퍼 마틴은 카디널이 되고 화이트 포드는 양키가 되고 듀크 스나이더는 다저가 될 거라고 더 이상 생각할 수 없다. 이제는 용병들의 집합에 훨씬 가까워졌다. 물론 늘 그렇긴 했지만 옛날에는 용병들 대부분이 정말로 야구를 사랑했기 때문에, 어쨌거나 자신이 사랑하는 일을 하면서 보수를 받는 것을 특권처럼 여기며 플레이하는 느낌이 강했다. 장거리 여행 중 호텔 로비에서 늙은 부인이 넘버 4, 게릭에게 말을 붙이며 그와 주위의 덩치 큰 사람들이 무슨 일을 하느냐고 물었다. 그가 "우리는 야구를 합니다, 부인" 하고 대답하자 그

부인은 "취직을 하지 그러냐"라고 했다. 그렇다. 그들은 남자의 몸을 지닌 소년들이었고, 우리 모두가 원하는 게임을 계속하는 소년들이었다. 오늘날 puer aeternus, 영원한 소년의 원형은 결코 성장하지 않으며, 이 여자 저 여자 사이를 떠돌며 어떤 일도 끝까지 해내지 못하는 플레이보이이자 병적 콤플렉스처럼 묘사된다. 그러나 플레이가 갖는 젊음의 느낌은 건강한 형태로 지속되면서 게임 자체를 위한 게임의 소환은 여전히 우리의 영혼에서 시간을 초월한 가치로서 기억과 열망의 녹색 들판에서 우리와 함께 떠다닌다. 2,130경기에 연속 출장한 그 '철마'가 야구도 직업이라고,• 다시 경기장으로 돌아가기 위해 쑤시는 몸을 달래려고 말에게 쓰는 근육통 연고를 사용한다고 그 부인에게 설명할 필요는 없다. 그 부인은 사실 그들의 정체를 알았기 때문이다. 그때 그들은 협상가와 매니저가 딸린 용병이 아니라 소년이었다. 우리가 그 소년을 잃는다면 우리 안의 무언가도 영원히 죽어버렸을 것이다.

마침내 나는 세인트루이스의 스포츠맨스 파크에서 카디널스와 자이언츠의 경기를 보게 되었다. 그곳에는 더 맨, 스탠이 그의 전매특허인 코르크스크루 자세를 한 채 주근깨 레드 쇼인딘스트와 에노스 '컨트리' 슬로터와 함께 있었고, 확성기에서는 해리 카레이의 목소리가

• 제2차 세계 대전 당시 사회 전 계층의 엄청난 희생은 일반적이었지만, 루즈벨트 대통령은 프로야구 경기는 계속되어야 한다고 주장했다, 그것이 오락 이상임을, 그것이 공동체의 결속을 유지시켜주고 영혼을 위로한다는 걸 알았던 것이다.

들렸다. 얼마나 놀랍던지! 그러나 내가 보고 싶었던 남자는 등번호 24번, 별명이 '세이 헤이 키드'인 윌리 메이스였다. 폴 게일이 투구를 했을 때 윌리는 힘차게 방망이를 휘둘렀고 강력한 원심력에 의해 빙그르 돌다가 스윙에 쏟은 힘 때문에 바닥에 쓰러졌다. 그가 일어나 먼지를 털면서 웃자 모두가 그와 함께 웃었다. 특히 카디널스 팬들이. 우리는 모두 윌리 메이스가 우리들처럼 자신이 사랑하는 일을 하는 아이라는 것을 알았다. 그렇게 즐거워하는 그를 어느 누가 사랑하지 않을 수 있겠는가?

오늘날 야구는 남자들끼리만 통하는 대화를 전달하는 역할도 하고 있다. 우리는 여자들로부터, 심지어 서로로부터, 더 나아가 우리 자신으로부터 병적으로 소외되어 있다. 그래서 우리에게는 그 심연을 건널 수 있게 해주는 다리가 필요하다. 예전에는 정치와 종교가 그 역할을 했지만 오늘날에는 그저 공화당과 민주당으로 나뉠 뿐이다. 하지만 "메츠가 올해는 어떨 것 같습니까?" 혹은 "어젯밤 리베라가 삭스를 두 손 두 발 다 묶어버리는 것 봤습니까?" 같은 말은 여전히 효과가 있다. 게다가 야구는 아직도 아버지가 아들에게 전해줄 수 있는 무언가를 제공한다. 경제적 짐을 지는 짐승이 될 거라는 암울한 전망을 전하는 것과는 완전히 다르다. 전해줄 종족의 전설이 없다는 것도 우리 사이에 공통점이 별로 없다는 것도 신경 쓰지 말자. 이 어리석은 열정의 결정판인 야구가 만남의 장이자 순간적인 다리를 제공해줄 테니까.

◆ ◆ ◆

어린 시절 나는 주로 2루수나 유격수로 뛰었다. 어느 날 밤 3루수가 몸이 안 좋아 나오지 않는 바람에 대신 3루수를 맡게 됐다. 그러다 번트 상황이 벌어졌고, 이미 긴박했던 터라 나는 급하게 홈으로 달렸다. 그런데 하필 타자가 친 공이 그만 내 뺨을 때리고 상대편 벤치로 굴러가고 말았다. 공에 얻어맞은 나는 약간 제정신이 아니었다. 공을 쫓아가는데 물속에 있는 것처럼 호리호리한 3루 코치 다리 사이로 공을 잡기 위해 헤엄을 치려고 애쓰고 있었다. 관중석에서 어떤 예의를 모르는 사람이 크게 껄껄대다가 관중의 호응을 얻어 "꼬마야, 공은 얼굴이 아니라 글러브로 잡아야지"라고 소리를 질렀다. 마침 그 사람이 아버지 바로 옆에 앉아 있어서 점잖고 온화한 아버지가 그 사람과 언쟁을 좀 했었다고 한다. 이 모든 사실을 나중에 알게 된 나는 내 편을 들어준 아버지가 자랑스러웠다. 가끔 그날 밤 아버지가 내 편을 들어줬던 것처럼 나도 아버지의 편을 들어주었더라면 좋았을 텐데 생각했다.

이 어리석은 열정의 힘을 통해 남자들 사이에 순간적으로 형성되는 공통의 장을 설명하기 위해 우리는 '텍사스 리거'니 '캔 오브 콘'이니 '수어사이드 스퀴즈'니 '스플리트 핑거 패스트 볼'이니 하는 표현들을 쓴다. 이 모두는 분리된 모든 이들을 연결할 수 있는 표현들이다. 경기에서 너무나 흔하게 벌어지는 상황이나 그 업계의 공용어, 명료하게 구분되는 공정과 반칙, 9회 말에 고조되는 감정들은 단편적인 우리의 경험에 종교적 차원의 순간을 제공한다. 그래서 그런 어리석은 열정이 지속되는 것이다. 야구에 대해 특별한 지식이 없는 사람들이나 녹색 잔디 위에서 흰색 공을 때린다는 것 말고는 아는 게 거의 없는 사람들에게 야구는 에너지를 낭비하는 어리석은 행동처럼 보일 테지만, 운동장의 먼지 맛을 봤고 새 글로브에 스며든 오일 냄새를 맡아본 사람들이나 혹은 방망이를 휘두를 때 온몸으로 전해지는 파동을 느껴본 사람들에게 야구란 우리를 공정과 반칙의 추정상의 고정성으로 부족의 조상들과 영원히 연결시켜주는 일종의 종교이기에 지금이든 나중이든 아무렇게나 무시하면 안 되는 것이다.

이 어리석은 열정에는 명백히 배울 것이 있으며 또 우리는 그것을 통해 배운다. 우리가 추구하는 일들은 대부분, 특히 우리가 사는 '가상현실'에서는 허탈할 정도로 손에 잡히는 것이 없다. 나는 심리 치료사로서 내가 늘 볼 수 없는 세계를 상대하고 있다는 것을 안다. 비록 그 세계가 우리가 보는 세계만큼 실제적이라 하더라도. (사실 그 세계가 우리가 보는 세계를 창출한다.) 하지만 야구는 볼 수 있는 세상을 제공하고, 우리 대다수가 기꺼이 배우려고 했던 기술과 기꺼이 따르려 했던 규칙을 요구한다. 타자가 스윙을 시작하는 순간 공이 맞을 경우 어디로 떨어질지 판단하는 법, 자이언츠의 몬테 어빈이 그랬던 것처럼 처음으로 스파이크를 착용했을 때 발목을 부러트리지 않고 슬라이딩을 하는 법, 또는 공이 송구될 때 태그 당하지 않고 빠져나가는 법, 혹은 가장 오래된 속임수인 히든 볼 트릭에 낚이거나 속는 굴욕 없이 투구 동작 중인 투수를 당황시킬 정도로만 베이스에서 리드하는 법. 우리는 이러한 것들을 배워야 한다고 아우성을 쳤고 결국 그 방법을 배웠다. 적어도 이 좁은 틀 안에서 뭔가를 배웠고, 더 나아가 가끔은 뭔가를 마스터했다고 느꼈다. 뭔가를 배우려고 노력했고, 정말로 배웠다. 후설의 현상학 이후에, 하이데거의 현존재 분석dasein analysis 이후에, 비트겐슈타인의 '언어 게임' 이후에 마침내 뭔가를 배웠다. 즉 "릴레이 맨을 찾아라, 자리를 지키면서 빈틈 쪽으로 몸을 기울여라, 번트한다는 것을 눈치채지 못하게 배트를 아주 살짝만 짧게 잡아라" 그렇게 뭔가를 배웠다. 결코 다시는 그렇게 많은 것들을 그토록 명확하게 배우지 못할 것이다. 아직까지도 얼마나 감사한지. 그러니 그 고마운 느낌을 깎아내리지 말아 달라.

◆◆◆

많은 소년들처럼 나도 뉴욕 양키스 선수가 되어 핀 스트라이프 유니폼을 입고 싶었다. 루스(등번호 3번)와 게릭(4번)이 사라지고 디마지오(5번)도 사라졌지만, 내가 청소년이었던 시절 그들의 후계자는 오클라호마 스파비노 출신의 아이(7번)였다. 만일 스파비노 출신의 누군가가 메이저리그 선수가 될 수 있다면 나도 분명 그럴 수 있었다. 나중에 나는 이것이 잘못된 유추 오류라는 걸 알게 될 터였다. 신들은 내가 아니라 미키 맨틀에게 거의 완벽한 몸을 줬던 것 같다.

사춘기 시절 내게 재능이 없다는 걸 알게 되었을 때, 야구를 그만 두고 열여섯의 나이에 가족을 돕기 위해 일하러 가야 한다는 걸 알게 됐을 때 나는 비극을 발명한 기분이었다.• 수십 년 후 나는—비록 그가 양키 스타디움에 가기 전에 잠깐 야구를 했던 미주리 주 조플린에 홀리데이 인 호텔을 소유했어도, 1965년 그의 타율이 0.353이고 홈런을 52개를 쳤으며 타점이 130이었어도(그러한 통계들은 내 마음속에서 불타올랐었다), 비록 그가 라인 드라이브 타구를 날아서 잡을 수 있었어도, 비록 그가 달라스에서 간 이식을 받았어도—진정한 비극은 내가 야구의 신들로부터 충분한 재능을 받지 못한 것이 아니라 실제 미키 맨틀이 되지 못한 것임을 알게 되었다.

나도 뼈에 문제가 있었지만 미키의 골수염은 확실히 영웅적인 것이었다. 양키 스타디움에서 본 피가 새어 나오는 붕대를 감고 있는 그의 사진은 분명 영화 〈유황도의 모래 Sands of Iwo Jima〉보다 더 영웅적이었다. 나는 그때 술과 여자들, 메이저리그에서 경기를 하는 데 따르는 격심한 불안 같은 그가 안고 있는 문제에 대해 아는 바가 없었다. 나는 그저 미키 맨틀이 되지 못해 슬프다고 생각했다. 나중에 가서야 미키 맨틀이 되는 것이 슬프다는 것을, 때로는 정말 슬프다는 걸 알게 되었다.

비극은 우리 시대에는 평가 절하된 개념이다. 실제로 그것은 영

• 나만 그런 환상에 빠져 있었던 것은 아니다. 최근에 초등학교 친구 하나가 정말 내가 메이저리그 선수가 될 거라고 완전히 믿고 있었다는 이야기를 했다. 그는 내게 실망했다는 말은 덧붙이지 않았다.

웅적 감수성이고 영웅적 의식으로의 소환이며 신들에게 더 큰 경의를 표하라는 책망이다. 우리는 신들의 놀잇감으로 바쳐졌다가 전락하곤 한다. 그 전락에 대한 책임은 우리 몫이다. 잠깐만, 어떻게 그게 무심코 '숙명'을 '운명'과 혼동한 우리의 잘못이란 말인가? 숙명은 우리에게 주어진 것이고 운명은 우리에게 내려오는 소환이다. 그 둘의 상호작용에서 성격이 한 역할을 한다. Hubris, 즉 오만, 알 만큼 안다는 환상은 의도치 않은 결과를 초래하는 선택들로 우리를 유혹한다. Hamartia, 즉 성격적이고 비극적인 결함, 충분히 명확하게 충분히 겸허하게 보지 못하는 이 결함은 우리가 불완전하게 세상을 상상하는 렌즈인 탓에 어쩔 수 없이 왜곡되고 환원적이지만 그럼에도 그 순간에는 설득력이 있는 렌즈이다.

미키는 그의 조상들을 일찍 데려간 유전적 장애를 갖고 태어났지만 그에게는 신이 내린 아름다운 몸이 있었다. 그는 순간적으로 출발해 1루까지 3.1초에 달릴 수 있는 아도니스였다. 유전적으로 불운했던 그의 아버지는 아마도 자신이 살아보지 못한 삶을 벌충하려는 듯("자식이 짊어져야 하는 가장 큰 짐은 부모의 살아보지 못한 인생"이라고 융이 말하지 않았던가) 미키를 양손잡이 타자로 키웠다. 그런 부자연스러운 행동은 왼손이나 오른손 투수들이 성취할 수 있는 이점을 감소시켰지만 타자로서의 절대적인 지표인 타율은 10포인트 정도 향상시켰다. 그리하여 그는 그 눈부신 스피드와 눈과 손과 탁월한 협응력으로 인해 그 영광스러운 핀 스트라이프 유니폼을 입는 신성한 서클에 들어갈 수 있었다.

부모님이 나를 스포츠맨스 파크에 또 한 번 데려간 것은 양키스에 대항하는 새드색 브라우니스를 보기 위해서였다. 그것은 내게 성스러운 순례였다. 미키는 그날 무안타를 기록했지만 타격 연습 도중 필드를 넘어 3열 관중석까지 날아가는 안타를 쳤다. 그 스윙은 그가 진짜라는 것을, 정말 신이라는 것을 확인시켜주었다.

그러나 미키는 신들 사이를 거닐던 시절 이후까지 살았다. (조 디마지오와 마릴린 먼로 그리고 엘비스, 그대들은 어디로 갔는가?) 그는 열심히 살았고 또 험하게 살았다. 그건 자신의 유전적 장애를 감안할 때 현실적으로 아주 오래 살 거라는 기대를 하지 않았기 때문이라고 그는 말했다. 99세의 나이에 "이렇게 오래 살 줄 알았더라면 나 자신을 좀 더 잘 대해줬을 텐데"라고 했던 재즈 연주가 유비 블레이크처럼 미키는 자신의 몸을 함부로 굴렸다.

어쩌면 그는 비극의 사이클을 충족시키기 위해 그렇게 해야 했는지도 모른다. 위대함을 위해 신들의 저주와 축복을 받고 숭고한 행위를 하다가 겸허한 패배로 돌진하는 그런 사이클 말이다. 그러나 이러한 비극적 비전에서의 요점은 신들과의 올바른 관계로 되돌아가는 것이다. 나쁜 사람이 아니라 그저 어리석은 인간인 리어는 사랑이 무엇인지 이해하지 못했다. 신들이 늙어가는 그의 이마에 점점이 지식을 아로새길 때까지. 그는 사랑이 무엇인지, 무엇이 사라지지 않고 남는지, 무엇이 그보다 더 나은지를 배웠다. 미키는 그 비극의 사이클을 완성했을까? 나는 모른다. 내가 아는 것은 그가 자신이 내린 결정 중 일부와 그 결정이 자신의 가족에 미친 영향을 후회했다는 것뿐이다.

아리스토텔레스는 비극의 삼부작을 관람한 아테네 시민들이 두 가지 심오한 감정의 카타르시스를 경험했다고 말했다. 연민과 두려움이 그것이다. 연민이란 "다른 사람의 고통을 경험하며 슬퍼하는 것"이다.

두려움은 "어쩌면 나 역시도 불안한 내 발걸음 밑에 놓인 비슷한 구덩이에 빠질지 모른다고 생각하는 것"이다. 아리스토텔레스는 무대 위에서 상연되는 이 연극들이 정서적 환기를 통해 실제로 대중을 치유하고 치료한다고 믿었다. 그들은 우리가 신들을 만날 때, 자신의 불안정한 발걸음에 더 신경 쓰라는 벌을 받을 경우에 일어나는 일을 공포 속에서 구경하면서 표현되지 않거나 독이 될지도 모르는 감정의 해방을 경험할 수 있었다. 나는 아직도 미키를—광팬들과 함께 한 그 서브웨이 시리즈들, 영양처럼 솟구쳐 오른쪽 중앙으로 빠지는 플라이를 잡았던 그의 발렌타인 블라스트를—숭배하지만 미키가 되고 싶지는 않다. 신들은 그와 나를 우리 각자의 비극적 교전에 내보냈다. 그러나 나는 나 자신임을 증명하는 것이 얼마나 힘든 일인지 감을 잡은 뒤에야 미키로 사는 것이 얼마나 힘들었을지 깨달았을 뿐이다. 나는 미키와 달리 아직까지는 여기에 있고, 이곳저곳 열심히 돌아다니면서 여전히 그것에 대해 알아내려고 노력하고 있다.

◆◆◆

괴테의 개인적인 모토는 '변화 속의 지속'이었다. 그렇다면 이러저러한 불연속성 속에서 연속성을 제공하는 것은 무엇일까? 확실히 자기Self는 우리의 끊임없는 죽음들을 견딘다. 우리의 세포는 느린 속도로 분열되면서 죽은 다음 다시 생성되기 때문에, 지금의 우리는 조금 전과 같은 몸이 아니다. 기억이 도움이 되기는 하지만 "우리는 무엇을 의식하지 못하는가?"라는 간단한 질문에도 대답할 수가 없다. 그렇지만 이따금 참조점이나 기준이, 우리가 잠정적인 기준선을 얻는 선들이, 다음 목표로의 덧없는 소환이, 우리가 인생이라 부르는 이 부조리하고 임의적인 게임이 실제로 어떤 의미가 있을지 모른다는 순간적인 생각이 존재한다. 때로는 어리석은 열정이 신비로 들어가는 틈을 낸다. 그런데 루이 암스트롱이 재즈에 대해 말했듯이 그에 대해 설명해 줘야 하는 사람들은 절대 모를 것이다.

◆◆◆

모든 것이 무너진다…. 1917년 예이츠가 선언했듯 중심이 버티지 못한다. 그리고 무너지기 시작한 이후 우리가 소중히 여기는 대부분의 것들이 훨씬 더 멀리 빠르게 사라졌다. 그러나 어떤 순간들은 사라지지 않고 남는다. 어떤 어리석은 열정들이 계속 영양을 공급하며 살린다. 어쩌면 지금 이 순간에도 9회 말이지만 아직 2루와 3루에 주자가 있고 투 스트라이크 상황이라 투수의 긴장이 풀려 있을지 모른다…. 모든 가능성이 열려 있다. 여전히 게임이 진행 중이다. 아직은 그렇게 보인다. 게임은 진행 중이고, 우리는 그 안에 있다.

9장

영적 위기

먼 옛날 특수한 환경에서 자란 한 남자가 있었다. 미신을 믿어서였는지 현명해서였는지 어쨌거나 그의 부모는 자신들의 아이가 자라서 자신들을 해칠 거라고 믿고 아이를 죽일 사람을 고용했다. 고용된 암살자는 그 무력한 아기를 보고 불쌍해서 길가에 버렸다. 한 마음씨 좋은 사람이 그 아이를 주워서 길렀고, 이윽고 아이는 어른이 된 뒤 다른 나라를 여행하다 세 갈래 길에서 말다툼 끝에 욱해서 어떤 남자를 죽였다. 그러다 옆 도시에 간 그는 한 과부와 만났는데 이상하게 두 사람 다 마음이 끌렸고 결국 둘은 결혼을 했다. 그리고 곧 그는 그 도시에서 가장 똑똑한 사람으로 인정을 받아 높은 자리에 올랐다. 그 뒤 상황이 정말 안 좋게 흘러갔다. 그는 자신이 죽였던 남자가 아버지이고 자신이 결혼한 여자가 어머니라는 사실을 알게 됐다… 어떻게 이렇게 안 좋은 일이 연달아 일어날 수 있을까?

그래서 이 남자는 남은 평생을 왜 그 모든 일들이 잘못되었는지 알아내기 위해, 어떻게 가장 단순하고 가장 중요한 문제에서 그가 실패했는지 이해하려고 애쓰며 보내야 했다. 즉 자신의 정체성은 자신을 그러한 상황에 처하게 한 신들의 헤아릴 길 없는 의도를 파악하지 못한 그 자신의 결함이었지만 그가 내린 선택들은 오로지 그의 것("아폴로가 내게 이런 운명을 내렸지만 내게 상처를 입힌 손은 내 것이었다")이었다는 점이 그의 겸허한 고백이었다. 그리하여 테베에서 가장 현명하다는 이 남자 오이디푸스는 최악의 영적 위기에 봉착했음에도 겸허하게 끝까지 배움을 포기하지 않았고, 말년에는 그에 합당한 신들의 축복을 받았다. 우리는 그의 행동에 두려움을 느끼면서도, 잔혹한 운명을 견디고 이겨내 마침내 지혜에 도달하려는 그의 진지한 열망 때문에 그에게 경의를 표한다.

우리의 여행에서도 그만큼만 할 수 있다면.

◆◆◆

영적 위기는 매일같이 일어난다. 그 대부분은 강도가 낮고, 지속적으로 드러나지 않아서 우리는 주의를 기울이지 않고 계속 살아간다. 영적 위기는 우리의 정체성과 역할, 가치관 혹은 로드맵이 실질적인 문제로 떠오르거나 효과적이지 못할 때, 또는 자신과 세계에 대해 우리가 이해할 수 없는 경험에 압도될 때 일어난다. 최근 나는 사업과 사회생활에서 성공해 대중들의 인정을 받으며 살아가는 사람과 이야기를 나눈 적이 있다. 그런데 그는 늘 피곤하고 불안해했으며 우울할 일이 없는데도 우울해했다. 오랫동안 그는 '게임'에서 이기고 있었다. 미국의 위대한 철학자이자 심리학자라 할 수 있는 전설적인 투수 새철 페이지는 언젠가 "돌아보지 마, 뭔가가 따라오고 있을지도 모르니까"라는 말을 했다. 늘 뭔가가 우리를 따라온다. 우리가 내린 결정의 결과나 의식적인 회피 혹은 나이 그 자체나 죽음이. 우리의 마룻바닥을 똑똑 두드리며 우리가 변명하는 벌어진 틈으로 진입을 시도한다. 이 선한 남자도 우리들처럼 불안을 관리하고 세상과 건설적으로 만나기 위해 거짓 자기를 조립했지만 처리되지 않는 과거의 수많은 슬픔 위에 앉아 있었다. 사라진 어머니, 연이 끊긴 아버지, 그들의 수치와 슬픔을 보상하기 위해 "출세해야 한다는 산더미 같은 기대들에. 우리들처럼 이 남자도 자신에게 주어진 인격의 전제 안에서 적응하며 힘겹게 싸워서 가치 있는 많은 것을 성취했지만 이제 피곤하고 지친 나머지 괴로운 숙제를 끝내고 싶어 했다. 그는 사업상의 고민을 의논하려고 왔는데, 그의 주변을 여전히 맴돌고 있는 건 영적 위기였고 삶 전체를 재설정하라는 소환이었다.

영적 위기는 여러 가지 이유로 온다. 무엇보다 1) 개인적인 혹은 문화적인 트라우마, 2) 영혼의 늪지대, 3) 기대와 결과의 불일치, 4) 지도와 지형 사이의 불일치, 5) 거짓된 자기와 타고난 자기 사이의 이상 긴장 관계로부터 온다.

개인적 혹은 문화적인 트라우마

인생은 고통이다. 어떤 이들에게는 참을 수 없을 만큼 굉장한 고통이다. 그렇지만 우리는 특이할 정도로 유연하게 살아가고 있으며, 심지어 번성하는 유전적 프로그램을 갖고 있다. 나이가 들면서 회복력을 얻지만, 그래도 우리는 쉽게 상처받는다. 트라우마는 우리의 신체적, 정서적, 지적인 방어벽과 가정들이 파괴될 때 생긴다. 무력감과 함께 인생에 휘둘리는 느낌이 든다. 이 위기는 사실상 우리의 공통 조건이다. 우리 각자는 이 책 앞부분에서 말했던 동일한 메시지를 받았기 때문이다. "세계는 커다랗지만 너는 그렇지 않다. 세계는 힘이 세지만 너는 그렇지 않다. 그러니 모든 것을 감당하며 살아야 한다!"

우리의 트라우마는 문화적인 것일 수도 있고 개인적인 것일 수도 있다. 4세기에 성 아우구스티누스는 자살에 반대하며 《신의 나라》를 써야 한다고 느꼈다. 로마 제국이 멸망하면서 '바바리즘'이 확산되고 제도적 확실성이 무너지자, 많은 초기 기독교인들은 다른 더 나은 세상이 기다리고 있다고 믿으며 스스로 목숨을 버리고 더 빨리 그곳에 이르려고 했다. 《신의 나라》에서 아우구스티누스는 덧없는 인간 세계와 영원한 신적 질서를 비교하면서, 후자를 믿으면 전자의 고통을 견디는 데 도움이 될 거라고 주장했다. 우리 역시 산산조각 난 세계관 weltanschauung 속에서 산다. 산만한 문화가 부족 신화의 소멸을 다급히 가리려 하는 세계, 성과 권력과 돈이 한때 주어졌던 초월적 신화적 이미지들과의 연결을 대신하는 세계에 산다. 조금이라도 의식이 있는 사람에게는 오늘날 이 세계 자체가 트라우마다. 본능적 길잡이나 계절과 죽음과 부활이라는 자연의 리듬과의 공명에서부터 경제와 데이터 처리 같은 '가상' 현실로 옮겨간 세계, 로마 황제들이 시민들의 정신을 산만하게 만들어 그들이 저지른 과대망상적인 약탈 행위에서 시선을 돌리게 만들었던 빵과 서커스• 이상으로 진화하지 않는 일상적 오락의 세계인 이 세계 자체가 그렇다. (오늘날 영혼의 깊이를 재는 다림줄에서 우리의 주의를 돌리는 것으로 테러리즘이라는 만트라만큼 효과적인 것은 없다.) 이런 상황에서 아우구스티누스가 직감했듯, 우리는 우리 시대의 산만함과 무질서 한가운데에서 지속적으로 우리 자신의 질서를 찾아야 한다. 어떤 이들은 이러한 초월적 질서를 찾기 위해 여전히 '저 위'를 바라보고, 거기에서 그 질서를 찾는다. 또 어떤 이들은 '저 위'만 바라보며 자신을 위한 의미를 찾는 과제를 떠맡는 일을 회피할 뿐이다. 그리고 또 어떤 이들은 이 중심적 질서를 찾기 위

• panem et circum, 빵과 서커스, 물질주의와 오락, 많이 들어본 말 아닌가?

해 이제 '내면'을 들여다본다. 이 후자 집단에는 특히 알베르 카뮈의 역설을 적용할 수 있다. 인생은 부조리하기 때문에 의미가 있다고 카뮈는 말했다. 그가 의미했던 바는 만일 인생에 '의미가 있다면' 그것은 다른 사람에게 이해받은 경우일 뿐, 우리 자신의 여행과 일치할 수도 그렇지 않을 수도 있다는 뜻이었다. 인생을 부조리하다고 생각함으로써 우리는 진정한 결과가 따르는 선택을 해야 하며, 그렇게 함으로써 우리는 우리의 가치체계를 창출하고 긍정하면서 능동적인 주체가 된다. 이러한 가치 선정이 우리의 내면적인 삶과 영혼과 일치하면 할수록 우리는 이러한 선택들을 더욱더 의미 있게 경험할 것이며, 내면으로부터 지지받는 느낌이 더욱 강해질 것이다.

영혼의 늪지대

다른 책에서 나는 우리 모두가 어떻게 운명과 타인의 행동에 의해, 의식적으로든 무의식적으로든 우리가 했던 선택으로 인해 방문하고 싶지 않는 곳으로 안내되는가라는 주제를 아주 길게 다뤘다.* 우리는 공통된 프시케의 저택에 있는 그런 방들에 우울증, 상실, 슬픔, 중독, 불안, 질투, 수치 같은 이름들을 붙인다. 우리의 인간성은 그런 것이다. 그러한 암울한 환경에서 우리는 불안에 휩싸인다. 통제할 수 없다는 사실을 더 이상 부인할 수 없기 때문이다. 따라서 우리는 전형적으로 이전의 관리 시스템—부정, 다른 사람들을 향한 투사, 중독, 광적인 행동—으로 뛰어드는 경향이 있고, 그리하여 늪 속으로 점점 더 깊이 빠져든다. 그 순간에 우리는 달리 갈 곳이 없어서 영적인 위기를 겪기도 한다. 아니 갈 수단이 없기 때문일지도 모른다. 그리고 무력감과 함께 잠정적인 관리 시스템의 실패를 느끼게 된다.

우리는 이러한 늪지대를 피할 수 없다. 그러나 그 늪지대 각각은 우리가 심리적으로 확장되거나 축소되는 선택을 내려야 하는 결정적인 길목에 있다. 무력감을 느끼는 순간 우리는 역설적으로 자유의 두려움을 발견할 수도 있고, 그렇게 우리의 정신은 우리의 한계를 정하는 아난케Ananke, 즉 필연성에서 빠져나올 수도 있다. 오이디푸스조차도—극단적인 낙천가가 전혀 아니었음에도—이렇게 말했었다. "나 자신을 돌아보니 온통 폐허뿐이었지만 그래도 인생은 좋은 것이구나."

기대와 결과의 불일치

우리 모두는 필연적으로 기대를 갖고 살아간다. 우리는 또한 투사와 충동의 프로그램을 갖고 있으며, 그것들은 우리를 떠나 그 과제를 투자할 곳을 찾아 세상 속으로 뛰어든다. 그리하여 우리는 우리를 충족시킬 '로맨스'를 찾는다. 우리는 '마법과 같은 타자'••이자 우리의 투

• Swamplands of the soul: New life from disaml places 참고문헌 참조.

•• 그 '마법 같은 타자'가 사랑하는 사람이든 제도든 이념이든 혹은 신이든 간에 로맨스, 사랑 그리고 관계의 심리적 역학에 대한 보다 충분한 논의는 다음 책을 참조하기 바란다. 《The Eden Project: In Search of the Magical Other》

사가 꽂히는 존재를 발견하고, 사랑하는 그 사람을 통해 귀향하는 환상에 우리를 맡긴다. 그렇지만 우리 모두 알다시피 그 신비로운 '타자' 뒤에는 초라한 현실이 놓여 있다. 그 타자는 우리와 같은 보통 사람의 풍요와 한계를 모두 가지고 있다. 또한 그 자신의 과제를 갖고 있으며, 그것을 우리에게 투사하는 우리와 같은 평범한 사람이다.

마찬가지로 우리는 우리의 가장 깊은 소망과 필요, 두려움을 제도나 이념, 정부나 직장, 신들에게 투사한다. 우리는 우리의 회사, 학교, 교회가 우리를 사랑하고 우리를 보살펴주기를 기대하며, 우리의 파트너가 우리의 필요를 충족시켜주리라 기대한다. 우리의 부모가 그렇게 해주지 못했다는 이유로 그렇게 기대한다. 우리는 어떤 추상적인 신들이 결국에는 모든 일을 잘되게 해줄 거라고 기대한다. 그 유명한 '중년의 위기'라는 것은 정확히 그러한 프로그램과 투사가 손상된 결과이다.• 우리는 경력과 관계, 일련의 역할에 진지하게 에너지를 투자함으로써 그러한 것들이 다양하고 만족스러운 방식으로 투자한 것을 돌려주기를 기대한다. 우리는 새롭고 열광적으로 투사하고 판돈을 올리며 의심이 일어나는 것들을 다시 한번 절박하게 억누른다.

우리는 투사가 일어났다는 것을 깨닫지 못한다. 그것은 우리의 무의식적인 기제가 잘 작동하고 있기 때문이다. 단지 투사가 고통스럽게 해체된 후에야 그토록 큰 과제를 그토록 연약한 곳에 놓았다는 것

• 이 중년의 반갑지 않은 만남에 대해서는 《내가 누군지도 모른 채 마흔이 되었다》에서 보다 상세히 다루고 있다.

을, 사랑하는 사람들이나 다른 사람들 혹은 제도에, 어쩌면 인생 자체에 너무 많은 것을 요구했다는 사실을 깨닫게 되는 것이다.

지도와 지형의 불일치

우리는 모두 인생이란 바로 이런 것임을 보여주는 지도를 받는다. 이것은 하고 저것은 하지 말라고, 이것은 소중히 여기고 저것은 힘써 좇으라고, 이것은 의지하고 저것은 피하라고 말해주는 지도이다. 우리가 받은 지도는 부모와 종교적 교육적 원천, 대중문화 그리고 역사로부터 온다. 때로는 이런 지도가 도움이 될 때도 있지만 때로는 그렇지 못할 때도 있다. 때로는 우리가 다른 누군가의 지도나 콤플렉스, 또 다른 누군가의 개성 있는 과제를 살고 있다는 사실에 만족할 때도 있다. 중세의 성배 이야기에서는 그 신성한 탐색에 나섰던 기사 한 사람 한 사람이 길이 없는 숲속 어딘가로 갔다고 전해진다. 전에 다른 누군가가 걸었던 길을 가는 것은 수치스러운 일이 될 거라 생각해서 그랬다고 한다. 이는 12세기 초에도 누군가는 우리 각자에게 운명 지워진 길이 있다는 것을, 우리는 지금까지 다른 누군가의 길에서 시간을 보내고 있었다는 것을 인식했다는 부정할 수 없는 증거이다.

그럼에도 우리 모두는 생의 전반기 동안 다른 누군가의 길을, 그 지형에 대한 다른 누군가의 지도를 선택하고 그에 따른다. 이는 이해할 수 있는 일이다. 달리 누구를 의지하란 말인가? 어쨌거나 누가 말해주기라도 했을까? 우리는 우리 자신만의 독특한 특색을 지니고 전적으로 개인적인 여행을 하기 위해 이 세상에 왔다는 것을 기억하자. 그리고 우리의 가장 확실한 안내자는 우리의 본능과 직관이며, 우리는 이에 주의를 기울이고 우리의 꿈을 추적하면서 우리의 영혼이 우리의 길에 대한 수정과 암시를 모두 제공한다는 걸 믿어야 한다는 사실을 잊지 말자.

우리는 다른 사람들과 역사, 우리 종족으로부터 많은 것을 배울 수 있지만 우리 스스로도 알아내야 한다. 이러한 지도와 지형의 불일치 경험에 관한 전형적인 사례 가운데 하나는 우리의 형제 욥이 자신의 종족에게 받은 지도이다. 옳은 행동은 옳은 결과로 이어지며, 신앙심이 있는 그의 부족과 신들 사이에는 보상관계a quid pro quo가 존재한다는 것을 믿을 수 있다고 충고하는 지도였다. 무엇보다 욥기는 그의 이해와 투사를 그가 던져진 우주가 받쳐주지 않을 때 벌어지는 낙담과 혼란 그리고 절제절명의 위기에 빠진 선한 사람의 깊은 환멸에 대한 이야기이다. 그가 여기에서 '독실한' 착한 아이와 반대되는 '종교적인' 남자로 나온다는 것은 그의 환멸이 가진 힘에 대한 증거이며, 또한 지도와 지형의 불일치를 통해 바뀐 지형, 수정된 이해로 나아가는 길을 찾는 인물의 강인함을 보여주는 증거이기도 하다. 이야기의 끝에서 그는 이전보다 훨씬 덜 편한 상태이지만 이제 그의 영혼은 더 커졌으며 한때는 무심코 당연시 여겼던 삶의 신비와 보다 확장된 관계를 맺고 있다는 것을 알 수 있다.

거짓된 자기와 타고난 자기의 이상 긴장 관계

나쁜 소식은 우리의 프시케는 자주 우리를 마구 들볶는다는 사실이다. 좋은 소식 역시 우리의 프시케가 자주 우리를 마구 들볶는다는 사실이다. 성숙하지 못할 때에는 고통이 모욕처럼 보인다. 고통을 제거하기 위해서는 모든 걸 알아내야 하고 관리 시스템을 갖춰야 하고 약이 있어야만 하는 것 같다. 우리의 치유 체계에서 너무나 유행하는 피상적 관점에서 보면, 증상은 가능한 한 빨리 제거되어야 하는 것이다. 우리는 방대한 창의력을 동원해 그 일에 전념한다. 그러나 정신역학의 관점에서 보면 증상은 메시지이며, 우리의 삶과 선택, 가치관에 대한 프시케의 실망의 표현이다. 이 실망은 몸의 이상이나 골치 아픈 정서적 부조화, 꿈, 관계 그리고 역사적 혼란을 통해 우리에게 온다. 이러한 증상을 자신과의 관계를 재고하고, 우리의 가치와 계획을 수정하고, 세계와 우리를 관통하는 신비와의 관계를 새롭게 하라는 초대로 해석하는 일이 가장 어려운 과제이다. 하지만 그것은 우리가 신들과의 관계와 역사를 통해 흘러가듯이 우리 개개인의 프시케 안에 놓인 그 본질적인 신비와의 관계를 회복하는 수단이다. 증상은 우리에게 우리의 지도를 재고하고 지형을 재검토하고 여정을 수정하고 우리의 목적을 재고하라고 요구한다. 우리가 여태 사용하던 지도가 더 이상 적절치 않다는 것을 발견하는 일은 언제나 당혹스럽고 심지어 불안을 야기하기도 하지만, 그것은 더 나은 지도나 더 흥미로운 지형, 보다 숙고된 삶으로 나아가는 과정의 시작이다. 놀라운 사실은 우리가 외적인 것과 반대되는 것으로서의 내적인 원천의 고통을 겪을 때, 우리의 프시케는 우리가 그에 굴복할 수 있다면 삶을 완전히 바꿀 엄청난 사실을 보여준다는 점이다. 즉 프시케는 우리의 에고나 문화가 가진 계획보다 우리의 삶에 더 도움이 되는 계획을 갖고 있다. 이는 그저 단순하거나 심지어 이치에 맞는 소리 같기도 하지만, 어떤 에고 의식도 전복이나 비판, 겸손에 신나 하지 않는다. 그렇지만 이런 당혹스러운 해체로부터 우리 삶이 구현하는 진정한 프로젝트가 나올 수 있고 명확해질 수 있다. 그것은 편안함과 예측 가능성을 원하는 우리의 욕망에도 지속적인 변화와 의식의 확장을 요구한다.

◆◆◆

아마 우리는 이 다섯 가지 범주의 불일치를 모두 경험해봤을 것이고 또한 주권에 대한 에고의 환상과 영혼의 현실 사이의 괴리도 겪어봤을 것이다. 그렇다면 이러한 위기를 다루는 데 있어 우리가 택할 수 있는 무기는 어떤 것들이 있을까? 1) 붕괴, 2) 퇴행, 3) 기분 전환, 4) 마취, 5) 변화가 있다.

붕괴

에고의 계획과 세계관, 추정, 지도가 불안을 제대로 다루지 못하고 우리의 필요를 만족시키기 위해 삶을 진전시키지 못할 때 우리는 때로 붕괴를 경험한다. 문화는 그 신화를 잃어버리면 금세 시든다. 선교사들과 상인들이 도착한 지 겨우 한 세대 만에 무너진 폴리네시안 문명을 생각해보라. 난입한 이 무리가 고차적인 진실을 들여와서가 아니었다. 그들이 들여온 것은 관념, 관행, 무기였고, 그것들은 토착민들에게 그들의 신화적 자원이 처리할 수 있는 것보다 더 큰 의문을 안겼다. 아메리카 토착 문명들 역시 한 세대 이상이 걸리긴 했어도 비슷하게 무너졌다. 한때는 도처에 존재했던 아메리카 들소가 신들과의 토템적 연결이었던 카이오와 족의 경우, 이 성스러운 연결고리의 박멸은 거의 즉각적인 부족 정체성의 해체를 초래했다.• 교훈은 분명하다. 집단이나 개인이 신화적 지도의 붕괴를 겪게 되면 중심이 버틸 수 없다는 것, 더 복잡한 것일수록 더 단순한 것을 거의 즉시 파괴한다는 것이다.••

• N. Scott Momaday의 《The Way to Rainy Mountain》 참고. 이 책은 전문적이고 상세한 기술과 더불어 자신의 할머니의 구술을 통해 폭포처럼 무너져 내린 이 부족의 해체를 추적하고 있다.

•• 괴테의 《파우스트》에서 문학적 사례를 찾을 수 있다. 복잡한 파우스트가 단순한 소작인 아가씨, 마가레트의 세계에 침입해 그녀의 인생 지도를 파괴하고 그녀를 자살로 내몬다. 드문 반대 사례는 영화, 〈증인Witness〉에서 찾을 수 있다. 권태에 빠진 형사 필리는 더 단순한 아미시 문화에 의해 회복된다. 비록 그는 자신에게 무엇이 결핍되어 있는지 의식하지 못했지만 그의 영혼이 놓친 가치가 아미시 문화에 있었기 때문이다.

나는 자라면서 '신경쇠약'이라는 말을 종종 들었다, 마치 신경이 피폐해지기라도 한 것 같은 말이었다. 신경증이라는 말과 마찬가지로 18세기 말 스코틀랜드 의사 윌리엄 쿨렌이 만든 이 신경쇠약이라는 말도 기계적이고 생물학적인 모델에 기초한 메타포이다. 신경은 무너지지 않지만 우리의 '지도'는 무너진다. 자신의 가치, 추정, 기대가 심하게 뭉개져 본 사람은 의식적으로든 무의식적으로든 자신이 섬기거나, 그 보상으로 자신의 불안이 관리되고 필요가 충족되던 관념의 붕괴에 원주민들만큼이나 취약하다. 개인적 차원에서든 문화적인 차원에서든 에고-중심이 지탱될 수 없을 때 혹은 초월적 근원과의 역사적 연계가 단절될 때, 에고 의식은 종종 안에서부터 스스로 무너져 내린다.•

소위 말하는 신경쇠약은 경험, 특히 에고의 기대와 일치하지 않는 경험의 압도적인 맹공에 프시케가 잠기는 것이다. 오늘날 자주 듣게 되는 PTSD, 즉 외상 후 스트레스 장애는 9볼트 배터리가 100볼트의 경험으로 꽉 찬 듯 대단히 충격적이고 압도적인 수준의 에너지에 의해 프시케의 자원이 잠기는 것이다. PTSD의 플래시백, 신체적 증상, 혹은 공황발작은 그 압도적인 영향을 재활성화함으로써 주기적으로 프시케의 자원을 파괴한다. 우리는 모두 한계를 갖고 있고 이따금 삶이 그 한계를 압도할 수 있으며 또 압도하기도 한다. 지지해주는 서클

• "곤란할 때나 의심스러울 때는 빙빙 돌면서 비명을 지르고 외쳐라"라는 옛말처럼.

이 있거나 다른 사람들로부터 조롱보다는 연민을 받거나, 혹은 초월적 경험과의 연계가 있는 경우에는 세계에 대한 지도를 되찾고 이내 자신의 여정을 재설정할 수 있다. 많은 사람들이 자신의 삶을 설정한 지도가 이제 더 커야 하며 이때까지 필요해 보였던 것보다 더 많은 것을 담아야 한다는 것을 발견하게 된다. 우리 대다수는 깨진 것을 접합하고 치유하며 때로는 더 강해지기도 하지만 그렇게 하지 못하는 이들도 있다.

퇴행

영적 위기가 닥치면 우리는 자연스럽게 지금까지 효과가 있었거나 효과가 있는 것처럼 보였던 것에 기대게 된다. 때때로 이런 행동은 낡은 가치를 호전적이고 성마른 방식으로 재주장하는 것으로 나타난다. 어떤 종류든 퇴행은 흔히 더 크고 복잡한 문제에는 불충분하다는 게 드러났는데도 다시 낡은 가정으로 되돌아가는 것에 불과하다. 낡은 가정의 미덕은 한때 효과가 있었거나 효과가 있는 것처럼 보였다는 것인데, 거기에는 확실성은 아니라도 이전의 추정적인 안전성에 대한 향수가 있다. 우리는 개인적인 삶에서 자주 우리의 낡은 역할에 기댄다. 자식들이 성장해 집을 떠나자 정체성의 상실을 겪었던 한 여자가 생각난다. 딸이 예상보다 일찍 아이를 낳자 그녀는 지나치게 신나하며 '어머니' 역할로 돌아갔다. 20대의 그녀를 만족시켰던 그 역할은 이제 50대가 된 그녀의 발달 과제를 회피하게 해주었다. 이것이 융이 '페르소나의 퇴행적 복원'이라고 부른 것이며, 이전의 지위나 역할, 이념과 재동일시한 하나의 사례이다. 그것은 예측 가능한 내용이라서 안전성과 대본을 제공하기 때문이다. 새롭고 불확실한 것들 앞에서 우리는 흔히 옛 장소로 돌아가게 되는데, 이로 인해 우리는 종종 성장을 멈추곤 한다. (가령 나이를 먹는 것 자체가 지혜를 가져다주지 않는다는 게 내게는 분명해졌다. 늙게 되면 흔히 유치함과 의존성, 잃어버린 기회에 대한 쓰라림으로 퇴행하게 된다. 여전히 지적, 정서적, 영적으로 성장하고 있는 사람들만이 노화의 풍요를 물려받을 수 있다.)

다른 사람들은 집단에 이끌리며, 그들이 내켜 하지 않는 개인의 권위를 집단의 이념에 섞어버린다. 자신에게 진실인 것을 찾아 그 진실대로 이 세상을 살아가는 것은 분명 인생 후반기 최대의 도전이다. 그렇지만 주위를 둘러보면 큰 모임이든 작은 모임이든 아니면 개인적인 심리 치료에서든, 자신의 가장 큰 기회, 즉 자신의 진리를 찾아 그 진리를 살아갈 기회를 꺼리는 사람들이 보인다. 그런 사람들은 개별적이고 개인적이고 독특한 우리의 여행, 우리의 개성화 프로젝트가 제공하는 풍요로운 발견을 할 기회를 갖지 못할 것이다.

마찬가지로 모든 종류의—정치적, 심리학적, 신학적—근본주의는 확실성과 모호함의 해소, 인생을 어떻게 살아야 하는가에 대한 엄격한 지시 같은 달콤한 약속을 제공한다. 자신이 바라는 것이 무엇이든 그것을 믿는 것은 권리의 문제가 아니다. 이는 당연한 것이다. 오히려 어떤 종류이든 근본주의의 비밀 연료는 두려움이라는 점이다. 다른 사람에 대한 두려움, 도전적이고 변증법적인 가치에 대한 두려움, 변화에 대한 두려움이 그것이다. 이러한 두려움은 충분히 자연스럽고 우리 모두에게 공통되는 것이지만, 그것이 지배적이 되면 자신과는 다른 것을 받아들이지 못하는 편협함이나 심지어 폭력까지도 초래한다. 이는 신문의 1면만 살짝 들여다봐도 매일 확인할 수 있는 사실이다. 내가 나 자신 안에서 받아들일 수 없는 것, 내가 세계의 복잡함에서 감당할 수 없는 것, 내가 당신 안에서 두려워하는 것은 종종 가능한 만큼 당신을 억압하도록 이끈다. 이따금 우리 모두가 겪는 퇴행은 보다 충만한 삶을 살라는, 위험을 무릅쓰고 자기 자신이 되라는, 우리의 다름이 우리의 공동체에 더하는 선물을 받아들이라는 우리에게 온 소환장을 폐기하는 것이다.

기분 전환

우리는 우리의 정신을 산만하게 만드는 것들이 넘쳐나는 문화에서 살고 있다. 17세기의 수학자이자 신학자 블레즈 파스칼은《팡세》에서 당대의 문화가 고통으로부터 왕의 주의를 돌리기 위해 어릿광대를 발명했다고 했다. 그는 왕이라도 자신의 영혼 앞에 홀로 남겨지면 금세 비참해진다는 것을 알았던 것이다. 따라서 어릿광대는 왕의 기분을 전환시키고 궁정을 즐겁게 만들기 위해 이 무시무시할 정도로 광대한 여행으로부터 정신을 다른 곳으로 돌리게 도와준다. 파스칼은 오늘날 우리의 대중 매체와 비디오 게임, 천박한 연속극과 저속한 시트콤, 가상현실이 존재하는 인터넷에 대해서는 어떻게 생각했을까? 그런 것들 역시 우리 시대의 끔찍한 부담을 메우고 우리의 끔찍한 자유를 유혹하는 역할을 맡고 있다. 어떤 문화가 '리얼리티 쇼'를 만들어 내고 홈 쇼핑 방송과 데이트 이벤트를 제공한다는 것은 무엇을 말하는 것일까? 장 폴 샤르트르가 예언했듯이 자유롭다는 것이 이토록 끔찍해진 것일까? 우리가 영적으로 너무 작아지고 너무 무력해져서 그렇게 하찮은 방식으로 영혼의 위기를 겪게 된 것일까?

마취

마취 효과를 지닌 대중문화의 잡다한 오락 외에도 우리에게는 그동안 인류가 위안을 얻고자 이용했던 물질들이 차고도 넘친다. 이 시대 비만의 위기는 역사상 물질적으로 가장 풍요로운 사회가 영혼을 먹이지도 정신의 도움을 얻지도 못했다는 충분한 증거이다. 영혼이 찾고 있는 것이 무엇이든 우리의 식료품 저장실과 냉장고에서는 찾을 수 없을 것이다. (하지만 존경받는 나의 동료 몇몇은 초콜릿이 신성에 이르는 길을 제공한다고 기꺼이 맹세할 것이다.)

물질보다 훨씬 더 미묘한 것이 이념을 진통제로 이용하는 것이다. 1939년 전쟁 발발 직전, 런던의 파스토랄 심리학 길드의 강연에서 융은 T. S. 엘리엇의 말을 빌려 "인류는 현실을 잘 참지 못한다"라는 말을 했다. 그리하여 거대한 사람들의 무리가 좌익 쪽으로 흘러들어가 공산주의를 받아들였고 다른 무리는 우익 쪽으로 가서 파시즘을 포용했다. 이러한 떼거리 본능은 늘 우리 곁에 있었고 앞으로도 그럴 것이다. 왜냐하면 집단이 주는 선물은 개인의 양심이라는 끔찍한 짐과 생각이 깊은 사람이라면 당연히 해야 할 인식의 고투를 양도할 수 있게 해주기 때문이다. 집단에서 나와 우리 자신의 가능성이라는 무서운 자유 속으로 발을 들여야 하는 골치 아픈 질문들을 안고 살아가기보다는 지도자에게 한 팔을 들어 올려 경례를 하는 편이 훨씬 낫다.

미래의 희망은 오직 '신경증 환자'에게서만, 즉 자신의 시대와 개인적인 삶의 의미에 대한 질문을 내면화하고 그 질문에 시달리는 영혼에게서만 발견될 것이라고 융은 결론 내렸다. 이러한 영혼들로부터 이데올로기의 숲을 통과하는 길이 발견될지도 모른다. 집단의 정체성을 자신의 정체성으로 삼으라는 이러한 동일한 요구가 아직 우리에게 있다는 것을 인정하자. 파시스트 정신은 미국을 비롯해 전 세계 어디에나 있다. 그러나 우리 시대에 훨씬 더 강력한 이데올로기는 물질주의와 쾌락주의, 나르시시즘이다. (이슬람 세계와 동양의 문화가 가장 두려워했던 것, 정신을 산만하게 하는 물질주의의 유혹적인 힘이 이제 그들에게 도래했다. 신들을 찾거나 섬기는 것보다 반짝거리는 새 물건과 안락한 위안에 정신을 파는 것이 얼마나 더 쉬운 일인가. 그들의 근본주의적 반동이 그토록 격렬했던 것은 당연하다. 인간은 이미 자신의 정신 속에 은밀한 기반이 마련된 것에 대항할 때 가장 호전적으로 변한다.) 그렇지만 이러한 물질적 환상들이 얼마나 영혼의 관심을 끌지 못하는지, 그런 것들이 우리의 여행에 가져오는 선물이 얼마나 보잘것없는지는 이미 충분히 명백하다. 바로 그렇기 때문에 우리는 그런 것들에 그토록 열렬히 매달리는 것이다. 물질주의, 쾌락주의, 나르시시즘이 우리에게 효과가 있었다면, 정말 그랬다면, 우리는 지금쯤 그것을 알고 있을 것이다.

변화

영적인 위기가 가져다줄 수 있는 청하지 않은 선물은 변화의 가능성이다. 우리는 옛것이 한계에 달하게 되면 1) 옛 신화의 보다 고차원적이고 보다 진화된 형태를 발견할 수도 있고, 2) 더 설득력 있는 신화로 옮겨갈 수도 있으며, 3) 신화 없이 자신의 신화로 살 수도 있다. 혹은 4) 새로운 곳으로 가는 여행을 시작할 수도 있다.

물론 나는 여기에서 신화라는 말을 존중을 나타내는 의미로, 바라건대 우리를 우주, 자연, 관계 그리고 자기Self의 신비와 더 깊이 연결시켜주는 방식으로 영혼을 움직이거나 이끌 힘을 가진 에너지를 충전한 이미지 내지는 관념이라는 의미로 쓰고 있다. 신화 체계는 부족적이든 집단적이든 혹은 개인적이든 간에 초월적인 만남—신들이든, 자연적인 사건들이든, 관계를 맺을 때 우리가 서로에게 전달해주는 신비이든 아니면 우리가 우리 안에서 발견하는 심연이든 간에—에서 비롯되는 이미지를 전달한다. 앞에서 살펴본 것처럼 그러한 이미지를 생명을 주는 신비가 아니라 이미지 자체에 계속 초점을 맞춘다면 결국 우상숭배로 이어질 것이다. 그 자체를 바꾸는 것은 자연의 본성이다. 에너지는 필연적으로 이미지를 떠나 더 새로운 장들 속으로 사라진다. 개인적인 차원에서든 집단적인 차원에서든 우리는 이러한 변화를 반기지 않는다. 문화는 이전의 종교적 이미지나 과학적 상, 컬트적 관습에 매달리기 때문에 무의미해진다. 개인적 차원에서 우리는 항상 이전의 발전 단계를 넘어서야 하지만, 우리 중 얼마나 많은 사람들이 발로 차고 비명을 질러대며 인생의 다음 단계로 끌려가야 했던가? 우리 중 얼마나 많은 사람들이 무릎이 꿇리고 나서야 주의를 기울였던가? 어쨌거나 성장하고 싶어 하는 사람이 얼마나 있겠는가?

다른 모든 형태의 자연과 마찬가지로 프시케도 영원히 성장하고 영원히 진화한다. 우리가 보았듯 에고는 한 번 기어를 넣으면 그대로 유지하며 변화에 저항하고, 그래서 우리는 종종 '좋은 것'이 이제 '더 나은 것'의 적이 되어버린 것을 발견하고 낙담하곤 한다. 때로 우리는 옛날 이미지들의 보다 복잡하고, 보다 정교한 버전으로 기꺼이 옮겨갈 수 있다. 때로는 우리의 영혼이 그 가치관보다 더 커졌기에 옛 가치관을 떠나야 할 때도 있다. (언젠가 한 친구는 이것에 대해 배를 저어 호수 한가운데로 가서 거기서 뛰어내리는 것과 같다고 말한 적이 있다. 누가 자진해서 그렇게 하겠는가?) 때로는 불확실성을 안고 아주 오랫동안 살아야 한다. 우리가 신비의 산에서 더 높은 지반을 찾을 때까지.

내가 경험한 대부분의 사람들은 그들의 옛 지도, 이전의 신화가 한계에 도달했기 때문에 심리 치료를 받으러 왔다. 취리히에서 나의 논문 심사위원이었던 한 사람이 구두시험 중간에 "나의 개성화는 내 신이 죽은 날 시작됐다"라고 엄숙하게 말했던 것을 떠올려보자. 우리 모두는 그녀가 한 말의 무게를 존중했으며, 물론 그녀가 무슨 말을 하는지 잘 알고 있었다. 왜냐하면 우리는 모두 옛것이 한계에 달해서 변신하는 신들과 새로운 관계를 맺는 신비로운 방향으로 내몰렸기 때문이다. 19세기에 니체가 신의 죽음을 선언했을 때, 그는 제도화된 형식과 암기된 표현, 표준이 된 고백, 의례적 행동을 섬기며 기쁨도 변화도 신비도 없는 사람들을 보았다. 어떤 것이든 심리적으로 죽으면 영적으로도 죽는다는 것을 니체는 이해했다. 비록 죽은 것이 수십 년 동안 잠을 자면서 계속 걸어 다닐 수 있고, 심지어 이 영적인 몽유병을 후손들에게 물려주기까지 한다고 하더라도 말이다. 니체는 보다 설득력이 있는 자라투스트라의 신화, 초인Übermensch•의 신화를 창조하고자 했지만, 신화는 위원회로 만들어낼 수 없듯 자신의 의식으로도 만들어낼 수 없는 것이었다. 신화는 아래로부터, 무의식으로부터, 지구의 신

• 니체에게 있어서 초인Overman은 말 그대로 진화된 의식적인 인간을 의미했다. 나중에 나치 신봉자들이 이를 왜곡해서 유용했는데, 그들은 니체가 여러 차례 반유대주의를 가장 저급한 형태의 무지라며 공공연히 비난했다는 사실뿐만 아니라 개인적 의식은 무리를 경멸할 것을 요구했다는 사실까지 무시했다.

들로부터, 땅으로부터 만들어진다. 니체가 말년에 정신발작을 일으켰을 때 그의 적들은 정신의 생명을 진지하게 받아들이려는 그의 영웅적 노력을 천박하게 비판했으며 명백한 그의 무신론을 비방했다. 사실상 그는 전신마비 말기 단계에 있었지만, 내가 보기에는 보수적인 그의 비판자들을 다 합친 것보다 더 많은 열정과 감정적 솔직성, 영적 생명력을 지니고 있었다.

다른 이들은 신화 없이 살고자 한다. 마치 그럴 수 있다는 듯이. 우리는 다른 누군가의 신화를 경멸할 수는 있어도 신화로부터 자유로울 수는 없다. 우리는 모두 '신화의 강물'에서 헤엄치고 있기 때문이다. 우리는 매일같이 대중문화가 내뿜는 유혹적인 에너지의 맹공 속에서 자신의 의식 수준에 따라 굴복하거나 저항하거나 초월한다. 사람들이 내게 신화 없이 산다고 말하면 나는 그들이 우리 삶의 대부분이 콤플렉스라고 부르는 이 파편화된 신화에 봉사하는 것을 의식하지 못하고 있다는 것으로 해석한다.

콤플렉스는 에너지, 설득력 있는 대본, 훈계, 결말이 실린 프렉탈 형태이다. 바로 그렇기 때문에 우리는 우리의 자유를 정당하게 가정하고 선언함에도 우리 역사의 많은 부분이 패턴을 드러내는 것이다. 신화 없이 사는 사람은 없다. 그렇게 생각하는 사람은 매우 무의식적인 사람이다. 유일한 질문은 어떤 신화의 집합체나 어떤 파편, 어떤 훈계, 어떤 후퇴나 도주, 어떤 속성의 욕망이 우리 삶에 주도권을 행사하며 우리 대신 선택을 하느냐이다.

조만간 우리는 모두 알든 모르든 이전의 지도, 우리가 섬겼던 신화보다 더 커진다. 이러한 결절의 순간들은 극도로 고통스러울 수 있지만, 그것은 우리의 지도가 우리가 건너는 지형을 효과적으로 묘사하기에 부적절하다는 것을 가리키거나 이제 성장해 더 나은 사람이 되라는 영혼의 내적이고 강력한 소환이 일어났다는 것을 상징한다. 오늘 나는 30년이 넘는 결혼 생활을 잃어버린 여자와 이야기를 나눴다. 또 어느 부부가 새로 태어난 아기를 잃었다는 소식을 들었다. 그들은 각자 희망과 기대와 투자 그리고 성실한 욕망의 상실을 겪고 있었다. 그러한 고통을 겪는 사람은 이 죽음의 그림자가 드리운 골짜기 너머에 무엇이 놓여 있는지 알지 못한다. 그러나 우리가 갑자기 산 자들의 대열에서 지워지지 않는 한 우리 모두 원하든 원치 않든 새로운 세계로 내몰리게 된다. 중세의 속담에도 있듯이 "고통은 완벽으로 가는 가장 빠른 말이다." 누구도 거기에 가고 싶어 하지 않지만 존 레논이란 사람이 말했듯이, 인생이란 우리가 다른 계획을 가지고 있을 때 일어나는 일이다.

변화는 종종 상징적인 형태로 다가온다. 우리는 당혹스러운 꿈 이미지나 사라지지 않을 증상, 계속 곪아가는 관계 패턴을 갖고 있다. 이것들 각각은 다음과 같은 것을 묻는 소환이다. 영혼이 내게 바라는 것은 무엇인가? 이 변화는 에고의 안락이나 통제 혹은 다른 사람의 승인과는 거의 무관하다는 것을 알아야 한다. 영혼이 내게 무엇을 원하는지 묻는 것은 개인적 프시케의 에너지, 일상적인 에고 의식을 초월하는 에너지를 통해 자신을 투자함으로써 '신들'•의 바람에 따르는 것이다. 신들을 섬기는 것은 에고도 부족도 자신의 부모도 이전의 자신의 상도 아닌 바로 신들이 섬기는 것이 변화하는 것이다.

사람들은 융이 말한 '우리 시대의 신화'인 개성화를 자기애나 자기도취로 오해했다. 사실 그것은 에고가 이전에 받아들였던 것보다 더 큰 가치에 굴복하고 봉사하라는 소환이다. 덴마크의 신학자 쇠렌 키에르케고르는《공포와 전율》에서 그가 '아브라함과 이삭의 스캔들'이라고 부른 것과 씨름했다. 아무리 신의 요구라 해도 양심이 있는 사람이라면 어떻게 자신의 아이를 희생시킬 수 있단 말인가? 이 당혹스러운 우화에서 우리가 발견하는 것은 차라리 역설이다. 초월적인 것에 봉사하기 위해서는 때로 지금까지 우리가 가장 소중히 여겼던 것을 희생해야 한다는 역설. 이런 경우 에고에게는 거의 위로가 되지 않지만 인간은 영적인 확장을 이루게 된다.

우리는 우리의 의지에 반하거나 위기 상황에서 또는 일진이 사나운 날에 고통과 겸허로 얻게 되는 정신의 확장이 있다는 것을 알게 된다. 신화의 죽음이나 무의미의 경험은 우리 여행의 새로운 다음 단계의 시작이다. 운명이나 영혼은—아마 이 둘은 종종 같은 것이리라—아마 우리가 생각해 둔 것이 아닌 우리가 여행의 다음 단계나 가치관

• 신들이라는 메타포는 그 자체로 초자연적인 존재를 가리키는 것이 아니라 우주에 흐르는, 우리 각자에게 흐르는 목적이 있는 에너지에 대한 우리의 존중을 가리킨다는 점을 기억해주기 바란다.

의 수정으로 나아간다는 또 다른 의도를 갖고 있는지도 모른다. 처음에는 그다지 좋지 않을 수도 있지만, 거기로 나아간다면 우리는 더 커질 수 있을 것이다.

10장

나의 이야기를 나 자신이 쓴다는 것

"우리는 우리가 지닌 모든 가정 가운데 가장 크고
가장 심각한 결과를 가진 가정이다."
– C. J. 융, 〈심리 치료〉

"결국 죽게 될 모든 존재는 한 가지 같은 일을 한다.
저마다 내면에 거주하는 존재를 펼쳐 보이는 일이다.
자기는 스스로 나온다, 나 자신이 말하고 쓴다.
내가 하는 일이 나라고, 그 때문에 내가 왔다고 외치면서.
– 제라드 맨리 홉킨스, 〈물총새에 불이 붙듯〉

우리는 외부와 내면의 명령들, 에너지들, 의제들의 격렬한 충돌 속에서 인생을 보낸다. 이 수많은 케이블과 매듭과 네트워크 속에서 우리 개인의 길을 찾는 것이 우리의 과제이며, 특히 정신분석이 떠맡은 임무이다. 육체의 눈은 현상의 세계가 보여주는 단순한 사실성에 유혹되지만, 보이지 않는 에너지가 보이는 그 세계를 지배한다. 그런 이유로 인해 우리 중 어느 누구도 완전히, 심지어 부분적으로도 의식적인 상태를 유지하기가 그토록 어려운 것이다.

모든 인생은 우리의 전기와 이력, 비문의 총합인 이야기들의 실연實演이다. 그러나 우리가 우리 자신이나 타인에게 하는 이야기는 우리가 의식하고 있는 것에 대한 이야기일 뿐이다. 보다 지속적이고 보다 널리 영향을 미치는 이야기는 아주 깊은 원형적 매트릭스나 유전적 성향, 문화 형태, 세대 간 메시지, 이러저러한 반사적이고 반응적인 해석, 본질적으로 이해할 수 없고 때로는 적대적인, 살아서는 탈출할 수 없는 이 세계 속에서 우리가 취득한 방어기제에서 나온다. 그럼에도 우리는 자기 자신이 됨으로써 그리고 역사가 우리에게 제공하는 장애물이 무엇이든 간에 이 세상의 중요한 가치들을 옹호함으로써 개성을 성취하고 다른 사람들에게 가장 크게 기여하라는 부름을 받는다.

정신분석가로서 내가 날마다 하는 일은 표면을 '읽는' 일이다. 우리가 말하는 것과 우리가 말하지 않은 것, 몸이 나타내는 것과 행동이 제공하는 것, 꿈의 이미지가 암시하는 것 등등. 그러나 내가 하는 일은 이러한 외적인 것들이 동시에 존재하는 내면의 드라마가 암시하는 것들을 '읽는' 일에 더 가깝다. 우리는 매일같이 설명하기 어렵고 이해하기 어려운, 대체로 자율적이고 복잡하며 경합적이고 설득력이 있는 이야기들을 구현한다. 우리가 우리의 이야기들을 사는 것이 아니라 우리의 이야기들이 우리를 살고 있는 게 아닐까 생각하면 심란하다.

우리의 소중하고 자기 현혹적인 에고, 선택과 결과에 책임을 지는 데 필요한 에고는 너무나 자주 무의식으로부터 소용돌이를 치며 올라오는 설득력 있는 이야기들의 노예이지만, 환경의 현실적 요구에 가능한 한 효과적으로 응해야 한다. 우리가 따르는 유전자 코드, 원형적 발달 패턴, 그리고 프랙털적인 정신의 대본이 있다는 것을 인정하는 것은 잘해야 겸손이고, 대체로 두려운 일이다. 특히 인생이 우리가 내놓을 수 있는 것보다 더 많은 것을 요구하는 것 같을 때는 더더욱 그렇다. 우리가 우리의 것이라고 주장하는 의식적인 이야기들이 있지만, 시간이 흐르면 우리가 매일 실연하는 무의식적인 이야기들이 훨씬 더 친숙한 우리의 것임이 판명된다. 게다가 더 큰 인류의 이야기, 독특하지만 패턴화된 방식으로 우리의 작은 챕터에 적는 더 큰 인류의 이야기도 있다.

만일 내가 당신에게 "당신의 이야기는 무엇이냐?"라고 물어야 한다면, "당신의 이야기들은 무엇이냐?"라고 묻는 쪽이 더 적절할 것이다. 당신이라는 존재는 단 하나의 이야기나 줄거리, 결말, 배역 혹은 단일한 의미가 아니기 때문이다. 만약 햄릿이 복잡하다는 것이 판명되었고 4세기가 지난 후에도 비평가들에게 수수께끼 같은 인물로 보인다면, 비평가들에게 우리의 삶이 구현하는 그 풍부한 수수께끼들을 한번 생각해보라고 하자. 햄릿은 그저 작품 속 인물일 뿐이고 셰익스피어라는 사람이 쓴 텍스트에 항상 제한된다. 하지만 당신은 어떤가? 당신에게도 햄릿 같은 '이야기'나 '콤플렉스'가 있다. 즉 뭘 해야 하는지 알고 있지만 당신이 알지 못하는 이유로 해야 한다고 알고 있는 일을 하지 않거나 할 수 없는 때가 있다. 그렇지만 햄릿과 달리 당신은 대본에 제한되지 않는다. 당신은 햄릿과 달리 새로운 대사나 새로운 인생의 방향을 선택할 수 있다. 대본 전체를 다시 쓰고, 줄거리를 바꾸고, 결말을 다시 쓸 수 있다. 아닌가?

최근 한 기자가 나를 인터뷰했다. 그녀는 '문제를 해결'하기 위해서가 아니라면, 왜 사람들이 정신분석을 받으러 오는 건지 당연한 질문을 했다. 음, 흔히 사람들은 문제가 있기 때문에 분석을 받으러 온다. 골치 아픈 결혼이나 치료저항성 우울증, 중독 패턴, 방향 상실 같은 문제다. 정신 역학적 접근은 제시되는 '문제'를 무시하지는 않으면서 오히려 그러한 문제들이 우리 삶의 더 큰 이야기 속에서 어떤 역할을 하는지 알아내려고 한다. 따라서 정신분석 요법의 목적은 삶의 문제들에 대한 '해결'이 아니라—해결책이라는 것이 존재할 경우—자신의 이야기가 보다 흥미롭다는 것을 발견하는 것, 우리 각자는 결국 매일같이 제시되는 인생을 규정하는 선택들로 가득 찬 깊은 곳에서 흐르는 드라마의 한가운데에 서 있는 굉장히 사려 깊은 인물이라는 것을 발견하는 것이다. 처음에는 고통에 빠진 사람에게 자신의 이야기를 보다 '흥미롭게' 만드는 것이 당장 도움이 되는 것처럼 보이지는 않겠지만, 우리의 삶은 모두 우리가 친밀하게 관련되어 있으면서도 놀라서 목격하게 되는 펼쳐진 신비다. 보다 풍부한 이야기에 보다 의식적으로 참여할 수 있게 된다면 그것이 결국 큰 선물임이 판명될 것이다. (마침한 친구가 내게 만화를 하나 보냈는데, 거기서 심리 치료사가 내담자에게 이렇게 말한다. "당신을 행복하게 만드는 건 불가능하지만 당신의 불행에 대해 설득력 있는 이야기를 해줄 수는 있답니다.")

우리는 모두 우리 자신과 타인에게 있어 심오하고 자율적인 신비이며, 가장 겸손하고 가장 무섭고 가장 겸허한 순간에 일어나는 신비의 점진적인 현현이다. 우리가 이 행성에 머무는 것은 정말 잠깐이지만 우리는 저마다 우주 에너지의 독특한 운반자들이다. 우리의 작은 역할이 어떤 것이든 그것은 전체에 없어서는 안 될 매우 중요한 것이다. 그 어떤 모자이크도 그 찬란한 개별적인 부분들과 별개로 존재하지 않기 때문이다. 그러니 우리의 이야기들 전체가 우리의 삶이며, 우리가 그 이야기들을 살아가듯 그 이야기들은 우리를 살아간다. 그리고 우리의 이야기는 항상 훨씬 더 큰 이야기의 일부이다.

그것은 경이로 시작된다

당신의 이야기는 세계의 이야기에 싸여 있고 세계의 이야기는 당신의 개인적인 이야기 안에서 펼쳐진다. 어린 시절, 당신이 누군지 누가 세상을 만들었는지 이 모든 것들이 다 무엇인지에 대해 원초적인 궁금증을 가졌던 때가 생각나지 않는가? 위대하고 고상하고 확장적인 이런 질문을 했던 순간만큼 더 충만하게 인간적이었던 때가 있었을까?

그러나 현재 당신이 묻고 있는 '질문'은 어떤 것인지 생각해보라.

"어떻게 하면 경제적 안정을 이룰 수 있을까?", "어떻게 하면 내 아이들이 나의 가치관을 따르도록 설득할 수 있을까?", "어떻게 하면 나의 필요를 만족시켜줄 파트너를 찾을 수 있을까?" 혹은 "어떻게 하면 나를 돌봐줄 사람을 얻을 수 있을까?" 이러한 질문들은 우리를 확장시키는가 아니면 축소시키는가? 그 답변들이 우리에게 지속적인 만족을 주고 있는가? 우리의 질문들이 우리를 소아화하는가, 아니면 역설적으로 어릴 적 최초로 느꼈던 그 경이로움을 일으켰던 질문들로 돌아감으로써 성장하기를 요구하는가?

암묵적이든 명시적이든 우리가 묻는 질문들이 우리의 이야기를 규정해준다. 만일 그 질문들이 우리 부모의 세계에서 너무나 흔했던 질문, "어떻게 하면 사람들이 나를 좋아하고 받아들이게 할 수 있을까?"인 경우 우리는 아마 브리콜레르bricoleur처럼 임시변통에 능한 사람이나 사람들의 갈채를 얻기 위해 몸을 비틀어 꼬면서 사람들을 즐겁게 해주는 곡예사 같은 사람이 되는 걸 배우게 될 것이다. 우리의 질문이 "어떻게 하면 안정을 얻을까?"라면 아마도 우리의 이야기는 두려움에 근거할 것이고, 따라서 지속적인 안정은 언제나 더욱더 멀어지게 될 것이다.• 만일 우리의 질문이 "어떻게 하면 신을 노하게 하

• 심리학이라는 요새에 투자를 하면 할수록—안전하고, 안정되고, 다른 모든 사람들로부터 높이 경계를 치는—미국인이 점점 더 안전과는 멀어지는 느낌을 갖게 되는 이 불안한 시대의 역설이 떠오른다. 벽을 높이 세우면 세울수록 우리는 더욱더 두려움에 갇히게 된다. 울타리는 물리적인 것이든 심리적인 것이든 나를 가둔다. 교통안전이나 국토방위에 투자하면 할수록 우리는 더욱더 큰 두려움에 제약받으며 재정적, 심리적으로도 고비용을 치르게 된다.

지 않을까?" 혹은 "어떻게 하면 신이 내 편이 되게 할 수 있을까?"라면 운명이 정해준 자기 자신으로 살지 않음으로써 신을 더욱더 노하게 하거나 우주와의 망상적인 '거래'를 보다 교묘하게 고안해낼 것이다.

암묵적이거나 때로는 명시적인 그 질문들, 우리의 원가족이 물었거나 혹은 우리의 부족이나 문화가 물었던 그 질문들은 자동적으로 우리의 질문이 되고, 우리는 그 잠정적인 답변들에 따르거나 반항한다. 아니면 무의식적으로 그 질문들의 답변을 찾으려고 한다. 어느 쪽이든 우리는 여전히 다른 누군가의 질문, 다른 누군가의 답변, 다른 누군가의 해결되지 않는 우주와의 관계에 봉사하고 있는 것이다.

지금까지 말한 적은 없는데 예닐곱 살 무렵 나도 이 모든 것의 근원에 대해, 그렇게 해석되고 상상된 이 놀라운 세상의 근원에 대해 골똘히 생각하던 때가 있었다. 나는 내 위로 보이는 저 구름 덮인 둥근 하늘이 작은 방이라고 상상했다. 그리고 아마 구체일 그 작은 방은 거인이나 사상가, 꿈꾸는 자의 뇌의 일부이고, 그리하여 나와 내가 내 주변에서 지각하는 세계는 그 사상가의 생각이거나 꿈일 거라고 상상했다. 그러자 그 사상가가 다른 생각을 하거나 꿈에서 깨어날 수도 있다는, 그리하여 나와 나의 세계가 사라질 수도 있을 거라는 생각이 들었다. 이상하게도 나는 이 우화 같은 상상을 아무에게도 말하지 않았는데, 이미 그러한 생각들로 인해 충분한 비난과 조롱을 받았던 터라 또다시 그렇게 될까 두려웠기 때문이었다.

이상하게도 나는 이 우주적 환상이 무섭지 않았다. 그에 따르면 나는 언제든 금세 사라질 수 있는데도 오히려 그 상상에 매료되었다. 그 이미지는 경이를 통해 나를 이 놀라운 우주와 관계 맺도록 해주었고, 아직도 내게 머물고 있다. 아직도 나는 그 사상가가 다른 생각을 할 수 있다는 것을, 그 꿈꾸는 이가 깨어나 다른 꿈을 꿀 수 있다는 것을 알고 있기 때문이다.• 어릴 적의 그 공상이 나를 떠나지 않는 것은 그것이 더 깊어지고 있기 때문이다. 그것은 그 무한한 경이로 다시 돌아가 신비와 더 풍부한 이야기를 가져온다.

모든 아이들은 이런 질문을 한다. 어른이 되면 분명 우리 모두 원초적 경이와 접촉을 끊고 수치나 두려움으로 침묵하며 각기 시나리오가 따르는 역할들로 나눠질지라도. 나중에 제임스 에이지의 실화 내지는 자전적 소설 《가족의 죽음A Death in the Family》을 접하게 되었을 때 얼마나 공감했었는지 모른다. 자동차 사고로 아버지가 죽은 한 아이가 느끼는 고통과 경이를 이야기하는 이 소설의 다음과 같은 첫 문장은 매일같이 일어나는 우리 일상의 파편들이 항상 더 큰 경이의 맥락에서 일어난다는 사실을 경고해준다. "우리는 지금 내가 테네시 주 녹스빌에서 너무나 성공적으로 어린아이로 위장하고 살았던 시절의 여름 저녁들을 이야기하고 있다."••

그 문장은 언제나 나를 사로잡았다. 분명히 그 아이는 자신의 여행

• 융도 어릴 적 돌 위에 앉아 그와 비슷한 공상을 했다고 한다. 자신이 돌을 '생각하고' 있는 것인지 아니면 돌이 자신을 '생각하고' 있는 건지 궁금해했다고 한다.

•• James Agee, 《A Death in the Family》, p.11.

의 광대함 앞에 서 있다. 내가 믿기로는 우리 모두 한때 그랬던 것처럼. 그리고 그의 감성은 그 저녁 하늘의 위대한 신비와 그 안에 있는 수수께끼와 같은 자신의 자리를 알고 있다. 그의 몸은 작지만 그의 상상력은 크다. 그는 무엇이 자신과 자신의 가족들을 이 순간 이곳에 함께 모이게 했는지 놀랍고 그 이유가 궁금하다. "어떤 우연에 의해 그들은 모두 여기, 이 지구에 있다. 그런데 이 지구에 존재하는 슬픔을 누가 알까, 여름 저녁 밤의 소리에 싸여 풀밭 위 홑이불 위에 누워 있는… 잠시 후 누군가 나를 데려가 침대에 눕힌다… 그리고 나를 받아들이는 사람들, 나를 그 집에서 사랑받는 한 사람으로서 친숙하게 대하는 이들. 그러나 그들은 내가 누군지 말해주지 않을 것이다. 지금도 그리고 앞으로도."••• 에이지에게 경이는 "나는 누구인가?"라는 물음을 통해 나타난다. 그는 어머니의 아들이고 아버지의 고아이지만, 그 물음은 사라지지 않는다. 왜냐하면 우리는 모두 우리가 우리의 관계와 역할, 기능 그 이상의 존재임을 알기 때문이다. 그렇다면 과연 우리는 무엇인가?

감각을 중시하는 엔지니어나 시스템 분석가, 문제 해결사나 회계사 같은 유물론적인 사람들에게 그 질문은 "어떻게 해야 이 조각들을 가장 잘 맞출 것인가?"일 것이다. 생각이란 도구에 불과한 실용주의자들에게 그 질문은 "얼마나 잘 작동하며 그 보상은 무엇인가?"일 것

••• 앞의 책, p.15.

이다. 심미적 감성을 지닌 사람들에게 그 질문은 "그 질감은 어떤가?", "나는 어떤 색이나 형태에 끌리는가?", "대신에 뭔가를 이쪽으로 옮기면 어떨까?"이다. 이 모든 질문들은 원초적인 경이의 표현이며, 보이는 세계를 알리고 또 그 세계를 움직이는, 보이지 않는 세계와 연결하고자 하는 욕망의 표현이다.

그러나 만약 우리의 주된 질문이 "어떻게 하면 내가 안전할 수 있을까?"나 "어디서 날 지켜줄 사랑을 찾을 수 있을까?"나 "어떻게 하면 모든 사람의 호감을 얻을 수 있을까?"라면, 이는 다른 사람들의 반응의 노예가 되는 것이다. 권위와 권한을 외부 세계에 부여한다면 우리는 그 변덕에 더욱더 휘둘리게 된다. (언젠가 어느 동료가 내담자에게 말했듯, "관계에서 안전을 얻기 위해 자율성을 희생했는데, 결국 그 어느 것도 못 가지게 되는 것이다.") 이러한 질문들 각각은 그 자체로는 이해할 만하지만 경이보다는 안전에 봉사하며, 그리하여 우리의 이야기를 축소한다.

가령 제임스 에이지는 아버지의 죽음이라는 중심적 사건으로 돌아가 자신에게 그 사건이 갖는 의미를 찾고자 했다. 그는 원고를 다 쓰고 나서도 다시 쓰기를 적어도 일곱 차례나 했는데, 1955년 죽음이 그를 데려갈 때까지도 여전히 완성하지 못했다. 그는 아버지, 제이의 죽음에 대한 가족들 각자의 반응을 묘사하지만, 모든 것이 돌아가는 축은 언제나 "그런데 나는 누구인가?"였다.

프라하에서 태어난 시인, 라이너 마리아 릴케도 에이지와 유사하게 그토록 다양하고 많은 이질적인 환경에서 우리를 하나로 지탱해주는 없어서는 안 될 심리적 연속성의 실타래를 찾기 위해 어린 시절의 기억을 캤다. 우리가 기억의 저장고에서 불러낸 사건들의 퇴적에서 무엇이 실재했고 무엇이 존속하고 있으며 무엇이 아직도 우리의 자양분이 되는 것일까? 그는 마음의 눈으로 어린 시절 잃어버린 놀이터를, 함께 신나게 뛰어놀던 꼬마 친구들을 떠올린다. 그들의 자발적인 기쁨과 순수함, 그들의 갑작스러운 공포와 도주, 그들의 활발함은 모두 시간과 좁아진 기억의 복도에 의해 지워지며 결국 어른의 중력에 의해 초조해지고, 그들의 비밀스러운 자아와의 연결고리를 상실한다. 그렇다면 감각의 홍수, 사건들의 연쇄, 신나게 뛰어노느라 빨갛게 달궈진 그 몸들에서 무엇이 실재했던 것일까?

이 모든 것에서 무엇이 실재했을까?
그 경이로운 곡선과 함께한, 공들 외에는, 아무것도
아이들마저도 아니었다… 때로 그들 중 한 아이가,
아, 순식간에 아이가, 떨어지는 공 아래로 걸어갔다.•

릴케는 놀라울 정도로 간결한 언어로 어린 시절의 이러한 이미지들에 여전히 묶여 있는 거대한 감정을 불러낸다. 어린 시절 수많은 놀

• 라이너 마리아 릴케, 오르페우스에게 바치는 소네트, 11(제2부), 8. 영역은 저자 번역.

이의 중심을 차지하는 공은 문자 그대로 기억으로서뿐만 아니라 우리에게 곡선을 그리며 돌아오는 시간과 공간에 대한 환유로 쓰인다. 언제나 높이, 저 멀리 던져지는 공은 언제나 땅으로 되돌아올 것이고 또 되돌아와야 한다. 우리 모두처럼. 그래서 언젠가는 죽어야 하는 운명을 타고난 인간인 이 아이들, 천국을 갈망하지만 중력에 매인 이 아이들은 영원히 호를 그리며 땅으로 돌아간다. 그리고 이 공이 기억의 방에서 빙글빙글 돌면서 떠오를 때, 그 그림자는 또 다른 떨어지는 공이자 우리가 덧없는 망명의 세월을 보내는 우리의 행성을 뒤덮는다.

릴케는 어린 시절의 놀이이자 우리의 공통 조건인 곡선, 즉 회귀에 대한 환유이기도 한 공 이미지를 선택함으로써 어린 시절을 성공적으로 회상해낼 뿐만 아니라 우리가 우리의 행성이라고 부르는 또 다른 공, 회전하는 더 큰 공에 매달리는 유한한 지반을 떠올린다. 우리는 지금 각자 놀고 있지만 결국에는 영고성쇠라는 인간사에 발을 들이게 된다. 그것이 우리 공통의 이야기이고 공통의 운명이며 우리가 가진 공통의 위엄이다.

그러니 당신의 기억 속 뒷마당, 남부의 들판, 거리, 공원에서의 순간들을 생각해보라. 그때 당신이 생각만 하고 있었던 때 당신은 무슨 생각을 했었을까? 무엇을 상상했을까? 어떤 섬뜩한 두려움이 당신을 괴롭혔을까? 밤에 침대에 누우면 어떤 이상한 동물들이 침대 밑에서 으르렁댔고 벽장에서는 어떤 놈들이 신음소리를 내면서 서성거렸을까? 낮이면 나는 형 알란과 우리의 트윈베드 매트리스의 스프링을 잡아당기며 먼지 뭉치 한가운데 반듯이 누워 유년기 올림픽의 끝없는 열기 속에서 앞뒤로 질주했었다. 밤이면 똑같은 침대 밑에 악어들이 숨어 있었다. 일리노이에서 악어가 목격된 적이 없다는 사실은 신경 쓰지 말아 달라. 악어들은 거기에 있었다. 타잔 영화를 보고 우리가 알게 된 것처럼 부주의한 아이들의 팔다리를 우적우적 씹어 먹으려고. 그 시절에는 비행기 한 대만 지나가도 집 밖으로 나가 저 멀리 비행기가 날아가는 광경을 바라보며 놀라워하다가, 언젠가 나도 비행기를 타고 그 은빛 실루엣이 데려가는 곳으로 가고 싶다고 간절히 생각했다. 미국 연방 교통 안전청TSA의 공항 노선이 끝없이 늘어난 요즘에도 나는 그 시절의 경이로움을 떠올리려고 애쓴다. 그러나 비행은 여전히 경이로운 것이고 아직도 주목할 수밖에 없는 내 이야기의 일부이다.

어린 시절, 미래의 사건들은 우리를 향해 12월처럼 확실하게 돌진해왔지만 우리는 그것을 볼 수 없었다. 우리는 우리 앞에 닥친 일이 우리가 당해낼 만한 것인지 아닌지 궁금했다. 우리는 '그들', 어른들이 마침내 우리를 한쪽으로 데려가 그게 다 무슨 일인지 말해줄지 그렇지 않을지 궁금했다. 운명, 그 한계의 여신이 사방에서 우리를 속박했지만 실재든 상상이든 선택의 주도권을 놓고 운명의 여신과 다퉜고 우리는 우리의 이야기를 무의식적으로 실연했다. 우리는 진지하고 때로는 필사적으로 '사건들'을, 다른 사람들의 본보기를, 우리의 이야기가 어떤 것이고 어떻게 실연되어야 하고 어떻게 끝나야 하는 것인가에 대해 배울 수 있는 것은 무엇이든 '읽었다'. 우리가 중고등학교에 들어갈 무렵 사춘기라고 하는 것이 닥쳤다. 아니 우리의 국부에서 솟아났다고 하는 게 더 맞을 것이다. 몸은 자라서 원형적이고 무정부적이고 고집불통이 되었지만 우리는 아직 어린애, 이제 성인의 장에 던져진 어린애라는 것을 알았다.

그래서 지금도 우리가 달려온 고속도로를 뒤돌아보면 잔해들이, 희망의 대학살이, 뒤틀린 꿈들이, 많은 사상자들이, 심장이 입은 부수적인 상처가 보인다. 이 모든 것을 누군가의 탓으로 돌리고 싶다. 지나가는 이 모든 장면들에 존재하는 유일한 사람은 우리 자신이니 우리가 우리의 역사 앞에서 어떻게든 책임을 져야 한다는 것을 마지못해 인정할지라도. 이제는 우리 대부분이 알고 있다. 성장한 어른들도 모른다는 걸. 비록 그들 가운데 일부는 자기네는 확실히 안다는 듯 굴었지만. 많은 작은 이야기들이 딸린 우리의 이야기는 여전히 우리를 통과하고 우리는 여전히 그것이 무엇인지, 무엇을 의미하는지, 그리고 그에 관해 우리는 뭘 해야 하는지 알아내려 애쓰고 있다.

최근 공적인 자리에서 이런 문제를 이야기했는데, 어떤 사람이 "왜 이런 것들을 굳이 생각해야 하는 거냐"라고 물었다. 그래서 나는 "음, 안 그러면 다른 사람의 이야기를 살게 될 테니까"라고 대답했다. "내가 행복하면 됐지 그게 무슨 상관이냐"라고 그녀는 받아쳤다. "행복에 반대하지는 않지만, 그건 자기 인생의 가치와 깊이에 대한 빈약한 척도라고 생각한다. 역사를 살펴보면 우리에게 최고의 것을 가져다준 사람들은 흔히 심한 고통을 받았으며 행복한 당근들은 거의 없었다"라고 대꾸했다.• 그리하여 우리의 대화는 끝났다. 나는 그녀가 이런 정체성 문제에 대해 별로 고민하고 싶어 하지 않는다는 인상을 받았는데, 그 모습이 잊히지 않는다. 나는 또한 우리의 프시케는 조롱당하지 않는다는 것을 안다. 그리고 어딘가 내면 깊숙한 곳에 있는 심오한 뭔가가 상처를 받으면 결국에는 증상이나 투사나 강박관념, 아니면 어떤 병변의 형태로 표면으로 올라온다는 것도 안다.••

우리의 이야기를 조사하는 것, 그 역설과 모순을 우리의 것으로 주장하는 것을 회피하는 것은 중독과 산만함과 무감각의 문화 속에 사는 현대인들의 삶에 대한 주된 집착이다. 이처럼 우리의 이야기에 참여하지 않고 도망치는 것을 장 폴 샤르트르는 '자기기만mauvais foi'이라고 했고, 폴 틸리히는 '죄'라고 했으며 심층심리학에서는 신경증이라고 말했다. 그것은 모두 진정한 존재가 아니라는 말이다. 이러한 우리 자신으로부터의 소외를 또 다른 식으로 표현하자면, 우리가 우리의 이야기를 잊어버렸거나, 어쩌면 누군가 다른 사람의 이야기를 받아들였거나, 아니면 파편화된 이야기를 끊임없이 돌려대는 그 에너지가 실린 콤플렉스에게 저작권을 넘겼을지도 모른다는 것이다.

• '행복한 당근'이란 표현은 뉴저지 주 벤트너의 조앤 사라쿠사에게 빌렸다.

•• 병변이란 말은 말 그대로 '고통의 표현'을 의미한다.

잠정적인 이야기

1장에서 봤듯이 우리는 모두 의존성과 의식의 부족으로 인해 우리의 가장 깊은 이야기, 즉 신들이 의도한 이야기를 단념하고 우리가 주변 세계를 판독한 잠정적인 이야기와 교환한다. 우리는 다른 사람들의 이야기를 집어 든다. 우리의 원가족과 대중문화의 메시지를 내면화하면서 점차 우리 이야기의 서술적 실마리를 잃어버린다. 2세기도 더 전에 워즈워스는 〈영혼 불멸에 부치는 송가〉라는 유명한 시를 썼을 때 이러한 현상을 인식했다. 아기는 '영광스러운 구름의 흔적을 남기며' 등장하지만 사춘기 무렵이 되면 일상의 반복과 요구로 인해 우발적인 사건들이 초월적인 것과의 연결을 '평범한 날의 빛 속으로 스러지게' 한다고 묘사했다. 다른 누군가의 이야기가 우리의 이야기를 대신하고 우리의 개성화 소환은 또 다른 이야기로 대체된다.

우리의 이야기를 되찾는 것, 위험을 무릅쓰고 그렇게 하는 것이 융이 말한 개성화 프로젝트이다. 우리는 우리의 잠정적인 이야기, 우리가 받은 대본에 쓰여 있기 때문에 필연적으로 그 이야기들이 구현하는 설득력 있는 이마고에 봉사한다. 자기와 타인의 정신 내부의 원형적 이마고들은 관계에서 그것을 반복하도록 유도한다. 또한 우리는 가족의 한계라는 유리천장, 콤플렉스의 옹색한 상상력, 부족의 주장이 우리에게 가하는 제약에 부딪친다. 우리의 일상, 우리가 펼치는 이야기 가운데 셰익스피어의 말을 빌자면, '시간의 어두운 후퇴와 심연'

에서 그 기원을 찾을 수 있는 유령 같은 검색엔진에 의해 조종되는 이야기는 얼마나 될까?

우리가 자궁 속에 있을 때 폐는 숨을 쉬지 않았고 눈은 보지 못했으며 우리는 내부의 공간에서 시간을 초월해 유영했다. 시간, 의식, 정체성은 우리의 탄생으로 생겨나 대립하게 된 분열의 부수 현상이다. 의식과 정체성의 전제 조건은 철저한 분리의 고통이고, 주체와 대상의 분열이며 연결의 상실이다. 모든 민족이 상실, 즉 '낙원 상태'로부터 이탈을 말하는 건국 신화를 가지고 있는 것은 당연하며, 우리가 그토록 의식에 저항하는 것도 당연하다. 더 나아가 우리가 우리의 절대적 의존성이나 총체적 취약성을 발견할 때, 우리는 그것이 뭐든 가장 집요한 것으로 나타나는 명령에 우리의 이야기를 맞추는 법을 배운다. 그렇게 우리는 우리의 이야기로부터 점점 이탈한다. 나중에 어쩌면 다른 사람들의 이야기를 읽으면서 대안이 있다는 걸 배울지도 모른다.•

바로 오늘 나는 한 여자와 그녀가 갈등 상황을 다룰 때 어떻게 회피 패턴을 습득했는지에 대해서 이야기하고 있었다. 분노 중독인 어머니와 유순한 아버지를 둔 그녀에게 다른 모델이나 다른 뚜렷한 전략은 없었다. 그녀는 성인 시절 내내 회피 패턴을 반사적으로 적용함

• 어릴 적에 나는 전기를 탐독했다. 나는 그 주인공들이 어떻게 세상을 다르게 보았는지, 어떻게 그들의 행동으로 우리가 선택의 폭을 넓혔는지, 어떻게 나의 작은 세계를 열어서 적어도 나의 이야기가 그들의 이야기와 나란히 포함되도록 했는지 알게 되기를 열망했다.

으로써 상당히 골치 아픈 상황을 초래했다. 그러니까 그녀는 자녀들과 직장 동료들을 대할 때는 자기 방해적인 수동성을 보였고, 남편은 그녀에게 폭군처럼 굴었다. 다행히 그녀가 존경하는 사람들이 본보기를 보여준 대안적 선택들, 그녀의 꿈들의 보상적 메시지들, 그리고 그녀가 점진적으로 축적시킨 에고의 힘 덕분에 이 50대 여자는 다른 이들의 반대에도 불구하고 보다 탄탄한 인간적 진실성을 선택하는 지점에 이르게 됐다.

이처럼 원초적으로 습득된 잠정적인 이야기들을 그냥 인정한다고 해서 그것들이 사라지거나 무력해지는 것이 아니라는 점을 상기하자. 초창기 이야기일수록 더 강력하게 강화되고 더 큰 힘을 유지하게 된다. 이야기의 배선이 우리의 눅눅한 지하실로 바로 연결되기 때문인데, 그곳은 파국적인 결과들이 거부권을 보유하고 있는 곳이다. 이 무의식적이고 원형적인 그러나 '파국적인 생각'은 가령 이런 식으로 말한다. "다른 사람들에게 저항하면 그들이 널 파멸시킬 거야. 아니면 다치거나 버려질 거야." 그러한 전망은 말할 필요도 없이 아이들에게 치명적이어서 어른이 된 지금까지도 그로 인해 괴로워한다. 우리의 자유의 문을 지키고 있는 것들은 여전히 크고 위협적이다.

교정책으로 공포스러운 상황을 스스로 찾는 '역공포 조치'를 취함으로써 우리의 이야기를 바꾸는 일은 또 얼마나 어려운가? 누군가의 삶이 비위를 맞추고 보복당하지 않기를 바라며 순응하는 모습을 얼마나 자주 목격하는가? 누군가가 사랑과 안전 그리고 마침내 인정을 얻어낼 수 있기를 희망하면서 반복적으로 나쁜 관계의 수렁에 스스로 빠져드는 것을 얼마나 자주 목격하는가? 유아기적 욕구를 약물이나 권력, 섹스로 전이시키는 사람들을, 혹은 자녀들이나 손주들에게 집착함으로써 삶을 다시 시작하려 한다면서 자기 발전의 다음 단계를 다루는 책임을 회피하려는 사람들을 얼마나 자주 목격하는가?

두려운 곳에서 도망치기보다는 오히려 그곳으로 나아감으로써 우리의 여행을 되찾는 일은 얼마나 어려울까? 철학자 마르틴 하이데거가 말했듯, "끔찍한 일은 이미 일어났다." 그러나 시간을 초월한 핵심 콤플렉스의 영역에서는 파국적인 메시지들이 시간을 초월한 힘과 주도권을 유지한다. 그러니 우리를 무력화시키는 이러한 메시지들에 맞서 우리 자신의 이야기를 되찾으려면 우리는 얼마나 용감해야 할까? 인생 후반기의 최대 임무는 자신의 개인적인 이야기를 쓰는 책임을 떠맡고 세상 속에서 그 이야기를 사는 용기를 획득하는 것이다. 선불교의 옛 선문답에서는 "세상이 만들어지기 전에 네가 가진 얼굴이 무엇이었는가?"라고 물었다. 그 존경받는 현인들은 에고가 살고 있는 이야기, 그것이 포용하는 허구는 진짜 이야기가 아니라는 것을, 따라서 우리 모두 깊은 슬픔을, 잃어버린 집에 대한 향수를 품고 있다는 것을 알고 있었던 것이다. 그 잃어버린 집은 우리 자신이다. 어떻게 그곳으로 다시 돌아갈 수 있을까? 역설적으로 우리는 보다 충만하게 사는 위험한 여행이라는 미지의 무서운 가능성으로 나아갈 때에만 비로소 우리 자신의 고향으로 돌아갈 수 있다. 우리는 저마다 우리의 이야기가 손짓하는 많은 장소들을 알고 있다. 너무나 오랫동안 가지 않았던 장소들, 어떻게든 발을 들이려고 하지 않았던 그런 장소들을.

귀향: 이야기

돌아가서는 안 되는 이전의 장소나 망상적인 유혹이 퇴행으로 이어지는 곳으로 가지 않고 어떻게 집으로 돌아갈 수 있을까? 향수('고향을 향한 아픔'을 의미하는 그리스어에서 유래한 말이다)라는 말을 사용할 때 우리는 감상성의 유혹과 안전하고 친숙한 심리학으로 회귀하는, 누군가 다른 사람의 이야기에 갇히는 유혹의 위험을 무릅써야 한다. 어쩌면 모든 '귀향' 환상 가운데 가장 유혹적인 것은 '마법과 같은 타자'를 찾는 것일지도 모른다. 그러니까 우리를 양육하고 보호해주며 우리가 여행을 하지 않도록 해주는 그런 타자들이다.* 우리의 이야기가 어떤 것이든 그것은 우리가 발견하기를 기다리며 고통과 위험과 불안과 엄청난 고독을 요구할 것이다. 우리가 더 단순한 과거를 더 좋아하는 것은 당연하다.

그러니 신들이 의도했던 집을 되찾기 위해 우리는 어떻게 나아가

- 로맨스는 물질주의와 더불어 소외된 모더니즘의 주된 특효약으로 통하지만, 그것이 이 환상이 머물 수 있는 유일한 장은 아님을 분명히 하자. 이데올로기, 신학, 제도 등 겉보기에는 모두 연결과 위안 그리고 포만의 환상을 제공하는 것 같다. 하지만 그 때문에 우리의 배는 결코 집이라는 항구를 떠나지 못하고 사나운 바다를 항해하지 않으며 우리의 발견을 기다리는 것을 발견하지 못하는 것이다.

야 할까? 최근 한 남자가 다음과 같은 꿈을 꾸었다.

나는 대학생이었는데 어떤 남자 강사를 만나러 갔습니다. 그런데… 그가 회의 중이어서 그냥 나왔습니다.

혼자 캠퍼스를 돌아다니다 자갈길에서 손잡이인지 뚜껑인지가 없는 다 낡은 주전자처럼 생긴 물건을 봤습니다. 살펴보니 안에 건초가 깔려 있고 그 속에 은빛으로 반짝이는 것들이 있었습니다. 녹물에 덮인 동전 몇 개가 보이더군요. 그리고 주전자 밑바닥에는 사슬에 엮인 열쇠 꾸러미 세 개가 놓여 있었는데, 사슬마다 열쇠가 일곱 개씩 매달려 있었습니다. 그 열쇠 꾸러미들 밑에는 사슬에 꿰이지 않는 온갖 열쇠들이 잔뜩 있었습니다. 나는 열쇠 꾸러미 세 개와 낱개로 된 열쇠들을 크게 두 움큼 꺼내서 내 주머니 속에 넣었습니다.

꿈은 거기서 끝난다. 누가 어디서 이런 것들을 가져와 꾸며대는 것일까?•• 이 꿈에서 내가 주목한 것은 이 남자가 다른 사람들의 권위를 받아들이는 데서 자신의 개인의 권위를 발견하는 쪽으로 계속 나아가고 있는 모습을 꿈이 내면으로부터 반영하고 있다는 점이었다.

(우리는 다른 사람들로부터 대안적인 이야기들을 배울 수도 있다.

•• 융 심리학 분석가인 로버트 존슨이 치료 과정을 방해하기 위해 자신의 꿈을 '지어낸' 남자 이야기를 들려준 적이 있다. 존슨이 그의 모든 조작된 모티프가 사실은 이 남자 이야기의 일부라고 지적하자, 그는 울음을 터트렸고 마침내 진짜 치료가 시작되었다고 한다.

그것이 부모나 교사, 멘토나 치료사가 제공할 수 있는 가장 유용한 서비스이기는 하지만, 그런 것을 통해 우리의 여행과 그 여행의 신비를 만날 수 있는 우리의 권위를 찾을 수는 없다. 우리는 그것을 이미 우리의 프시케 속 깊은 곳에 쓰인 더욱 진실한 이야기 안에서 찾아야 한다. 우리가 찾는 것은 가까이에 있으며, 이미 우리를 만나러 오고 있다는 횔덜린의 말을 잊지 말자.)

그 꿈을 꾼 사람은 종교적, 신비적, 문화적 패턴을 통해 수천 년의 역사를 가진 3과 7이라는 숫자가 지닌 원형적 의미•를 특별히 의식하지는 않았지만, 그 주전자 안에서 그를 향해 손짓하는 신비와의 만남은 확실하게 이해하고 있다. 그 용기는 마녀들이 쓰는 솥이든 연금술사가 쓰는 증류기이든 그 사람의 더 큰 영적 삶의 재료를 우려내는 용기이며, 여기서 전체는 그 부분들의 합보다 훨씬 크다. 그러나 그도 우리도 열쇠라는 메타포를 확실히 이해하고 있다. 우리를 위해 바깥세상에서는 무엇이 열려야 할까? 우리의 내면세계에서는 무엇이 열려야 할까? 여기에 많은 열쇠들이 있다. 우리의 몸과 직관과 의식과 끈기와 성찰과 보상과 꿈, 증상, 비전이 모두 그 열쇠들이다.

여기에 항상 거기에 존재하고 있다. 언제나 있었지만 우리는 세상의 떠들썩한 주장에 따르고 복종하면서 그 열쇠들을 불신하는 법을

• 3이라는 숫자는 4가 구현하는 균형 잡힌 대립이 엎어지면서 나타나는 변화와 변혁을 암시한다. 그렇다면 7은 3 더하기 4로, 한층 더 높은 해결책으로 나아가는 발전적 역동성을 향해 움직이는 더 오래된 통합이다. 이 원형적 비밀은 의식에 알려질 필요도 없이 우리의 무의식적인 역학 안에서 여전히 작용하고 있다.

배웠다. 그러나 눈에 보이든 보이지 않든 그 열쇠들은 더 큰 세계로 나아가는 우리의 여행을 시작하라는 소환을 알리기 위해 항상 존재했다. 그러한 열쇠들이 방치되면 영혼의 뭔가가 죽어서 슬프게도 지하로 내려가거나, 눈을 속이는 투사로 바깥세상으로 나오거나, 공허한 오락이나 기분 전환꺼리에 주의를 돌리거나, 영적인 도깨비불을 쫓게 된다. 사실 프시케의 삶의 중심 원리는 다음과 같다고 할 수 있다. 우리 프시케의 현실에서 배제된 것은 무엇이든 병적인 슬픔, 즉 우울증으로서 지하로 내려가거나 아니면 투사를 거쳐 세상으로 나와 결국에는 영원히 우리의 손아귀에서 벗어나려는 것을 붙잡는 부질없는 노력으로 우리를 유혹해 노예로 삼는다.

'귀향'은 이러한 단서들의 증거에 주목하고 그것을 존중하는 것을 의미한다. 그것은 우리가 그 단서들을 진지하게 취급하는 위험을 감수할 것을 요구한다. 그것은 단서들을 쫓아 그것들이 우리를 어디로 데려가기를 원하는지 보는 것을 의미한다. 그렇지만 그곳이 꼭 우리가 가고 싶어 하는 곳은 아닐 것이다. 귀향은 그토록 오랜 자기소외를 겪은 뒤 우리 자신에게로 돌아가는 것을 의미한다. 우리는 이 세상에서 너무 오랫동안 이방인이었으며, 또 우리 자신에게도 너무 오랫동안 이방인이었다. 마침내 집으로 돌아간다는 것은 얼마나 무섭고 얼마나 매혹적이며 또 얼마나 필요한 일인가.

내가 아는 한 사람의 이야기를 본인의 허락을 얻어 인용하면서 우리의 이야기를 쓰는 주제를 다룬 이 장을 마치도록 하겠다. 그 사람은 항상 다른 드러머의 북소리에 맞춰 행진했으며, 투쟁 끝에 자신의 권리를 얻었고 이 오염되고 타락한 세상에서는 보기 드문 진실한 윤리적 관계의 가치관을 갖고 헌신하며 살았다. 그는 우리가 우리 자신의 삶을 들여다보고 이 우주라는 모자이크에 어떤 조각을 가져와야 하는지 숙고한 다음 우리 자신의 이야기를 쓰기 위해서는 우리 자신의 여행을 떠나야 한다고 조언한다.

윤리

나는 항상 강한 직업윤리를 믿었지만
그 정의는 크게 다르다.
나는 학교 성적이 좋지 않았고
이 직업 저 직업 전전했지만
내가 가장 열심히 했던 일은
내가 유일하게 신경 썼던 일은
내가 될 수 있는 최고의 인간이 되는 것이었다.

이런 정의는 계산 업무를 주로 하는 사람들
여전히 성공의 사다리를 믿는 사람들과 대립한다.
나는 그런 면에서 전부 비참하게 실패했는데
그런 경험들 각각에서 진정한 친구를 얻었다.

이 문화, 그리고 다른 많은 문화가 제시하는 정의들은
비슷한 마음을 가진 이들에게는 잘 맞는다.
다른 곳에 집중하는 우리 같은 사람들에게는
대체로 초라할 뿐이다.

나는 날마다 해야 할 일들을 잘 알고 그것을 수행해 왔지만
길가에서 뿔이 가지처럼 갈라진 숫사슴이나
매혹을 일으키는 바위를 볼 때
혹은 특별히 친절한 식료품 상인을 볼 때
살아 있음을 느낀다.

물론 우리에게는 다리를 세우고 계획을 세우는 이들이,
공동체를 만들려는 진정성 있는 사람들이 필요하며,
나도 일탈자가 아니라 필요한 부분이라고 생각한다.

나의 길을 따르라는 것이 아니다.
그래도 신비주의자, 예술가, 시인 같은 사람들을 위한 자리가,
잠깐, 진지한 사람들을 멈추게 할 것이고,

"보세요"라고 말하는 사람들을 위한 자리도 있을 것이다.•

만일 가족이나 문화의 끈질긴 목소리에 굴복하기보다 더 나은 인간이 되는 것을 우리의 소명으로 결정했더라면 우리의 이야기는 어땠을까. 대부분은 아니더라도 많은 사람들이 살아오는 내내 달음박질을 쳤을 것이고, 진실로 여기에 있어 본 적은 없을 것이다. 또 실제로 마음을 온전히 지켜보는 소중한 순간을 경험했거나 왜라고 묻거나 아니면 신비 앞에 선 자신을 느껴본 적이 없을 것이다. 그 신비가 사랑하는 사람들이나 자연이나 관조나 수공품이나 혹은 신비가 우리를 찾으러 오는 다른 어떤 장에서 발견되든 간에.

위의 글을 쓴 이는 다른 사람들과의 만남에 윤리적 가치를 들여옴으로써, 더 나아가 우리에게 잠시 멈춰 서서 경이의 눈으로 "보라"고 요구함으로써 자신의 여행을 했고 자신의 이야기를 살았다. 어릴 적에도 그는 무엇이 가장 중요한지 뼛속 깊이 알고 있었다. 전 일리노이 주지사이자 유엔 대사인 아들라이 스티븐슨은 한 국가의 도덕적 척도는 GNP가 아니라 가장 혜택을 못 받는 국민들을 어떻게 대하느냐에 달려 있다고 했다. 이 청년은 우리가 떠난 뒤에도 남는 것은 우리가 어떤 일을 했는가가 아니라 그가 어떤 사람이었고 얼마나 많은 사람들의 마음에 가닿았는가 하는 것임을 잘 알고 있었다. 우리가 무엇을

• 〈윤리〉, 티모시 제임스 홀리스가 이메일로 내게 보낸 시.

축적했는지가 아니라 우리가 없어서 무엇이 슬픈가라는 것을.

중요한 것은 진정한 우리 자신이 되는 것이다. 융이 다음과 같이 상기시켜주었듯이.

개성은 살아 있는 존재가 타고난 특질의 최고 실현이다. 그것은 인생에 정면으로 뛰어드는 굉장히 용기 있는 행위이다…. 참된 개성은 언제나 소명이며 또 그 소명을 믿는 것이다. 보통 사람들의 말처럼 그저 개인적인 느낌뿐인데도 신을 믿듯이. 그러나 소명은 탈출구가 없는 신의 법칙처럼 작용한다. 자신의 길을 가는 이들 중에 파멸로 끝나는 사람이 많다는 사실은 소명을 가진 이에게는 아무런 의미가 없다. 그는 자신의 법칙에 따라야만 한다. 소명을 가진 사람은 누구나 내면에서 울리는 사람의 목소리를 듣는다. 그는 부름을 받는 것이다.••

개성은 선물이 아니다. 그것은 계속되는 투쟁이다. 그 선물은 나중에야 얻어지며, 내면의 부름에 촉구되어 마침내 우리 자신의 이야기를 쓰는 의식적인 여행을 살아가는 데서 나오는 것이다.

•• Jung, 《The Development of Personality》, CW 17, pars.289, 300.

11장

아모르 파티

"인간이라는 핏줄의 격노와 수렁."
– W. B. 예이츠

우리에게는 삶이라는 선물이 주어졌다. 얼마나 지속될지 불확실하지만 고생하리라는 것은 확실한 선물이다. 아무리 탄식하고 저항하고 타협해도 잠깐 한숨을 돌리는 것이 우리가 얻을 수 있는 전부다. 운명은 많은 이들의 여행을 압도하고 파괴하고 끊어버린다. 나의 가장 친한 친구 넬슨은 대학을 졸업한 직후에 죽었는데 그보다 못한 나는 왜 여태 살고 있는 걸까? 신의 섭리일까? 어쩌면 그럴지도 모른다. 하지만 그런 섭리라면 나는 "됐다"라고 말하며 거절하고 싶다. 그러나 삶을 향해 "됐다"고 말할 수 있을까? 다른 사람들은 죽었는데, 우리가 여기 있을 수 있는 방식은 언제 끊어질지 모르는 필멸이라는 줄에 매달려 심연 위에 떠 있는 상태라니, 우리는 그 사실과 화해할 수 있을까? 그러면 우리 차례는, 이 책을 쓰는(혹은 읽는) 과분한 특권을 받은 우리의 차례는 언제일까?

그저 신경증일 뿐이지만 대체로 신경증을 앓고 있는 우리 같은 사람들은 우리가 우리 자신이 느끼는 고통의 일차적 원인임을 인정하라는 요청을 자주 받는다. 우리는 우리 스스로에 대해 분열되어 있으며 우리 자신의 소외와 혼란 그리고 소심한 순간들에 채여 자주 비틀거린다. 시인 제라드 맨리 홉킨스의 표현처럼, 우리는 우리 자신의 "땀 흘리는 자신이며, 그러나 더 좋지 않은 자신"이다.

우리가 우리의 고통과 우리의 많은 기능장애와 공모한다는 사실을 아는 것보다 더 나쁜 일이 있을 수 있을까? 운명에 압도당한 사람들이나 정신의학 매뉴얼에 따라 '성격장애'로 분류된 사람들도 있다. 상처를 입는 것과 그것이 야기하는 분열 그리고 전적으로 그 상처에 지배당하는 것 사이에는 엄청난 차이가 있다. 이른바 성격장애의 딜레마는 의식을 담은 그 연약한 에고라는 그릇이 상처에 소유당하며, 상처를 입은 역사적 자료와 적응적 생존의 메시지가 자동적으로 기본값으로 설정된다는 것이다. 그리하여 회피성 성격장애는 분리와 반복되는 도피로 살아간다. 그러나 도망치는 인생으로 인해 치러야 하는 대가는 무엇일까? 의존성 성격장애는 안전을 위해 개인의 권위를 희생하면서 어떤 권한도 찾지 못한다. 소시오패스적인 성격은 다른 사람들에게 잔인한 짓을 함으로써 살아가고, 그 결과 끔찍하고 영속적인 고립에 갇힌 삶을 살게 된다. 강박적인 성격은 통제 상실을 두려워하기 때문에 긴급한 관리 시스템의 도움을 받지만 결코 책임자가 될 수는 없다. 항상 또 다른 미진한 부분이나 커버해야 할 부분이 있기 때문이다. 자기애적 성격장애는 다른 사람에게서 긍정의 거울을 찾으려는 불안한 욕망에 지배당한다. 반복적으로 자신의 거울을 들여다보지만 아무도 자신을 마주보며 웃어주지 않기 때문이다. 이외에도 다양한 사례가 있다. 이 나태하고 완고하고 숙명적인 상태들은 분명 우리 조상들이 '지옥'이라고 불렀을 만한 상태다. 그러한 지하세계에는 귀신 들린 꿈, 옹색한 상상력, 지긋지긋한 반복이 그득하다.

일반적으로 신경증인 사람은 자신에게 문제가 되고 성격장애자는 다른 사람들에게 문제가 된다고 대충 구분해왔다. 그러나 성격장애자는 흔히 다른 사람들에게 문제가 되는 것만큼 자기소외에도 시달리며 대안적 가능성으로 나아갈 틈마저 없는 세계에 갇힌다. 소시오패스에게 학대를 당하다 도망친 한 여성에게 했던 말이 생각난다. "당신은 이제 그 사람으로부터 자유로워졌습니다"라고 말했더니, 그녀는 "하지만 그 사람은 결과를 감당할 필요가 없는 것처럼 보여요. 그는 항상 다른 누군가의 삶을 쉽게 망쳐요"라고 말했다. "예, 그게 사실처럼 보이더라도 그 사람은 언제나 공허한 영혼으로 살아야 하지만,• 당

• '공허한 영혼'이라는 수식어에 대해 취리히 동료 아돌프 귀겐부흘-크래이그에게 감사드린다. 그는 소시오패스의 황폐한 내면의 지형을 묘사하면서 이 말을 사용했다.

신은 그렇지 않잖아요….” 그녀가 그 모든 대학살 가운데에서 그의 삶보다 상처 입은 자신의 삶이 훨씬 낫다는 것을 이해했는지 이해하지 못했는지 나는 전혀 모른다. 그녀는 부족하나마 축복을 받았다. 그 소시오패스는 희망이 없지만 그녀에게는 희망이 있었다. 그는 반사적으로 설정된 삶을 사는 반면 그녀에게는 선택권이 있었다. 그는 운명의 노예로 살았지만 그녀에게는 일말의 가능성이 있었다. 그렇지만 우리 모두 어느 정도는 운명을 섬기며 살고 있지 않나? 그저 바위가 또다시 굴러 떨어지는 것을 보려고 바위를 언덕 위로 끝없이 밀어 올리는 형벌을 받은 시시포스의 조건을 우리 모두가 공유하고 있지 않은가? 운명 앞에서도 어느 정도 자유를 행사하고 있지 않은가?

◆◆◆

인간은 항상 신들과 긴장 관계를 유지하면서 살아왔다. 고대의 원형적 상상력은 현대 물리학이 이제야 재전용할 수 있는 에너지 시스템임을 직관적으로 이해했다. 19세기는 기계와 물질의 메타포를 이용했던 반면 20세기는 정보와 가상현실이라는 메타포에 특권을 주었다. 그러나 아인슈타인과 하이젠베르크의 영향과 양자역학의 발전은 정적인 명사 대신 활기찬 동사의 세계를 회복시켰다. 또 헤라클레이토스가 아마 최초로 그리고 가장 잘 표현했던 “모든 것은 불”이라는 말을 생각해보자. (그는 메타포를 이해했다. 어쨌거나 메타포는 그리스어니까.) 비슈누처럼 끊임없이 모습을 바꾸고 창조하고 파괴하며 우리의 몸처럼 그 자체를 소비하는 에너지에 대한 메타포인 '불'이란 과연 무엇인가?• 인간의 조건을 다루는 데 있어 우리는 무엇보다 영원히 창조하고 파괴하고 변화하는 에너지를 관찰하고 존중할 필요가 있다. 신God이라는 단어가 너무 많은 콤플렉스와 너무 많은 특정 이미지를 소환하거나 근본주의에 의해 '엄격한 부모'로 고착되어 왔다는 사실을 잘 알기에, 창조적 긴장 속에서 모든 유한한 것들을 통해 흐르는 초월적 에너지와 존중의 관계를 유지하기 위해서는 신들Gods이라는 활기 넘치는 메타포를 다시 수용하는 것이 가장 바람직할 것이다.

우리의 삶을 바라보는 또 다른 방식은 우리는 에너지의 장 속을 끊임없이 헤엄친다고 고백하는 것이다. 고대 그리스인들은 이러한 힘의 장들, 즉 에너지 시스템들 가운데 하나를 모이라moira라고 불렀고 이슬람 세계에서는 키스멧kismet, 즉 운명이라고 불렀다. 이는 온갖 한계와 경계와 범위를 가진 유한한 창조 에너지이다. 당신은 유전자 코드, 한 쌍의 부모, 문화적 맥락, 시대정신을 가진 특정한 사람으로 태어나며 이러한 현실들에 의해 상당 부분 규정되고 한정된다. 동시에 당신은 프로오리스모스proorismos, 즉 숙명이라고 하는 힘의 장 속에서도 헤엄치는데, 그것은 팽창하는 가능한 결말들의 장이다. 숙명은 생성될 수 있는 것은 무엇이든 포함한다. 따라서 성격이나 편향된 시각,

• "녹색 도화선을 통해 꽃을 몰아내는 힘은 나의 파괴자"라는 딜런 토머스의 자기모순적인 멋진 표현도 떠올려보자.

자기-기만의 능력 등•• 아주 독특한 그 모든 역학을 지닌 유한한 인간은 키타이론 황야의 오이디푸스처럼 운명과 숙명의 갈림길에 놓인다.

'비극적 비전'이라고 불려온 것은 삶에 대한 병적인 시각이 아니라 우리가 구축하는 삶이란 우리가 내린 선택의 영향과 가능성 그리고 누적된 결과들로 촘촘히 짜인 구조라는, 2,600년 전에 나온 매혹적이고 직관적인 인식이다. 나중에—그렇다 하더라도 훨씬 나중에—우리는 우리가 내린 이런 선택들이 우리의 성격이나 제한된 시야, 그리고 알 만큼 알고 있다는 우리의 가정을 반영하고 있다는 것을 마지못해 인정하게 된다. 비극의 '선물'은 파괴가 아니라 우리 삶에 대해 잘 알고 있으며 주도권을 가지고 있다고 추정적으로 가정한 뒤 갖게 되는 겸손이다. 비극적 비전의 목적은 우리는 결코 아는 만큼 알지 못한다는 사실을 우리에게 상기시키는 것이다. 그래도 우리는 여전히 선택해야 하고, 우리가 내린 선택 혹은 회피한 선택에 대해 언제나 책임을 져야 한다. 우리가 '심층심리학'이라고 부르는 것은 이러한 무수한 요인들의 조합을 탐구하는데, 그것은 단지 우리 조상들의 원초적이고 직관적인 인식을 뒤늦게 정제한 것일 뿐이다. 우리에게 심리학이 있다면 우리의 선조들에게는 무의식의 역학과 모티프를 극화한 신화가 있었다. 힘의 장들을 식별하는 것은 어려운 작업이지만 그 힘의 장들은 우리의 삶과 우리가 다른 사람들에게 미치는 영향에서 매일같이

•• 비극적 비전의 연구자들에게 kharakter, hamartia 그리고 hubris로 알려진.

펼쳐진다. 비극적 비전과 심층 치료는 모두 우리 역사의 다양한 수준과 결을 들여다볼 수 있는 렌즈를 제공한다. 우리의 선택이 '좋게' 보이느냐 '나쁘게' 보이느냐보다 더 중요한 것은 그 선택들이 의식의 알려지지 않은 에너지 장들에서 어떤 대본에 봉사하고 있는지 질문하는 것에 고마워해야 한다는 사실이다.

◆◆◆

앞 장에서는 이야기들이 갖는 힘과 그 이야기들을 의식화할 필요성과 그것이 가능할 때 그 이야기들을 수정할 필요성에 대해 주장했다. '이야기들'이라는 이 메타포를 조금 더 자세히 살펴보자. 앞서 살펴보았듯 우리 각자는 사실 많은 이야기들을 갖고 있다. 우리 안에서 활성화된 기억이나 반사적 콤플렉스에는 다 이야기가 있다고 말하는 것이 정확하다. 가령 어떤 콤플렉스에서는 우리가 몇 살이든 삶의 어느 단계를 지나고 있든 우리가 자신 있게 서 있는 바닥이 꺼지면서 프시케의 지하실로, 애타게 다른 사람의 승인을 구하는 취약한 아이라는 존재로 떨어진다. 또 다른 콤플렉스에서 우리는 불량배 역할을 한다. 공언한 가치관과는 반대로 자신의 의지를 상대방에게 강요하면서 언제든 합리화를 완벽하게 준비한 사람의 역할을 하는 것이다. 또 다른 콤플렉스에서는 세상이 아무리 많은 것을 성취한 사람으로 보든 말든, 우리가 느끼는 것을 느끼고 원하는 것을 원하는 것에 대해 기본적인 허락을 받지 못한 존재로 우리 자신을 경험한다. 이러한 콤플렉스들은 모두 다 파편적인 이야기이자 신화적인 힘의 장이고, 우리는 그러한 에너지가 실린 원자가價들에 의해 포섭될 때, 의식적으로든 무의식적으로든 선택을 하며, 우리의 대본에 꼼꼼하게 따른다. 이것이 우리가 공언한 가치대로 자유롭고 의식적으로 살고 있다고 생각하는데도 우리의 삶에서 일정한 패턴이 반복되는 이유이다. 이러한 이야기들에 붙어 있는 그 프랙탈 에너지는 의식을 탈취하고 한동안 에고를 지배할 능력과 또다시 역사에 봉사하는 행동들을 동원할 능력을 갖고 있다. 오로지 의식의 망상만이, 이 순간 온전히 존재하고 있다는 망상만이 여전히 과거에 봉사하고 있는 그 많은 방식들을 부정할 수 있게 해준다. 소설가 윌리엄 포크너가 말했듯이, 과거는 죽지 않으며 지나가지도 않는다.

그러나 이 모든 파편적인 이야기들 밑에는 그 자체로 강력하고 보다 포괄적인 다른 이야기들이 고동치며 우리 삶의 수많은 다양한 장으로 떠오른다. 몇 가지 실례를 들어보겠다.

서른여덟 살의 사회복지사 스티븐은 다른 사람들을 '고치기 위해' 애쓰는 성실한 삶을 살아왔다. 하지만 그는 강박적이고 자기 파괴적인 많은 선택을 통해 자신의 여행을 방해해왔다. 스티븐은 그를 무시하거나 사정없이 깎아내리는 아버지와의 소원한 관계 때문에 괴로워했다. 그러다 아버지가 폐기종으로 임종을 맞게 되자 마지막으로 부자의 연을 이어보고자 아버지를 찾아갔다. "왜 저를 좋아하지 않으셨나요?" 그는 숨을 헐떡거리는 아버지에게 물었고, 아버지는 숨을 헐떡이며 이유를 나열했다. 한 가지가 기억나는데, 이런 거였다. "열 살 때 네가 장난감을 변기에 빠트리는 바람에 내가 그걸 분해해서 꺼내야 했지." 스티븐은 그때를 마지막으로 아버지로부터 영원히 벗어날 수 있었고 그 남자는 그 직후에 죽었다. "그 말은 내가 그에게 실제로 받은 유일한 선물이었어요"라고 스티븐은 설명했다. "여태까지 나는 그냥 내가 좋은 아들이 아니라고 생각했어요. 좋은 아들이 뭐든 간에요. 마침내 그가 내게 준 유일한 선물은 내가 문제가 아니라 아빠가 지독하게 이상한 인간이라는 걸 알게 해준 거였어요." 그것은 작은 선물처럼 보이지만, 스티븐이 하나의 '이야기'를 섬기며 살아왔다는 사실을 기억해야 한다. 틀린 이야기이긴 하지만, 그가 가치 없는 아이로 규정된 이야기였다. 그 이후 그가 내린 많은 선택들은 이 이야기의 부연 설명이었다. 그 암묵적인 이야기가 의식의 문턱을 넘게 함으로써 스티븐은 죄책감을 안기는 역사의 짐을 벗어던지고 다른 선택을 하면서 살아갈 수 있게 되었다. 시간이 흐르면서 자신의 아버지가 무의식적으로 섬긴 이야기들은 무엇이었는지, 그를 그토록 모질게 만들고 다른 사람들을 비난하도록 만든 이야기들은 무엇이었는지 곰곰이 생각하게 되었고, 그러면서 어느 정도 아버지를 용서할 수 있게 되었다. 그의 아버지는 분명 자기 자신도 미워했을 것이다. 융은 자식이 짊어져야 할 가장 큰 짐은 부모가 살지 못한 인생이라고 했다. 그러니 스티븐의 짐은 그의 아버지의 무의식적인 이야기를 사는 것만이 아니라, 자신이 내면화한 아버지의 콤플렉스는 물론 아버지의 보이지 않는 역사까지도 만회하는 책임을 떠맡아야 하는 것이었다. 그렇게 규정되었던 이야기로부터 해방된 스티븐은 이제 자신의 직업이 스스로에게 적합한지, 아니면 다른 누군가의 역사를 고쳐야 하는 노예가 되는 과제인지 더 잘 판단할 수 있게 되었다.

충분히 의식적이 되지 않고서는 운명과 싸움을 시작할 수 없다. 우리는 오히려 운명의 포로로 남게 된다. 우리 모두 우리 삶의 일반적인 패턴을 들여다보고 그것들이 어떤 '이야기'를 섬기고 있는지 물어야 한다. 우리는 미친 짓을 하지 않고 논리적인 일을 한다. 만일 우리가 우리의 행동을 낳는 '이유'를 이해한다면. 그 '이유'는 정확하지 않을 수도 있고 세상을 오해한 것일 수도 있으며, 때와 장소에 따라서만 진실일 수도 있고 심지어 다른 누군가의 이야기를 물려받은 것일 수도 있다. 하지만 무의식으로 남아 있게 되면 우리의 이야기를 지배할 수 있는 충분한 힘을 행사할 수 있고, 그럼으로써 우리 삶의 전개 패턴을 좌우할 수 있게 될 것이다.

나오미라는 여성을 보자. 그녀는 냉정하고 쌀쌀맞은 어머니와 살았으며 아버지와는 만난 적이 없었다. 모녀 경험으로부터 내면화된 분명한 메시지는 "너는 어머니에게 필요한 것을 받지 못하겠지만, 너한테는 어머니뿐이니까 그녀를 보살피는 법을 배워야 한다"였다. 30대인 나오미는 자기애가 강하고 학대적인 여성과 파트너 관계를 맺고 있으며, 자신이 이용당하고—성적으로, 금전적으로, 정서적으로—있는데도 이러한 착취 앞에서 무력감을 느끼고 있다. 어느 정도 거리를 유지한 상태에서 그녀의 원초적인 이야기와 그에 따르는 '지시'에 대해 잘 알고 있는 우리는 그녀가 과거에 얽매여 있다는 게 놀라울 뿐이다. 우리 중에, 아니 우리 모두는 얼마나 자주 이와 같은 침묵의 '지시'에 복창하고 있는 것일까? 자신의 파트너가 자신에게 친숙한 그 부모 자식 대본을, 상대가 전권을 휘두르는 그것이 그녀가 가질 수 있는 유일한 관계라서 필사적으로 버티는 게 나았던 그 대본을 재연하고 있다는 것을 나오미가 깨닫기까지 얼마나 오랜 시간이 걸렸을까. 그리고 우리 '지시'의 원초적이고 원형적인 기원을 발견하고 처음으로 운명의 은밀한 손길을 인정하게 될 때 우리 모두는 얼마나 겸허해지는 것일까.

프랭클린의 사례도 살펴보자. 그는 정서적으로 미숙하지만 교활한 부모를 만나 일찍부터 자신이 원하는 것을 얻기 위해 다른 사람들을 교묘히 다루는 법을 배웠다. 가족의 교활한 스타일을 내면화하자 사업이든 로맨스든 유혹하기 쉬웠다. 그는 여성들이 무슨 말을 듣고 싶어 하는지 잘 알았다. 그들이 부드럽고 섬세하기를 원하면 그렇게 할 수 있었고, 통제력이 있고 결단력이 있는 사람을 원하면 또 그렇게 할 수 있었다. 그렇지만 여성들과의 성공적인 관계는 그를 공허하게 만들었고, 이제 50대에 들어선 그는 사무치게 외로워졌다. 그의 이야기의 이상한 양면성은 그에게 이렇게 말한다. "네가 원하는 것을 위해 상대를 유혹하고 조종은 하더라도 진짜로 가까워지지는 마. 안 그러면 그들이 널 소유할 테니까." 그는 수십 명의 여자들을 사귀었지만 마음 깊은 곳에서는 관계가 고착되는 것을 두려워했기 때문에 어떤 관계도 오래가지 못했다. 만일 그가 다른 사람의 '덫에 걸려' 다른 사람들로부터 예상했던 무력감이나 지배에 속박된다면 어떻게 될까? 우리는 이 관계가 실린 이야기가 프로이트가 '반복 강박'이라고 불렀던 것, 즉 예측 가능한 고통스러운 결말이 보여도 원래의 역학을 되찾아야 하는 필요성 안에서 어떻게 펼쳐지는지 알 수 있다. 프랭클린은 치료 과정에서 자신이 받은 이야기의 힘과 그것이 야기하는 콤플렉스•를 인식하면서 자신의 인생이 산산조각이 나는 것 같은 심한 충격을 받았다.

그는 의식적인 차원에서는 윤리적으로 살고자 했지만 자신이 얼마나 반복적으로 다른 사람들의 프시케를 조종하고, 그들과 자신에게 상처를 입히고 버리고 황폐하게 만들었는지 깨달았다. 그 이야기의 힘에서 벗어나려면, 받은 이야기의 운명적인 강요에서 벗어나려면 운명의 힘을 인정하면서 또한 운명의 지배와도 싸워야 한다.

제넬의 경우도 살펴보자. 그녀의 부모는 둘 다 의욕이 넘치고 자기애가 강한 사람들이었다. 그들은 딸에게 자신들의 가치관에 따라 자

• 이러한 콤플렉스는 종종 'puer aeternus' 또는 여성의 경우 'puella aeternus'라 불리며 '영원한 아이'라는 뜻을 담고 있다. 그런 사람은 일단 부모라는 인물로부터 실질적인 심리적 지배를 경험했기에 여전히 부모의 이마고의 지배를 받으며, 이 관계에서 저 관계로 춤을 추듯 돌아다니지만 타자에 붙잡히는 것을 두려워한다. (이 콤플렉스에 대한 자세한 논의는 Marie-Louise von Franz, 《The problem of the Puer Aeternus》 참조.)

신들의 기준에 부합하는 사람과 결혼하고 자신들이 '성공'이라고 생각하는 방식을 따르라고 요구했다. 제넬은 내 상담실에서 눈물을 흘리며 많은 시간을 보냈고, 자신을 '실패작'이라고 생각했다. 똑똑하고 재능 있고 자립적인 그녀가 왜 이런 결론에 도달했을까? 음, 우선 그녀의 부모는 계속해서 그녀를 깎아내리고 비판하고 훈계했다. 그들은 그녀가 하는 일을 좋아하지 않았고 그녀의 남편을 좋아하지 않았으며 그녀가 하는 정치 활동까지도 좋아하지 않았다. 그녀는 "왜 나는 이렇게 비참하고 한심한 걸까?" 하고 다양한 방식으로 물었다. 그들과 정반대로 나는 그녀가 영웅이며, 매우 성공한 사람이라고 생각한다고 말하자 그녀는 믿지 못했다. 어떻게 그게 사실일 수 있느냐고 그녀가 물었을 때, 나는 지금도 그렇지만 어린 시절부터 사춘기와 대학 시절까지 정서적으로 문제가 생겼을 때는 그녀가 받은 '대본'을 따르고 있었던 때였음을, 그녀 자신의 것이 아니라 다른 누군가의 이야기를 실연하고 있었던 때였음에 주목해야 한다고 대답했다. 그럼에도 그녀는 부모의 바람과는 상당히 반대되는 가장 중요한 어른의 선택들을 했는데, 그것은 반항도 과잉 보상도 아니었다.

우리는 그녀 부모의 대본은 실제로 그녀를 위한 것이 아니라 오히려 자신들이 한 선택에 더 만족하기 위한 것이었다고 결론 내렸다. 간단히 말해 평생에 걸친 그들의 갈등 관계는 그녀를 있는 그대로 사랑하기 위한 것이 아니라 그들의 자기self와의 흔들리는 관계를 떠받치려는 그들 자신의 자기애적이고 강박적인 노력에 봉사하는 것이었다.

나는 제넬에게 당신은 영웅이고 성공한 사람이라고 했다. 왜냐하면 마침내 그녀는 부모의 콤플렉스보다 그녀의 영혼과의 관계에 특권을 부여한 다른 선택을 했으며, 그렇게 함으로써 다른 이야기를 창조했기 때문이다. 당연히 그녀에게는 부모가 자신을 사랑하고 보호하고 승인해주는 대가로 부모를 기쁘게 해주려는 원형적 욕구가 있었지만, 그러한 깊은 욕구는 더 이상 그녀를 위해 자동적으로 선택하는 것이 아니었다. 그녀는 '성공'했다. 왜냐하면 위험을 무릅쓰고 자신의 재능과 정서적 삶, 그녀 자신의 사회정치적 가치를 실현하고 있었기 때문이다. 간단히 말해 그녀는 어른이 되었다. 모든 것을 시시하게 만드는 이 진부한 시대에 그것은 상당한 성취이다. 아직도 그녀는 매일같이 그 원형적 메시지들이 아무리 매복 공격을 해대도 꾸준히 자신의 길을 개척하면서 운명이 설치한 다양한 덫을 헤쳐 나갈 길을 찾고 있다. 그래서 그녀는 영웅이다.

운명과 싸우고 운명을 사랑하고

이제 우리의 이야기는 의식과 모험, 용기, 에너지의 투자 그리고 끈기가 있으면 바뀔 수 있다는 요점에 도달했다고 믿는다. 어떤 이야기들이 내면화됐는지, 그 이야기들이 어떻게 반복적으로 과거를 현재에 강요하는지 그리고 우리가 어떻게 역사의 지시를 가능성이라는 더 큰 틀로 전환할 수 있는지 알아내는 지속적인 치료는 해방에 이르는 하나의 길에 불과하다. 나는 종종 심층 치료의 진정한 목표는 '치료'가 아니라고 주장해왔다. 왜냐하면 인간의 조건은 질병이 아니기 때문이다. 일상생활의 실제적이고 저항적인 문제들도 다뤄질 수 있으며 또 다뤄져야 하고, 그 해결책에는 의식과 지향성이라는 자원이 충분히 영향을 미칠 수 있고 또 미쳐야 한다. 그러나 심층 요법, 아니 진실로 의식적으로 숙고하는 삶의 진정한 선물은 자신의 여행의 의미를 둘러싼 더 깊은 대화를 하게 되는 것이다. 그런 대화가 없다면 우리는 자신의 삶이 아니라 외부로부터 받은 피상적인 삶을, 혹은 콤플렉스와 이데올로기에 봉사하는 삶을 살게 된다. 하지만 그 이야기의 바뀔 수 없는 부분, 우리의 부정이나 우리의 산만함, 우리의 성실한 최선의 노력에 저항하는 부분들은 어떻게 해야 할까? 아마 그때부터는 우리 선조들이 역설적으로 아모르 파티amor fati라고 불렀던 우리의 운명에 대한 사랑의 감각을 되찾아야 할 것이다.

우리는 어떻게 우리의 운명과 싸우며 더 큰 삶 속으로 들어갈 수 있는 틈을 내면서 우리의 운명, 특히 고통스럽고 제한을 가하는 운명을 사랑할 수 있을까? 물론 이 문제는 철학의 가장 오래된 난제 중 하나인 자유와 결정론 사이의 논쟁이다. 솔직히 나이가 들수록 내담자들의 삶 속에서 펼쳐지는 패턴뿐만 아니라 나 자신의 삶에서도 더 많은 패턴을 보게 되고, 우리는 마지못해 우리가 믿는 것보다 훨씬 더 자유롭지 못하다는 결론을 내리게 된다. 더 나아가 오늘날 '자기계발서'로 통하는 책들 대부분을 터무니없다고 생각하게 된다. 왜냐하면 그런 책들은 삶의 복잡성을 무시하고 변화에 필요한 열정과 헌신에 대해서는 대충 얼버무리고 넘어가면서 만병통치약인 것처럼 있을 수 없는 약속만 남발하기 때문이다. 우리 영혼의 깊이에 대한 이런 진부한 모욕은 거의 항상 실망과 환멸, 더 나아가 자기 징벌로 끝날 것이다. 왜냐하면 그런 것들은 운명의 거대한 힘, 즉 신들의 막강한 힘을 무시하기 때문이다. 게다가 무의식은 무의식적임을, 그리고 우리를 광활하고 음침한 바다로 휩쓸어가는 강력한 물결을 존중하지 않을 수 없다는 점을 겸손하게 상기시켜주지도 않기 때문이다.

에고 의식에게 가장 기만적인 것은 프시케가 겉모습을 자유자재로 바꾸는 변신의 귀재이고 변화무쌍한 수수께끼지만, 그 밑에는 보이지 않는 항상적인 역학적 패턴이 있다는 점이다. 마찬가지로 그 늙은 바다의 신 프로테우스는 영원히 속인다. 각각의 파도는 모두 다르고 연약하고 부서지기 쉽지만 바다는 여전히 밀물과 썰물의 수학적 진행의 법칙을 섬긴다.

우리의 삶에 스며드는 결정론적인 힘들에 대한 점증하는 인식에도 불구하고 나는 더 큰 가능성을 향해 좁은 틈을 벌리는 권한을 부여하는 중재자로서 나의 사적이고 직업적인 삶을 가르침과 치료에 바쳐왔다. 개인적으로는 어쩌면 이 유혹적인 자유의 환상에서 가장 무자비한 결정론이 발견될 수도 있다는 점을 인정하면서도. 그럼에도 장 폴 샤르트르가 말했듯이, 우리는 어떤 구체적인 상황에서 마치 우리가 자유로운 것처럼 행동하고 있는지도 모른다. 실존적 반항이나 자유에 대한 환상에 의해 행동하는 것은 우리의 존엄과 도덕적 선택 그리고 책임감의 원천일 뿐만 아니라 우리 가치관의 불가피한 토대이다. 냉담한 우주나 변덕스러운 신들의 수동적인 장난감에 불과한 존재가 되지 않으려면 결국 우리는 우리의 운명을 '사랑'하지는 않을지라도, 운명의 손아귀에서 빠져나오려는 우리의 삶을 사랑할 수는 있다.

운명에 진 빚

만일 우리가 자유롭다고 생각하고 싶은 만큼 자유롭다면 살아가는 일이 그다지 힘들지 않을 것이다. 우리는 적절한 선택을 주도적으로 할 것이고 인생은 대체로 우리가 의식적으로 계획한 대로 잘 흘러갈 것이다. 이 책을 읽는 독자라면 분명 이제 그런 환상을 초월할 만큼 성숙했을 것이다. 어쨌거나 무엇이 우리를 이렇게 꼼짝달싹할 수 없는 막다른 골목으로 데려온 것일까? 그리고 그것이 우리의 책임이 아니라면 과연 누구의 책임일까? 분명 우리의 삶에는 항상 다른 힘들이 작용하고 있고, 그 힘들은 흔히 우리의 의도나 욕망과는 상반되는 의지와 의제를 갖고 있다. 알다시피 우리의 선조들은 이러한 힘을 '신들' 혹은 다양한 이름으로 불렀고, 또 우리 선택의 부정적인 결과를 죄라고 부르거나 '신들'의 분노를 산 것이라고 간주했다. 그렇다면 신들은 그 안에서 우리가 헤엄을 치는, 하지만 우리의 의식적인 삶을 초월하고 우리의 개인적인 능력을 능가하는 원형적인 힘의 장이다. 따라서 비극적 비전이나 죄와 형벌이 가능한 구원의 드라마는 이러한 전제적인 힘들과 올바른 관계로 되돌아가는 이야기다.

우리의 삶에 미치는 운명의 그 무거운 영향력을 합리화하지는 못했지만 역사적으로 수용해온 방식 중 하나는 카르마라는 개념에 있다. (이 단어는 시간을 지배하고 결말을 관장하는 트로이카, 처녀와 어머니와 쭈그렁 노파로 현신하는 삼중의 여신으로 숭배됐던 카Car로 거슬러 올라간다. 그 여신이 하는 다양한 일에서 모든 사건들이 흘러나오는데, 여기에는 우리의 '가장 자유로운 선택'도 포함된다.) 결정론의 힘을 인정하고 받아들일 수 없는 것을 받아들이는 것, 즉 우리에게 선택의 여지가 없다는 것을, 정말이지 대안이 없다는 것을 인정하는 것은 우리가 새로운 카르마를—역사의 축적물, 결과들의 폐기물—섬기고 낳는다고 주장하는 것이다. 이 삶이 우리에게 가져다준 임무에 긍정적으로 충실히 봉사하면 역사의 누적된 무게를 조금이나마 제거할 수 있으며, 다음 라운드의 카르마와 싸움에 대비해 영혼을 자유롭게 해줄 수 있다. 그렇게 충분히 받아들이고 회개하면서 충실하게 살다 보면 마침내 역사의 쇠사슬에서 벗어나 열반에, 무의 자유에 이를지도 모른다. 그동안은 이 에고와 우리가 현재의 삶이라고 생각하는 무의식이라는 광대한 내면의 바다에서, 우주라는 훨씬 더 광대한 우윳빛 바다에서 오르락내리락하면서 깐닥거리는 얇은 조각에 지나지 않을 것이다.

우리의 시대와 공간의 카르마적 메시지 가운데 가장 음흉한 메시지는 아마도 우리가 자식들에게 하는 "너는 꼭 성공해서 부자가 되고 힘 있는 사람이 되고 올바른 사람과 결혼해야 된다"와 같은 말일 것이다. 그리하여 아이는 부모의 신경증에 봉사하는 일에 나서게 되고 자신 혹은 자신의 영혼으로부터 점점 멀어진다. 또는 앞에서 봤듯이 '상처받은 치료사'라는 모티프 역시 아이 자신의 건전한 분투가 어떻게 다양한 메시지를 가진 가족 환경이 정의하는 규범에 의해 왜곡될 수 있는지 보여주는 사례이다. 그러한 메시지들 가운데 첫째가는 것은 다음과 같은 암묵적인 권고이다. "네가 여기 있는 것은 네 인생을 살기 위해서가 아니라 주변 사람들의 망가진 여행을 고치기 위해서다. 어쩌면, 어쩌면 그다음에… 마침내 네 인생을 살게 될 수도 있을 것이다." 그래서 아이들은 명시적이고 암묵적인 메시지들의 힘에 반응해 그 메시지들을 반복하거나 거기에서 달아났다 되돌아오기를 되풀이하거나 아니면 약이나 오락 같은 것을 통해 그 메시지를 고치려 들면서 자신의 삶을 보내고 또 자신의 자식들에게 물려준다. 융이 말했듯이 그 사람의 "상처 뒤에는 그의 특별한 재능이 있다." 그곳이 그 사람의 에너지가 투입되고 가장 능숙한 적응이 이루어지며 자아와 세계에 대한 태도가 고정되는 곳이기 때문이다. 세상의 상처를 고치고자 애쓰는 사람들로부터 선한 많은 것이 나왔지만 정작 그들은 얼마나 자유로울까? 그리고 만일 그들이 진정으로 자유롭게 우리 모두의 내면에 있는 위대한 영혼을 섬겼더라면 그들은 살아오면서 어떤 일을 해냈을까?

게다가 우리는 유전학, 뇌의 화학반응, 사회생물학으로부터 더 많은 것을 배울수록 우리의 삶이 유전적 힘에 의해 움직인다는 것을 더 많이 알게 된다. 영어 fate은 '말하다'를 의미하는 라틴어 fatum에서 나왔다. 따라서 신들이 말했으니 그것으로 끝인 것처럼 보였을 것이다. 우리는 고대 그리스의 상상력이 구체적으로 세 가지 운명을 의인화한 것을 기억한다. 우리 각자 개개인의 몫을 나눠주는 라케시스, 이렇게 주어진 것들을 반복하고 승인하는 클로토, 인과의 그물을 짜서 우리를 필연성에 가두는 아트로포스. 거기에다 아난케로 의인화되거나 비인격적인 '필연성' 같은 내적인 법칙들로 모든 것에 한계를 정하는 구조적 요소들도 있다. 그에 의하면, 가령 떠오르는 것들은 결국 땅으로 떨어지듯이 삶은 거의 계획된 것처럼 보인다. 실로 운명 앞에서 두 손을 든 이들은 적어도 일관성을 자신의 편으로 갖게 된다. 하지만 에머슨은 어리석은 일관성이란 소심한 자들의 도깨비라고 말했다.

이러한 요소들의 조합 말고도 kharakter라고 불리는 우리 각자에게 독특한 성격이라는 것도 있다. 이 단어는 표시를 하는 도구에서 파생된 말이다. 따라서 우리에게 표시된 새겨진 요소들이 있는 것이다. 성격은 조금 교정이 가능하다고 하더라도 우리 모두에게는 타고난 성향이 있다. 스포츠가 성격을 형성한다는 진부한 말은 물론 거짓이다. 오히려 스포츠 작가 헤이우드 헤일 브룬이 말했듯이 "스포츠는 성격을 드러낸다." 우리 모두 나쁜 짓을 한 적이 있지만 어느 누구도 '나쁜 성격'을 가졌다고 인정하지는 않는다. 사실, '나쁜' 짓을 한 번도 해본 적이 없는 사람은 상당히 피상적이고 소아적일 텐데, 오히려 그것이 나쁜 것이다.

그렇다면 우리 중 어느 누가 운명에 만족할까? 우리 모두는 욕망은 무한하지만 능력은 유한한 존재들이다. 이런 문제는 그저 어제의 유행처럼 다락으로 치워버리면 되는 걸까? 우리는 운명에 무엇을 빚진 걸까? 만약 그렇다면 자유로워질 가능성은 있는 걸까? 사실 여기에 진짜 문제들이 있다.

간결하게 표현하자면, 생명을 받은 우리가 운명에 빚진 것은 두 가지이다. 인생을 온전히 사는 것과 그 대가로 죽는 것. 신경증적인 에고 혹은 신경증적인 문화가 아무리 아니라고 해도 우리는 모두 삶에 죽음을 빚졌다. 사실 어쩌면 삶에 많은 죽음을 빚졌는지도 모른다. 가령 많은 사람들이 부처를 존경한다. 부처가 이 생을 위해 죽을 수 있었기 때문이다. 예수도 존경한다. 그가 "내 뜻대로가 아니라 당신의 뜻대로"라고, 더 나아가 "네가 죽지 않으면 살지 못하리라"라고 말할 수 있었기 때문이다. 이 두 가지 문화적 패러다임은 다 개성화의 길을 의인화한 것으로, 우리가 그들의 삶을 살아야 한다는 것이 아니라—그들이 이미 살았다—우리를 가장 깊은 삶과 죽음 속으로 부르는 것에 항복해야 한다는 것을 의미한다. 가령 나는 치료의 맥락에서 극한의 고통을 받은 사람에게 "이 순간부터 당신의 삶의 의미는 이 상황에서 당신이 얼마나 당신 자신을 좀 더 온전히 표현할 수 있는가가 될 겁니다"라고 여러 번 말했다. 진짜 병적인 것은 부정 딱 하나이기에, 우리는 상처를 입은 그 충격을 부정함으로써 운명으로부터 달아날 수는 없다. 그러나 운명을 붙들고 씨름할 수 있고, 가끔은 운명이 가하는 한계에도 불구하고 승리할 수 있다.

여러 가지 사례가 떠오르는데, 그중에 자신을 사랑해준 사람이 아무도 없었다고 슬픔을 토로한 여자가 있었다. 따라서 그녀의 과제는 자격이 없다는 이러한 메시지에 봉사하는 나쁜 선택들의 역사에도 자기사랑self-love의 형식을 찾는 것이었다. 그녀는 꿈들이 의식을 초월하는 곳에서부터 그녀에게 말을 걸었다는 것을 알게 되면서 차차 그녀의 전기에 의해 생성된 많은 콤플렉스보다 그 생성적인 자기Self를 더 많이 신뢰하게 되었다. 그녀의 꿈들은 자주 그녀에게 그녀가 돌봐줘야 하는 '아이들'을 선사했다. 돌봐줘야 마땅한 이 연약한 아이들을 알아서 살라고 놔두는 것은 생각도 할 수 없는 일이었다. 우리는 이 반복적인 이미지에서 에고보다 더 크고 콤플렉스보다 더 큰 뭔가가 그녀를 '사랑한다'는 것을 그리고 치유에 적극적으로 참여하라고 그녀에게 요구한다는 것을 볼 수는 없는 것일까? 그녀는 그 가능성을 보고 믿게 되었다. 현재 그녀의 삶에 슬픔이 없는 것은 아니지만 그녀는 그 어느 때보다 풍요롭고 더 많은 자율성을 갖게 되었다.

또 경쟁적인 성공과 권력 그리고 돈에 대한 욕망을 좇다 마침내 무릎을 꿇고 자신이 바람을 피우고 약물을 사용했던 것이 아주 오랫동안 내면의 고통을 마비시켜왔다는 사실을 깨달은 남자도 있다. 그는 이제 정신을 차리고 서로에게 헌신하는 관계를 맺으면서 처음으로 자신의 삶을 사랑하고 있다.

우리는 우리가 통제할 수 없는 상황에서 의미 있게 살려고 애쓰기 때문에 이러한 사례들은 수천 번씩 반복될 수 있다.

어쩌면 운명에 관해서는 고대인들의 생각이 옳았을 것이다. 어쩌면 새로이 부상하고 있는 결정론적인 과학적 보고들이 옳을 것이다. 어쩌면 우리는 삼사라의 철 수레바퀴에 메여 있는 것인지도 모른다.• 하지만 그래도 우리는 우리의 삶을 최대한 충만하게 살기 위해 여기에 있다. 운명에 경의를 표하면서, 우리가 뛰고 있는 이 경기장을 신들이 선택했다는 것을 인정하면서, 그래도 우리는 게임을 하기 위해 여기에 있다. 이기고 지는 것이 목적은 아니다. 왜냐하면 그것은 이미 정해졌고 또 중요하지도 않기 때문이다.•• 우리에게 그것은 오히려 최대한 열정적으로 끝까지 있는 힘을 다해 경기장에 있는 것이다.

알베르 카뮈는 시시포스의 신화를 개작하면서 이 역설을 붙들고 씨름했다. 우리가 기억하듯 시시포스는 신들의 노여움을 사서 바위를 산 정상으로 끝없이 굴려 올리는 형벌을 받았다. 그런 다음 바위가 다시 산 밑으로 굴러 내려가는 것을 끝없이 지켜봐야 했다. 우리의 근대적 진보의 환상에서 볼 때 시시포스의 우주적 허무는 우리에게 상당히 모욕적이다. 우리는 할 수 있다는 문화 속에서 살고 있지만 우리는

• 삼사라는 끝없이 돌아가는 윤회의 수레바퀴를 뜻하는 산스크리트어이다.

•• 혹은 데이먼 러니언이 언젠가 말했듯, "인생은 8 대 5의… 싸움이다."

계속 일을 망치고 있다. 우리 선조들의 우화와 비극들이 그토록 강력하게 보여준 그 옛날 방식과 똑같은 패턴으로.••• 그런데 카뮈는 산 밑에서 다시 한번 부질없는 과업을 마주하고 선 시시포스의 얼굴을 볼 수 있다고 상상한다. 그런데 잠깐… 그의 얼굴에 스치는 저것은 미소인가? 맞다. 시시포스는 미소를 지으며 바위를 산 위로 다시 밀어 올리는 것을 선택하고, 그렇게 함으로써 신들로부터 자신의 자유를 탈취한다. 실용주의자는 이렇게 주장할지도 모른다. "이봐, 똑같은 산, 똑같은 바위, 똑같은 결과잖아." 그러나 인생은 결과가 다가 아니다. 그것은 또한 태도이기도 하다.

이와 유사하게 정신과 의사 빅터 프랭클은 어떻게 홀로코스트가 자신의 가족과 일과 집 그리고 자신의 자유 등 사실상 모든 것을 앗아갔는지 기술했다. 하지만 자신의 '최종 자유', 자신이 전혀 통제할 수 없는 상황에 대한 태도를 선택할 수 있는 힘은 남아 있었다. 흉악한 살인마들에 의해 갇혀 있었더라도 그는 여전히 자신의 영혼의 수호자이자 윤리적 결정권자였다. 사적이고 내면적인 자유와 반항을 유지하느냐 마느냐, 정신과 양심의 깜박거리는 불꽃을 보존하느냐 마느냐, 주위의 고통받는 사람들의 치유에 기여하느냐 그렇지 않느냐는 어쨌거나 여전히 그의 선택이었다. 나중에 프랭클은 본인이 '로고테라피'

••• 이러한 역사적 반복에 대한 실례들이 급증하고 있지만 거기서 배울 수 있는 것들을 우리 대부분은 계속 잊어버린다. 내가 이 글을 쓰는 동안에도 국가적 차원과 개인적 차원 모두에서 도를 넘은 오만과 무지의 결탁이 필연적으로 반동적인 결과를 초래하고 쇠퇴로 끝나는 방식이 연출되고 있다.

라고 명명한 의미 치료법을 내놓았다. 그는 또한 인간은 운명의 다양한 상처를 입고도 살아갈 수 있지만 의미 없이는 살 수 없다고 결론을 내렸다. 이와 유사하게 융은 우리의 신경증이란 아직 그 의미를 찾지 못한 고통의 형태라고 말했다. 어느 쪽이든 고통은 인간 조건의 일부이지만 인생은 우리의 선택에 의해서 확장될 수도 있고 축소될 수도 있다. 이와 비슷하게 신학자 디트리히 본회퍼는 강제 수용소에서 처형당하기 직전에 편지를 밀반출했다. 그 편지에서 그는 자신이 던져진 그 끔찍한 플로센뷔르그 강제 수용소가 신의 뜻에 의해 만들어진 것인지를 묻고 그렇지 않다고, 그 악독하고 황폐한 곳들은 생사여탈권을 속여서 빼앗은 인간들이 만든 것이라는 결론을 내렸다. 그렇지만 그의 정신적 임무는 변함이 없었다. 즉 그곳에서 그를 위한 하느님의 뜻을 찾기 위해 그 끔찍한 상황을 헤쳐 나가는 것이었다. 이런 식으로 혹은 다른 많은 방식으로 우리는 운명에게 우리의 빚을 갚고 운명의 냉혹한 힘을 온전히 인정하고 살아가면서도 의미를 찾기 위한 우리의 실존적 반항을 행사할 수 있다. 의미는 운명의 수용을 통해 그리고 자유를 유지하기 위한 투쟁과 제한적인 가능성의 범위 안에서 가치 선택을 하기 위한 투쟁을 통해 찾을 수 있다. 신들이 무슨 짓을 하든, 우리는 여전히 우리 영혼의 수호자가 되기 위해 계속해서 소환된다.

위대한 종교적 전통들은 모두 이 심오한 역설을 전하며, 보다 직접적으로 신의 뜻에 대한 복종이라고 표현한다. 이슬람이라는 단어는 알라 신에게 복종하거나 항복하는 것을 의미한다. 유대교와 기독교의 지혜의 전통은 신의 뜻에 항복을 촉구한다. 또 "in la sua voluntade e nostra pace", 즉 "그분의 뜻 안에 우리의 평화가 있다"라는 단테의 말도 있다. 우리는 또한 치유의 신비가 뭐든 간에, 그것은 더 높은 의지—육체의 의지, 기의 흐름—에 항복할 것을 그리고 콤플렉스에 움직이는 에고에게 주권이 있다는 강박적 환상을 극복할 것을 요구한다는 것을 안다. 모든 12단계 그룹은 자신의 최악의 악몽, 즉 자신은 결국 책임자가 아니라는 사실을 받아들이는 도전으로 시작한다. 치유는 자신의 강박적인 치료 계획의 파탄을 고백한 후에야 시작될 수 있다.

역설적으로 이러한 '항복'은 우리의 길을 되찾는 데 있어, 즉 개성으로 향하는 다르마 로드에 다시 들어서는 데 있어 결정적인 단계이다. 우리의 운명에 발전적 가능성이 가득하든 제한되어 있든 우리의 소명은 필연적으로 신들에 의해 우리에게 주어진 장과 형태 안에서 펼쳐진다. 이 과제에 다가가는 것이 우리가 우리의 여행에 가져올 수 있는 가장 큰 긍정이다.

인생 전반기의 주요 의제가 에고, 즉 부모를 떠나 세상으로 나가 잠정적인 삶을 창조할 수 있을 정도로 강한 자아감을 발달시키는 것이라면 인생 후반기의 의제는 분명 다음과 같은 질문을 재고하기를 요구한다. 자, 이제는 무엇에 봉사하면서 인생을 살 것인가? 인생 후반기는 대체로 의미에 대한 필요로 살아간다. 그동안은 언덕을 오르며 이런저런 결과를 얻고 자기 자신과 다른 사람들에게 부수적인 피해를 입혔다. 그런 뒤 무릎을 꿇으며 묻지 않을 수 없게 되었다. "이제 여기서 어디로 가야 하지? 무슨 이유 때문에?" 인생 전반기는 우리의 운명인 환경이 우리에게 제시하는 메시지들에 대한 일련의 응답이자 내면화라고 할 수 있다. 하지만 인생 후반기에 다른 누군가의 삶이 아니라 자신의 삶을 살려면 개인적 권위의 회복이 필요하다.

우리가 이 역설과 함께 정직하게 사는 또 다른 방법은 우리 조상들의 충고를 기억하는 것이다. 그들은 너무나 많은 방식과 너무나 많은 전통으로 "너무 높이 오르지도 말고 너무 낮게 내려가지도 말라"고 일깨워주었다. 우리는 자신을 운명과 동일시할수록 우울해지고 메여 있다고 느끼게 된다. 그리고 우리가 자유롭다고 생각할수록 우리의 삶에서 운명의 보이지 않는 손을 찾는 일이 줄어든다. 그래서 에머슨은 우리에게 다음과 같이 상기시킨다. "항상 갚아라. 조만간 모든 빚을 갚아야 한다. 사람들과 사건들이 그대와 정의 사이에 잠시 서 있을 수는 있지만 그것은 유예일 뿐이다. 결국에는 그대 자신의 빚을 갚아야 한다."•

좋든 나쁘든 우리의 삶은 부모, 문화, 생명 작용 같은 너무나 많은 것들로부터 주어진 것이다. 그러므로 모든 시간을 트집 잡으면서 이와 달랐기를 바라며 보낼 수도 있지만, 우리 모두 알다시피 그렇게 징징대는 것은 시간 낭비일 뿐이다. 나는 때때로 남편이 떠나버려 마음을 못 잡고 여생을 남의 탓만 하며 보내는 여자들을 봐왔다. 이해할

• Emerson, 《The Writings of Ralph Waldo Emerson》, p.181.

수 있는 일이긴 하지만 그들이 언제 신발 끈을 묶고 자신의 삶을 꾸려 나간 적이 있었던가? 자신의 개인화 책무를 남편에게 넘겨버렸던 그들을 가장 화나게 하는 것은 이제 자신이 스스로에 대한 책임을 져야 한다는 사실이다. 또 파트너가 자신을 이해하지 못한다고 불평하는 남자들도 봐왔다. 맞다. 우리가 서로를 진정으로 이해하지 못하는 것은 사실이다. 오랜 세월 성실하게 노력했더라도 그렇다. 하지만 이런 남자들은 그 벅찬 프로젝트를 떠맡는 일을 시작도 하지 않았으면서 자신의 영혼의 깊이와 목적을 이해할 다른 누군가를 바라는 것이다. 남자들의 영혼 관리인은 자신임을 인정한 후에야, 그런 뒤 한참 후에야 다른 사람과 아니마를 공유하기보다는 그냥 다른 여자에게 아니마를 투사하는 편이 훨씬 더 쉽다고 생각하기 때문이다.

누구든 자신의 개인사를 의식하면서 들여다보면 겸손해질 것이고, 잠시 멈추고 우리 안에서 늘 작용하고 있는 그 영향력의 실마리를 보지 않을 수 없을 것이다. 나는 분명 오늘날 내가 하는 역할들을 하게 되리라 예상하지 못했다. 하지만 돌이켜보면 그 역할들은 모두 내가 어릴 적 가졌던 동일한 질문들에 봉사하고 있음을 깨닫게 된다. 원형적 메타포로 표현하자면, 지금도 그렇지만 예전에도 나는 항상 헤르메스 신을 섬겨왔다는 사실을 깨달았다.•• 헤르메스는 신이면서 또

•• Hremeneutics(해석학)은 세속적인 것의 표면 아래에도 성스러운 것이 흐른다는 우리의 인식에 의해 성서의 해석에서 확장된 해석의 학문이다. 머큐리는 헤르메스의 라틴어 이름인데 전보를 배달하는 미국의 전보회사, 웨스턴 유니온의 로고이기도 하다.

신들의 전령이기도 했다. 그는 '중간계'의 신이었다. 나는 심리 치료사, 작가, 교사로서 신들의 모호한 메시지를 곰곰이 생각하면서 평생을 보냈다. 나는 일상이라는 의회와 경기장에서 신성의 신비와 환자들의 증상적 표현, 텍스트의 설명 그리고 사람들 사이의 변화하는 관계 사이를 오갔다. 해석하는 것, 명료화하는 것, 새로운 차원의 신비로 인도되는 것은 헤르메스를 섬기는 일이다. 그것이 내 삶의 모든 영역들을 하나로 묶는 실이며, 내 전기의 저변에서 둥둥거리며 울리는 지배적 에너지이다. 우리 모두 우리 안에서 어떤 신들이 작용하고 있는지, 그들의 에너지가 우리에게 무엇을 요구하고 있는지 들여다보고, 우리의 지속적이고 기능적인 에고가 그들의 의제를 따르게 해야 한다. 흔히 우리의 쾌락과 안전과 만족 그리고 합의된 승인을 갈망하는 우리의 욕구를 초월하는 그 의제를.

이 '영웅적 복종'이 바로 운명과 신들, 우리 자신의 영혼에게 우리가 갚아야 하는 빚이다. 이것이 실존적 반항이자 아모르 파티이다. 자신의 운명을 사랑한다는 것은 신들이 우리를 소환한 삶을 가능한 한 온전히 사는 것을 의미한다. 우리는 앞서간 이들을 따라 하려고 여기 있는 것이 아니다. 그것은 그들의 삶이었고, 다른 누군가의 여행이었기 때문이다. 우리는 인생이 우리에게 무엇을 요구하는지 알아내고 봉사하기 위해 여기에 있다. 그것은 체념도 아니고 패배도 아니며 숙명론도 아니고 수동성도 아니다. 모순어법을 쓰자면 그것은 '영웅적 복종'이다. 영웅의 원형은 에고가 아니라 삶에 봉사하라는 부름을 받기 때문이다. 영웅의 임무는 우리가 두려움과 무기력을 극복하는 곳, 우리가 더 큰 것을 포옹하는 곳, 우리의 소심한 의제가 훨씬 더 큰 것에게 패배하는 곳이면 어디서나 발견된다. 에고가 패배하는 한가운데서 우리는 그에 상응하는 풍요의 축복을 받는다. 젊을 때는 아직 이러한 패배를 살아갈 준비가 되어 있지 않다. 의지의 힘과 그것이 우리에게 가져올 수 있는 그 모든 것을 확신하고 있기 때문이다. 그리고 우리의 회계를 처리하게 될 때까지는, 신들이 사는 그 뒤엉킨 숲으로 이어지는 낯선 갈림길이 있는 우리의 황야로 갈 때까지는 그 의지에 따라 살아야 한다.

우리 중 누구라도 예이츠가 생을 마감할 무렵 자신의 인생을 되돌아보면서 했던 말을 할 수 있는 권리를 가지려면 항복할 수 있는 능력부터 얻어야 한다. 그러려면 많이 살고 많은 고난의 시기를 겪어야 한다. 몸도 정신도 병들고 인생과 그 실망으로 원만해진 그는 우리 모두가 열망할 곳으로, 자신의 운명에 대한 사랑으로 나아간다.

행동이나 생각에서 일어난 모든 사건
나는 그 근원을 따르는 것에 만족하네
운명을 재고 내게서 운명을 탕감하게.
나 같은 사람도 회한을 던져버리면
엄청난 환희가 가슴으로 흘러드네
우리는 웃고 노래해야 하네

우리는 온갖 것으로 축복받고

우리가 바라보는 모든 것이 축복이니.•

• W. B. Yeats, "A Dialogue of Self and Soul", in Selected Poems and Two Plays, p.125.

12장

죽음과 충만한 삶

"…자연의 화톳불이 타오른다.
그러나 자연의 가장 아름답고 가장 소중하고 가장 선명한 자아를 가진 불꽃인
인간을 꺼버리면, 그 불의 흔적, 그 마음의 표식은 얼마나 빠르게 사라지는지!
– G. M. 홉킨스, 〈자연은 헤라클레이토스의 불〉

"우주는 신의 마음속에 있는 덧없는 생각이다…
방금 집 계약금을 치렀다면 상당히 불편할 생각."
– 우디 앨런

"우리의 프시케가 시간의 변화로도 장소의 제한으로도 붙잡을 수 없는 세계에
도달한다는 것을 알지 못했다면 이 노년의 참상은 견딜 수 없었을 것이다.
그러한 존재 형태에서 우리의 탄생은 죽음이고 우리의 죽음은 탄생이며
전체의 저울은 균형을 이루고 있다."
– C. G. 융

인간 에고가 지닌 주권의 환상에 대한 가장 큰 불변의 모욕은 그 소멸성이다. 이는 우리 세포의 종말론에 깊이 각인되어 있으며, 그것

을 통해 이 말 많고 탈 많은 여행에 매 순간 펼쳐지는 사실이다. 떠오르는 모든 것은 추락하고 상승하는 모든 것은 땅으로 돌아가며 움직이는 모든 물체는 관성의 법칙을 따른다. 그렇다면 우리가 직면한 실용적인 질문은 다음과 같은 것이다. 이 사실은 우리에게 무엇을 하게 만들고 무엇을 못 하게 막는 것일까? 그리고 우리는 어떻게 해야 죽음 앞에서 더 충만하게 살 수 있을까? 마지막으로, 우리가 언젠가 죽는다는 사실이 중요하기는 한 것일까? 이 장의 핵심적인 생각은 죽음에 대한 생생한 자각과 죽음에 대한 두려움은 같지 않다는 것이다. 우리는 매일같이 사소해지지 않기 위해 혹은 우리의 가장 자연스러운 사실인 죽음에 대한 공포에 무의식적으로 지배당하지 않기 위해 우리가 죽는다는 사실을 마음에 새기라는 소환을 받는다.

당연하게도 독일 철학자 마르틴 하이데거가 죽음을 향한 존재—즉 우리—라고 불렀던 것을 민감하게 의식하는 것은 우리가 근본적으로 불가피하게 소멸을 향해 나아간다는 사실에서 비롯된다. 이러한 강박적인 생각의 풍부한 사례들 가운데 17세기 시인 토머스 내시의 〈페스트 시대의 기도〉에 나오는 구절이 먼저 생각난다.

> 인생의 욕정적 기쁨에 빠지는 것은 어리석다.
> 죽음은 그 모든 것이 장난감에 지나지 않음을 증명한다.
> 그 무엇도 죽음의 화살을 피할 수 없다.
> 나는 병들고 죽어야 한다.

주여 저희에게 자비를 베푸소서!•

내시는 이 시를 페스트 시대에 썼다. 온 사방에 죽음이 널려 있던 때였다. 평민들의 비탄도 권력자들의 한탄도 부질없었다. 성과 속의 기관이 똑같이 시체로 가득 찬 그 끔찍한 수레를 막지 못했고, 친구들을 돕기 위해 달아나지 않은 가장 인정 많은 사람들이 도망친 사람들보다 더 빨리 죽었다. 그리고 지금 나 역시 오늘날 인간의 수명이 놀랄 만큼 늘어나고 있지만, 우리 주변에도 그 죽음이 전이성 암세포로, 타국에서의 모험으로, 폭발하는 선박으로, 시장에서의 폭력으로 혹은 그저 어느 날 아침 깨어나지 못한 것으로 오든 간에 우리에게 주권이 있다는 망상에 대해 쓰고 있다. 우리의 모두 수단과 우리의 경이로운 의료 설비는 소멸에 대항해 우리의 체재 기간을 기껏해야 몇 년 더 연장할 뿐이다. 소멸에 대한 우리의 두려움은 알다시피 부정, 전치, 주의 산만, 투사, 그 조건을 초월하려는 광적인 노력 그리고 다양한 마비 전략으로 이어진다. 현대의 신학자라 할 수 있는 우디 앨런은 "사자는 양과 함께 누울 수 있지만 양은 잠들지 못할 것"이라고 했다.

우리는 종種으로서는 점점 더 오래 살고 있다. 하지만 도대체 뭘 위해서일까? 앤드류 아켄바움은 다음과 같은 흥미로운 사실을 제시한다.

미국 혁명 당시 미국인의 중위 연령은 16세였다;

• Thomas Nashe, "A Litany in Time of Plague", The Norton Anthology of Poetry, p.202.

남북전쟁 당시 인구의 절반이 20세 미만이었다;
1950년대까지만 해도 인구의 절반만이 30세를 넘겼다;
현재는 65세 이상 남녀 인구가 1,100% 증가했으며
100세 이상 인구는 1980년 이전보다 두 배로 늘어났다.•

우리 중 그렇게 오래 사는 사람들이 많으니 장수 자체가 목적인지, 아니면 다른 것이 목적인지 질문해도 될까? 우리의 삶이 고대 그리스에 살았던 사람들보다 네 배나 더 풍요롭고 더 의미 있는 것일까? 아니면 불과 한 세기 전에 살았던 사람들보다 두 배는 더 풍요롭고 더 의미가 있는 것일까? 현세기를 더 오래 사는 사람들은 더 나은 삶을 살게 될까? 우리는 그것을 어떻게 알까? '더 나은'을 어떻게 정의해야 할까? 더 오래 사는 것으로? 마지막으로… 우리는 왜 더 오래 살아야 할까? 그저 우리의 신경증이 그렇게 하라고 시켜서? 그런데 우주는 우리의 결론에 동의할까? 프로이트는 이 질문에 이르렀을 때 영웅적이었다. 구강암 말기, 그는 내세來世에 대한 믿음이 전혀 없었지만 자신이 죽더라도 결과는 미미할 것이라고 말했다. 자신이 알고 있고 또 믿고 있는 퍼즐 조각에 이미 기여했고 더 이상 할 말도 없기 때문이라고 했다.•• 그는 자신의 최후를 평온하고 용감하게 최종적으로 받아들일 수 있었던 것으로 보인다.

• Andrew Achenbaum, Older Americans, Vital Communities: A Bold Vision for Societal Aging, p.1.

우리가 알고 있듯 늙고 병들어 죽는 것에 대한 우리의 두려움에 기댄 광범위한 산업이 번창하고 있다. 세상에 꾸며낸 부자연스러운 외모를 내놓기 위한 수술 역시 명백히 증가하고 있다. 우리는 우리가 벌이는 죽음과의 싸움을 묘사하는 데 '영웅적인 대처'라는 표현을 쓴다. 마치 죽음이 사물의 자연적 질서가—자연적 질서를 그저 '자연스러움'으로 생각하든 초자연적인 신의 행위와 의지로 생각하든지 간에—아니라 '적'이라도 되는 양. 우리는 60세는 새로운 50세 같은 말들을 하곤 한다. 삶과 건강을 찬양하는 것에는 전혀 잘못된 게 없지만 이러한 환호의 저변에는 대체로 죽음에 대한 파괴적인 공포가 깔려 있다. 운동을 더 많이 하고 비타민을 더 많이 먹고 수술을 더 많이 하면 조만간 무한히 내일을 연장하면서 영원히, 아니 적어도 훨씬 더 오래 살 수 있을 거라 믿으면서. 고대 그리스인들에게도 이와 관련된 이야기가 있었다. 불멸이었으나 더 이상 자신의 선택이 중요하지 않게 되자 자신의 삶을 증오하게 된 티토누스의 이야기다. 그는 이 세기에는 이 길을 선택했다가 다음 세기에는 아무렇지도 않게 또 다른 길을 선택할 수 있었고, 그리하여 세월은 편향적인 시간의 순열을 통해 의미 없이 늘어났다. 결국 그는 자신의 선택이 중요해질 수 있도록, 자신

•• 그러나 이 영웅적인 수용 앞에서도 프로이트는 미국 대사 불록에 감동해 그 누구보다도 편협하지만 자만심으로 가득한 상태에서 자신이 신을 대변한다고 믿었고, 세계 질서에 대한 거대하지만 순진한 비전을 가졌으며, 자신의 의견에 반대되는 충고를 받아들이기를 거부한 대통령인 우드로 윌슨에 대해 짧은 글을 썼다. 자만심으로 가득한 최고 경영자들을 닮은 이 우매한 사람은 역사에 파문을 일으켰고 그것은 이후 수십 년 동안 계속해서 그의 나라 해안으로 밀려왔다.

이 뭘 선택하든 그것이 실제로 중요한 것이 될 수 있도록 영원성에서 해방시켜 죽을 수 있게 해달라고 신들에게 탄원했다. 신들은 그의 소원을 들어줌으로써 그를 축복했다.

이 고대의 이야기는 여전히 우리에게 큰 울림을 준다. 인간은 어떻게 이 삶에서 원하는 바를 성취했더라도 비참하다고 느낄 수 있는 것일까? 그것은 우리의 선조들은 생각도 할 수 없었던 물질적 안락을 얻고도 만족에 이르지 못한 채, 오히려 권태와 신경증과 사회적 무질서에 이른 현대 서구 문화와 너무나 흡사한 이야기가 아닌가? 티토누스는 우리의 목표, 즉 불멸을 이뤘지만 결국 그 선물은 무가치하다고 여겼다. 우리 또한 우리가 원하는 것—즉 콤플렉스의 영향을 받는 소심한 에고가 원할 수 있는 것—이 더 크게 보면 우리의 관심사가 아닐 수 있다는 사실을 알게 될지도 모른다고 생각하면 골치가 아프다. (그리고 이 이야기는 2,500년도 더 된 이야기라는 사실을 기억하자.)

그러나 이 딜레마가 시대를 얼마나 초월하는 말인지 그냥 한번 살펴보기 위해 그보다 조금 더 앞선 시대, 일리아드와 성경이 나오기 1,000년 전인 기원전 2750년으로 가보자. 서구 문명의 요람, 이라크에서 쓰인* 길가메시도 유사하게 고고학,** 즉 고대의 말없는 말이 끊임없이 울려 퍼지는 것을 드러내는 학문의 전당에 부단히 메아리치는 이야기를 극화했다.

• 그 서판들은 현재 이라크의 모술이라는 곳에서 발견되었는데, 이 곳은 우리의 뉴스 방송에 아직도 유혈 사태와 함께 등장하는 요충지이다.

길가메시는 위대한 영웅으로 반은 신이고 반은 인간이다. 처음에는 무정부적인 리비도와 다른 사람들을 지배하려는 거친 힘을 구현했지만, 이슥고 사원의 창녀로 구현된 '여성성'과의 만남을 통해 관계에 대해서 배우게 되고 또 친구 엔키두와의 우정을 통해 자신의 그림자와 교전하게 되면서 그의 권력은 유연해지고 문명화되고 인간화된다. 그러다 친구를 잃고 비탄에 잠긴 상태에서 자신의 죽음이 다가오자 길가메시는 초초하게 불멸을 찾아다니게 된다. 그러다 좌절한 그는 결국 무엇이 중요한지 묻는다. 수천 년 전의 그 대답, 상당히 비슷한 조언이 나오는 전도서가 나오기 1,000년 전의 그 대답은 일상의 의무를 충실히 다하고 자기 세계의 일부인 사람들을 사랑하고 신들의 뜻에 복종해야 한다는 것이었다. 고대 이라크의 이 증언은 외적인 문화 형태가 아무리 다르더라도 우리를 앞서간 모든 이들 역시 우리와 동일한 의제를 가졌음을 상기시켜준다. 즉 개성을 주장하고, 관계를 찾아 육성하고, 우연적인 세계의 한계 안에서 창조적으로 일하고, 죽음의 그늘 아래에서 보다 충만하게 사는 문제를 말한다.

◆◆◆

소멸에 대한 이 모든 진지한 노력과 이 모든 회피, 이 모든 강박

•• Arche(고대의, 원시의) + logos(말, 표현). 게르하르트 하우프트만이 묘사한 것처럼 우리는 우리 선조들의 신화에서 고대의 '말없는 말의 메아리'를 듣는다.

적인 생각은 사실 에고의 문제가 아닐까? 우리는 에고를 가지고 있고 또 필요로 하는데, 그것은 에고가 의식의 과제, 즉 지향성이나 목적의 일관성, 윤리적 선택에 필요한 집합적 에너지를 제공하기 때문이다. 그래도 프로이트는 매우 정확했다. 고타마처럼 그도 자신의 에고 밖으로 나가서 에고가 이런저런 콤플렉스의 노예가 될 수 있는 망상들을 꿰뚫어 보았으니 말이다. 왜 내가 더 오래 살아야 할까? 나는 왜 조상들보다 더 오래 살아야 할까? 독자 여러분보다 더 오래 살아야 할까? 내 아이들보다 더 오래 버텨야 할까? 그것은 내가 커다란 슬픔을 느끼며 목격했던 공포, 정말 선한 사람들에게 고통을 안기며 그들의 일상을 영원히 바라게 하는 공포였는데도 말이다.• 아니면 그냥 '성장해서' 다음번에 문을 두드리는 것이 낫을 들고 수의를 입은 키 큰 남자일 수도 있다는 사실을 받아들여야 할까? 그리고 그가 나타나면 나의 희망처럼 이렇게 말할 수 있을까? "음, 이제 내 차례군요. 나보다 훨씬 더 나은 사람들도 나만큼 오래 살지 못했고 나만큼 특권을 누리지 못했지요."•• 나는 정말 내가 그렇게 말할 것이라고 믿고 또 정말 그럴 수 있기를 바란다. 하지만 그래도 나는 그에 대해 어떤 '태에도

• 많은 사례들 가운데 다음과 같은 책들이 먼저 생각난다. Charlotte Mathes, 《And a Sword Shall Pierce Your Heart》: Hurley Brant, 《When Every Day Matters》

•• 이 말이 불필요하게 들리지 않기를 바라지만, 나는 정말로 아우슈비츠로 가는 가축 운반 차량에 실렸던 아이들의 현실과 안전한 나의 장수를 비교하고 있다. 그들과 동시대인인 나는 수천 마일 떨어진 곳에서 보호를 받았지만 그들은 성장 발달이 저해된 편협한 인간들에 의해 그들이 어떤 곳에서 어떤 사람으로 태어났다는 이유만으로 살육장으로 보내져 학살당했다.

attytood'•••를 가질 수 있을 것이다.

인간은 언제나 내세라는 관념을 가정했다. 만일 내세가 있다면 그것은 이 삶과는 다른 삶일 것이다. 그동안 우리는 여기에 있다, 적어도 당분간은 이 삶에…. 진실은 아무도 모른다는 것이다. 내세에 대해 무슨 말을 하든, 어떤 신경증적인 열정으로 그 말을 하든 간에. 직관적으로는 이 에너지 시스템이 '사라지지' 않는다는 게 말이 되지만, 그것은 분명 어딘가로 간다. 그곳이 어디든 거기에 우리의 에고 의식이 존재한다면 우리가 다른 삶을 산다는 사실을 인식하고 이해할 수 있을까? 어릴 적 이제 곧 황금으로 된 천국의 거리를 걷게 될 거라고 했던 우리 동네 할머니 한 분이 생각난다. 너무 어렸던 나는 메타포에 대해 잘 몰라서 그 거리에 정말 단단하고 반짝이는 금속이 깔려 있을지 궁금했었다. 하지만 할머니의 믿음을 의심하지는 않았다. 그리고 그녀가 거기 있기를 정말로 바란다. 정말 좋은 분이었으니 지친 발을 쉴 곳을 찾으셨기를. 그리고 논리적 추론을 떠나 나도 먼저 떠난 사랑하는 이들과 다시 만나고 싶다.

영혼이라는 그 끈질긴 관념은 비물질적인, 육신을 초월한 뭔가를 상정한다. 햄릿에 나오는 수사적 표현을 빌리자면, 이 필멸하는 육신의 고리를 벗으면 우리는 어디선가 육신이 없는 상태로 둥둥 떠다니는 혼이 될까? 아니면 몸을 갖게 될까? 그렇다면 어느 발달 단계로 돌

••• 번역하자면, 이것은 물론 attitude에 대한 필라델피아 사투리이다.

아가는 것일까? 기어 다니는 아기 아니면 노인? 둘 다 걸음걸이가 서툰데? (내가 메타포를 너무 글자 그대로 해석하고 있는 것일까?) 내 장모님이 복합 절단 수술을 받은 뒤 가슴 저리게 궁금해했듯이, 그곳에서는 팔다리가 다 회복되는 것일까? 장모님을 위해 정말 그랬으면 좋겠다. 그리고 언젠가 이치에 닿지 않더라도, 앞에서 고백했듯, 나의 사드락을 다시 볼 수 있었으면 좋겠다. 주기적으로 내 꿈에 나타나 출근길에 커브를 돌 때마다 매일 말을 건네는 우리의 사랑하는 개, 라사를.

신앙을 가진 많은 사람들은 그들 종교의 창시자나 지도자들의 장담을 받아들이고 예수나 모하메드 같은 이들의 약속을 전파한다. 그러나 다른 사람들은 죽은 뒤에는 아무것도 없을 것이라 생각한다. 또 정확히 우리가 상상하는 내세를 갖게 될 거라고 말하는 이들도 있다. 사르트르는 내세가 타인들의 지옥일 거라 생각하며 걱정했고, 우디 앨런은 내세가 보험 판매원이 수세기에 걸쳐 보험약관을 전부 다 읽어주는 작은 방일지도 모른다고 했으며, 시인 빌리 콜린스는 만약 고전주의자라면 우리 중 일부는 에디스 해밀턴과 마침 그 자리에 있는 머리가 세 개인 그녀의 미친개를 보게 될 것이고, 그저 권태로운 현대인이라면 시끄러운 에어컨과 재잘거리는 합창단 아가씨들이 있는 방을 보게 될 거라고 했다. 월러스 스티븐스와 스티븐 던* 같은 시인들은 불안한 약속들은 모두 버리고 이 타락한 소중하고 풍요롭고 신성한 세계에서 보다 충만히 사는 법을 배웠다고 거듭 주장했다.

유대인들처럼 인간이 자신의 후손들을 통해 산다고 생각하는 사람들도 있다. 유전적으로만 본다면 분명 어느 정도 사실이긴 하다. 그러나 3~4대까지 가면 어찌 됐든 우리 세대는 상당히 잊히지 않을까? 셰익스피어의 소네트 154편이 생각날지 모르겠지만, 1590년대 페스트로 인해 런던의 극장들이 닫혔을 때 대부분 쓰인 이 작품의 주제는 본질적으로 한 가지였다. 바로 "당신과 나는 죽을 테지만 이 시들은 죽지 않을 것이고, 그러므로 당신과 나는 이 시들을 통해 계속 산다"는 것이었다. 그리하여 시체 안치소가 가득 차고 매시간 조종이 울리고 죽은 자들이 덜컹거리는 수레에 실려 땅속으로 쏟아지는 한가운데에서 셰익스피어는 문학적인 불멸을 생각하며 공포를 잠재웠다. 현대인인 아치볼드 맥리시는 사랑하는 이에게 전하는 시에서 특히 엘리자베스 시대의 환상에 노골적으로 도전했다. "이봐요. 당신과 나는 죽게 될 겁니다. 이 시의 독자들도 죽을 겁니다. 페이지는 먼지로 변할 겁니다. 그래서 나는 불멸의 주장들로 우리 자신을 현혹시키지 않고 간단히 말하겠습니다. 나는 당신이 거기에 있는 것을 보았습니다, 태양을 등지고 문간에 서 있는 윤곽으로. 나는 당신을 보았습니다."•• 이 시는 내가 읽은 최고의 사랑 시이며, 이 모든 것에 대해 내가 여태 찾은 것 중 가장 정직한 것이다.•••

• 가령 윌리스 스티븐슨의 〈Sunday Morning〉과 스티븐 던의 〈A postmortem Guide〉를 참조하기 바란다.

•• AArchibald Macleish, 〈Not Marble Nor the Gilded Monuments〉 참조.

••• 이 시에 준하는 시는 보들레르의 시 〈시체〉이다. 이 시에서 화자는 파리들이 검은 깃발처럼 들끓는 길가에 널브러져 썩어가는 암소의 '사체'에 대해 말하며, 연인에게 그녀도 언젠가는 저런 모습일 거라고 상기시킨다. 참으로 낭만적인 프랑스인들 같으니!

그러나 진실은 우리는 아무것도 모르고 있다는 것이다. 햄릿에서 주장했다시피, "발견되지 않는 나라, 어떤 여행자도 돌아오지 못한"• 그 나라는 믿을만한 자료를 거의 제공하지 않는다. 적어도 당신이나 내가 내놓을 수 있는 현대적 지성으로 신뢰할 수 있는 증언은 하나도 없다. 마찬가지로 소설가 E. M. 포스터가 말했듯이, 어디서 와서 어디로 가는지 가장 잘 말해줄지도 모를 갓난아이와 시체 역시 그 문제에 관한 한 끔찍이도 말이 없다. 또 퀴블러 로스가 명확히 했던 죽음의 5단계도 생각난다. 부정, 분노, 타협, 우울, 수용… 수용이 가능하다면 말이다. (내 어머니의 말이 생각난다. 어머니는 식도암과 위암으로 죽어가면서 내게 이 다섯 단계를 읊어 달라고 했고, 내가 그렇게 하자, "적어도 난 부정의 단계는 아니야"라고 말했었다.)

만일 우리가 지적으로 정직하고 정서적으로 성숙하면서도 이 수수께끼에 단순히 연루되거나 조금이나마 관련되는 것 이상을 원한다면, 이 모든 이야기들은 우리를 어디로 데려갈까? 현명하게도 융은 다음과 같이 말했다.

젊을 때 인생을 가장 두려워했던 사람들은… 나중에 그만큼이나 죽음의 공포에 시달린다. 젊을 때는 삶의 정상적인 요구들에 대해 어린애처럼 저항한다고 하는데, 실제로 나이가 들어서도 마찬가지이다.

• 햄릿, 3막 1장.

그때도 인생의 정상적인 요구 중 하나를 두려워하기 때문이다. 우리는 죽음을 단순히 과정의 끝이라고 확신하기 때문에 보통 한창때 주저하지 않고 삶의 목적과 목표를 떠올리듯 죽음이 목적이자 완수라는 생각을 하지 못한다.••

융은 우리가 피할 수 없는 생명력이라는 의제로부터 떨어져 나왔다고 봤다. 그러니 이 문제를 다시 살펴봐야 한다. 에고가 그 방어적인 '태에도'를 반복하는 동안, 우리의 펼쳐진 본성은 또 다른 것을 사실로 단정한다. 이러한 설득력 있는 두 가지 현실에 끼여 시달리다 보면 신경과민이 되고 가장 지독한 두려움과 도피주의자의 환상이나 싸구려 오락의 먹잇감이 되는 것은 당연하다.

정신분석가로서 내가 직접 여러 번 관찰한 것 중 하나는 위험을 감수했다고 느끼는 이들, 일반적으로 말해 자신의 삶을 살아온 사람들은 죽을 때에도 훨씬 더 좋은 시간을 보낸다는 사실이다. 우리 중 그 누구도 모든 것을 재빨리 처리하거나 '올바른' 선택만 내릴 수는 없다. 더구나 '올바른' 선택조차도 예기치 못한 결과를 낳을 수 있다. 그러나 자기 자신이 되는 위험을 무릅쓰지 못한 이들, 여행으로 뛰어들지 않으려 했던 사람들이 가장 많이 두려워하고 후회하고 남의 탓을 한다는 것은 분명하다. 그들은 자신의 역사에 타협적으로 굴면서 남

•• Jung, "The Soul and Death", The Structure and Dynamics of the Psyche, CW 8, par.797.

을 탓하고 자신을 책망하며, 심신을 상하게 하는 회한으로 살아간다. 이는 좋지 않은 길이다.

티토누스가 알게 된 것처럼 우리에게 의미 있는 것은 역설적으로 우리의 죽음이다. 우리가 언젠가 죽는다는 사실은 우리의 선택이 정말로 중요하다는 것을 의미한다. 그 학식 높은 사무엘 존슨 박사가 말하지 않았던가, 교수형의 위협보다 더 예리하게 감각을 자극하는 것은 없다고. 그러한 순간 우리가 매우 짧고 강렬한 시간을 산다는 것을 우리는 깨닫는다. 영원의 관점에서 보자면 실제로 우리의 삶은 반딧불이의 삶보다 훨씬 길다고 볼 수 있을까?

반딧불이의 빛의 패턴은 짝짓기 신호이다. 수컷은 일정한 순서로 빛을 깜박이며 암컷이 깜박거리며 응답하기를 바란다. 200종들이 각기 저마다의 신호를 갖고 있다… 반딧불이는 흙에서 나오는 벌레를 잡아먹으며 유충으로 2년을 살고 성충으로는 단 14일을 산다. 단 14일 동안 날고 반짝이고 구애를 하면서 생을 누리다 그것으로 끝난다. 그들에게는 매우 짧고 강렬한 시간이다.•

음… 이 미스터리를 해결해준 대담한 과학자들에게 언제나 그렇듯 정말 감사드린다. 왜 우리가 '투사적 동일화'에서 반딧불이의 14일

• Paul Recer, "Scientists Solve Firefly Mystery." The Associated Press, June 28, 2001.

을 묘사하기 위해 누리다라는 말을 쓴 것인지, 왜 우리가 관심을 가지는 것인지는 신경 쓰지 말고, 그저 우리가 관심이 있다는 것과 우리도 관련이 있다는 것만 생각하자. 왜냐하면 우리는 신경증적인 짐승들, 니체가 '병든 동물'이라고 불렀던 존재, 즉 의식이나 병적인 반성, 예상할 수 있는 능력이라는 저주를 받은 존재이기 때문이며, 이 모든 것은 실존적 불안의 필수요소이기 때문이다. 우리에게도 삶은 매우 짧고 강렬한 시간이다. 우리가 용케 해내는 산만한 비행과 번쩍거림이 뭐든 간에 그러는 가운데서도 우리는 거의 내내 그 사실을 알고 있다. 그렇게 짧은 삶은 그에 합당한 용기와 위엄을 요구하지만, 우리는 너무 자주 망상과 부정, 우울의 희생물이 된다.

우리의 가장 영웅적인 모델 중 한 사람은 소크라테스의 최후의 시간을 다룬 플라톤의 설명에 묘사되어 있다. 그 아테네의 현자는 거짓 혐의 때문에 민주적이었지만 편파적인 재판에서 사형 선고를 받았다. 제자들은 도망쳐야 한다고, 특히 이렇게 명백히 오심인 사건에서는 그래야 한다고 간청했다. 하지만 도시국가의 충실한 시민이었던 소크라테스는 법과 그 형벌을 받아들이며 기꺼이 독미나리즙을 들이킨다. 죽음에 관한 질문을 받았을 때 소크라테스는 그것은 깊은 잠이거나 아니면 또 다른 세계가 있거나 할 거라고, 그리고 깊은 잠에 든다면 휴식을 취할 수 있을 것이고, 내세가 있다면 앞서간 철학자들과 대화할 수 있기를 고대한다고 이야기했다. 더 나아가 소크라테스는 죽음을 향한 이 여행에 끌린다. 성찰하는 영혼은 항상 신비로 소환되며 또 신비를 존중하고 신비를 생각하고 신비에 복종하는 데서 나오는 확장으로 소환되기 때문이다. 결국 소크라테스의 삶과 죽음은 우리 모두에게 하나의 전범이다. 그의 삶과 그의 가치관은 시작과 끝 그리고 그 시작과 끝이 가져오는 심오한 변화라는 신비들을 매끈하게 연결시켰다. 깊이와 존엄성 그리고 열정으로 살았던 그의 사례는 여전히 우리에게 큰 의미가 있다. 어쩌면 그의 철학적 결론보다 호기심과 고결함으로 살았던 그의 삶이 훨씬 의미가 클 것이다.

프시케와 영혼

그렇다면 남는 것이 있다면 무엇일까? 무엇이 지속되는 것일까? 그런 것이 있다면 무엇이 연속성을 제공할까? 이 문제를 고려할 때는 어쩌면 기본적인 것으로 돌아가야 할 것이다. 프시케란 무엇인가? 언어적 차원에서 보자면 프시케는 그리스어로 영혼을 뜻한다. (여기에는 두 가지 어원적 뿌리가 있는데, 하나는 '숨쉬다'를 뜻하는 동사 psychein이고 다른 하나는 '나비'이다. 전자는 물질 속으로 들어가 그것을 살아나게 하는• 보이지 않는 생명력을 암시하고, 후자는 가치 없는 것에서 신비스러울 만큼 아름답지만 붙잡을 수 없는 것으로의 변신을 암시한다.) 당신이 읽고 있는 책의 물질적 형태, 그 책을 들고 있

• animate란 단어에 anima, 즉 영혼을 나타내는 라틴어가 포함되어 있다는 데 주목하자. 그래서 우리는 물질적인 짐승이라 할지라도 영혼이 깃든 물질, 영혼이 깃든 동물이라고 한다.

는 손, 그 책을 생각하며 들여다보는 마음은 모두 항상 유동적이며 명사가 아닌 동사임을 상기하자.•• 그러면 무엇이 남고 무엇이 계속 지켜보며 무엇이 연속성을 제공하는 것일까? 그것은 바로 프시케다.

그러면 우리는 에고와 프시케의 관계를 더 탐구해야 한다. 그 문제를 단도직입적으로 제시하자면, 제한된 에고의 틀에서 우리가 생각하고 느끼고 믿고 희망하는 것은 그것이 뭐든 말 그대로 죽음 그 자체의 신비와는 무관하다. 죽음에서 에고는 우리가 상상도 할 수 없는 방식으로 철저히 변형되거나 아예 사라진다. 어느 쪽이든 우리의 의견은 단지 의견일 뿐이라는 형이상학적 밸러스트를 갖는다. 다시 말해 만일 사후 세계가 있다면 그것은 에고가 상상하는 것과는 다른 삶일 것이다. 만일 소멸뿐이라면 우리는 반딧불이의 동지, 자기반성과 그에 수반되는 불안이라는 모호한 부수적 속성을 지닌 그런 동지이다.

에고의 자만에 대한 이 굴욕적인 모욕 앞에서 우리는 부정과 산만함뿐만 아니라 과도한 향수에도 빠진다. 향수의 어원이 '집을 그리는 아픔'을 의미한다는 것을 상기하면 에고가 왜 과거에 매달리는지 알 수 있다. 심지어 비참한 과거라고 해도 에고는 변화와 발전을 두려워하기 때문이다. 이러한 태도는 삶과 죽음의 신비에 확장적 참여를 방해하는 우리의 주된 장애물이다. 우리는 앞을 향해 살라는 도전을 받는다. 매일같이 우리가 대면하는 많은 죽음을 향해서 그리고 그것을

•• 베토벤도 그의 무덤 속에 누워 있다고 한다… 부패하면서.

통해 살라는 도전을. 우리의 전 역사에 걸쳐 모든 성장이나 발전적 중요성을 갖는 모든 변화에는 어떤 종류의 상실이나 여정의 다음 단계로 가기 위해 치러야 하는 대가가 따랐다. 그것이 스스로 길을 건너는 법을 배우는 것이었든 아무도 돌봐주지 않아서 자기 자신을 돌보는 법을 배우는 것이었든 혹은 이 순간 상실과 죽음 앞에 정직하게 서는 법을 배우는 것이든 간에 우리는 역설적으로 뭔가를 잃음으로써 성장한다. 다시 한번 말하자면 무엇을 얻는 대가는 다른 것을 잃는 것이다. 성장의 변증법은 항상 우리가 매달리는 무언가의 죽음이다. 물론 우리는 과거를 기리고 싶다. 그것이 친구든 가족이든 옛집이든. 하지만 그런 것에 대한 과도한 집착은 우리 여행의 다음 단계를 회피하는 교묘하고 유혹적인 속임수일 수 있다. 나는 이 모든 것이 지나치게 이성적인 소리로 들린다는 것을 안다. 그러나 나는 아주 바보는 아니다. 적어도 완전한 바보는 아니다. 성장과 그에 따르는 필연적인 상실에는 실제의 감정과 대가가 수반된다. 하지만 과도한 애착은 생명력 그 자체의 적이다.

융은 인생 후반기에 심리학이라는 주제에 대해 웅변적으로 말했다. 한번은 다음과 같이 결론지었다.

우리에게 마흔을 위한 학교는 없다… 과거에는 늘 종교가 그런 학교였지만 오늘날에 그렇게 생각하는 사람들이 얼마나 될까? …이렇게 오래 사는 것이 아무런 의미가 없었다면 인간은 분명 칠십, 팔십까지 살지 않았을 것이다… 누구든 오전의 법을 오후로 들여오는 이는… 자신의 영혼에 해를 입히는 것으로 대가를 치러야 한다.•

자, 향수에 대해서는 이쯤 하기로 하고 융의 말에 함축된 의미에 주목하자. 사후 세계가 있든 없든 우리는 더 반성적으로 더 책임감 있게 살아야 한다. 나는 사후 세계가 확실히 있다고 믿고 싶다. 나도 에고 의식이 있으니까. 하지만 우리는 사후 세계가 없는 것처럼 살아야 한다. 이는 삶에 대한 우울한 태도를 옹호하는 것도, 지나친 것에 대한 카르페디엠적인 면허증도 아니다. 이것은 그 문제에 대해 숙고된 반성을 옹호하는 주장이다. 특히 말기 환자들을 상담했던 내 동료는 말했다. 그들 가운데 약 3분의 1은 남은 생을 침식시키고 오염시키는 우울증에 빠졌고, 약 3분의 1은 밤새도록 춤을 추려고 했고, 나머지 3분의 1은 남은 생을 성찰과 변화의 시간이자 축소가 아닌 확장의 시간으로 봤다고.

소설가 헨리 제임스는 죽음이 다가오자 이런 말을 마지막으로 남겼다고 한다. "오… 고귀한 것." 설령 그가 이 말을 하지 않았다 해도 확실히 그다운 말이다. 그리고 그는 끝까지 자신의 말을 지켰다.

융의 말은 자연이나 신성이 우리를 위해 단지 종을 재생산하는 것 이상의 목적을 그리며 인생 전반기의 그 모든 광적인 반딧불이의 비

• Jung, "The Stages of Life", The Structure and Dynamics of the Psyche, CW 8, pars. 786ff.

행을 넘어서는 목적을 갖고 있을지 모른다는 이야기일 뿐만 아니라 우리가 이른바 인생 후반기의 선물에 대해 다른 심리학 앞으로 소환된다는 이야기는 아닐까.* 우리는 우리의 죽음이 요구하는 신비에 성숙하게 참여함으로써 우리의 목표가 매우 뜻깊게 변하는 것을 발견할 수도 있다. 풍요보다는 깊이를, 오만보다는 겸손을, 지식보다는 지혜를, 편안함보다는 성장을, 마음의 평화보다는 의미를 소중히 여기게 될지도 모른다. 그러면 우리는 우리가 의미를 추구하며 가치를 창조하는 동물—아니마로 가득 찬 물질—이라는 것을 그리고 죽음은 이 인생 여행의 성과라는 것을 받아들일 수 있다. 이 복잡한 신비에의 참여에서 영혼이 생겨난다. 이 영혼–과제로부터 도망친다면 순진한 망상, 산만함, 미숙함 그리고 피상성에 빠지게 된다. 우리가 죽음으로부터 움츠러들면 삶에서도 움츠러들게 된다. 또다시 융은 다음과 같이 경고한다.

자연스러운 삶은 자양분이 풍부한 영혼의 토양이다. 인생과 잘 지내지 못하는 사람은 딱딱하게 굳은 채 허공에 떠 있다. 그래서 노년에 그렇게 많은 사람들이 통나무처럼 딱딱하고 무표정한 것이다. 그런 사람들은 가슴 속에 죽음에 대한 은밀한 공포를 품은 채 과거를 돌아

• 생명이 더욱더 연장된 오늘날에는 어쩌면 이 시기를 우리의 세 번째 시기, 심지어 네 번째 시기라고 표현할 수도 있을 것이다. 곧 우리는 셰익스피어의 그 유명한 '인간의 일곱 나이'를 구현하게 될 것이다.

보며 매달리지만… 현재와 살아 있는 관계는 맺지 못한다. 중년 이후에는 활기차게 죽을 준비가 된 사람만이 생생하게 살아 있다.••

활기차게 죽는다는 것은 에고에게는 명백히 모순어법이다. 사실은 당신에게 말하고 있는 이 감각이 있는 생생한 존재와 내가 말을 걸고 있는 당신은 생의 한가운데서 언제나 함께 죽어가고 있다. 그토록 많은 사회적 지위 확대와 정치적 언동과 마비, 우리의 자식들과 문화적 대용물을 향한 투사, 불멸의 환상으로의 도피는 우리 자신으로부터, 존재 그 자체의 근본적인 신비로부터 그리고 왜 우리가 여기 있는가라는 도도한 질문으로부터 우리를 점점 더 멀리 데려간다. 이후에 무엇이 오는가에 관한 가설은 단지 가설일 뿐이거나 아니면 좀 더 일반적으로 말해 불안이 추동하는 개인적 혹은 부족적인 콤플렉스의 승인일 뿐이다.

나는 사후 세계를 믿는 그 어떤 확언도 무시하려는 의도가 추호도 없지만 그것을 닫힌 질문으로 여기지는 말자고, 따라서 우리의 삶이 항상 우리를 소환하는 그 거대한 깊이와 복잡성을 회피하지는 말자고 부탁하고 싶다. 한편으로 우리에게는 사후 세계를 믿는 오랜 문화적 역사가 있지만, 다른 한편으로 사후 세계를 똑같이 열렬히 부정하는 사람들도 많다. 그러나 여기 중간 지대가 있다. 신비를 존중하고 용인

•• Jung, "The Soul and Death", 앞의 책, par.800.

하며 우리의 프시케로부터 자발적으로 나오는 상징적 이미지들을 숭상하는 입장이. 융은 다음과 같이 그 중간 입장을 찾고자 했다.

> 언젠가 누군가가 신과 이런저런 도그마를 발명해 '소원 성취'하는 환상으로 인류를 휘둘렀다고 한다.
>
> 그러나 이러한 견해는 머리가 종교적 상징을 생각해내는 데 특히 부적절한 기관이라는 심리학적 사실과 모순된다. 종교적 상징들은 머리에서 나오는 것이 아니라 다른 데서 나온다. 어쩌면 가슴이 아닐까. 분명 의식과 유사한 것이 거의 없는 깊은 프시케적 차원에서 나오는 것이리라… 따라서 종교적 상징들은 '계시적인' 성격이 확연하다… 그것들은 전혀 생각해낸 무엇이 아니다. 차라리 식물처럼, 인간 프시케의 자연적 표현으로서 성장해온 것이다.•

이러한 중간 입장은 우리의 심리 생활에 너무나 분명하고 보편적으로 나타나는 상징의 형성을 반드시 추정적인 형이상학적 혹은 종말론적 '확실성'으로 전환하지 말고 존중할 것을 요구한다. 우리는 심리적 사실과 경험적 사실을 구별할 수 있어야 하고, 또 그 둘을 개인적 콤플렉스와 구별할 수 있어야 한다. 그러나 프시케, 아니 영혼의 상징도 사실은 경험적 현실이라는 것을 인정할 수 있어야 한다.

• 앞의 책, par.805.

'객관적인 프시케'에 대한 연구는 죽음과 부활의 상징들이 시대마다 문화마다 누대에 걸쳐 등장하며, 그런 까닭에 우리의 심리적 현실에 있어 소원 성취와 투사보다 훨씬 더 깊이 흐르는 근본적인 무언가를 나타내는 게 틀림없다는 사실을 보여준다.•• 우리가 검토한 후에도—어쩌면 에고 의식의 연속성에 대한 우리의 유아적 욕망을 고백한 후에도—부활이나 사후 세계 원형의 형태와 표현이 사라지지 않는다는 사실은 여전히 존중되어야 한다. 융은 다음과 같이 설명한다.

경험은 종교가 어떤 의미에서도 의식적인 구성물이 아니라는 것을, 종교는 무의식적인 프시케의 자연스러운 삶에서 생기며, 여하튼 그것에 적절한 표현을 부여한다는 것을 보여준다. 이는 종교의 보편적인 분포와 역사 전반에 걸친 인류에 대한 그 지대한 영향력을 설명해주는데, 만일 종교적 상징이 인간의 심리적 본성에 대한 최소한의 진실에 가닿지 않는다면 이해할 수 없는 일일 것이다.•••

어쨌거나 우리가 우리의 꿈을 만들어내지 않듯 이러한 상징들 역시 우리가 의식적으로 만들어내는 것이 아니다. 하지만 그 상징들은

•• 그노시스 전통에 의하면 신성으로 가득 찬 플레로마pleroma는 그것을 드러내고 지배하는 근본적인 힘들인 아르콘Archons과 함께 존재 자체의 근거인데, 야훼도 그 많은 아르콘 가운데 하나이다. 이러한 시각은 집단 무의식 개념과 다르지 않은데, 그것은 신들과 우리 일상의 여러 가지 형태와 움직임을 포함한 원형적 표현을 통해 세계 속에 나타난다. 이러한 역동적 형태들이 개인의 삶과 집단적 역사의 생물학적, 사회적, 정신적인 과정을 통해 우리를 움직인다.

••• Jung, "The Soul and Death," 앞의 책, par.805.

우리를 창조하고 있다! 이 모든 것은 심오한 신비이며 우리가 '우리 자신'이라고 부르는 그 작은 에고의 정체성에 위협적이면서도 또한 흥미를 유발하는 것이다. 그러한 초월적 에너지와의 만남은 우리 자신 안에서도 위협적인데, 그것이 에고의 주권 환상, 즉 '나는 내가 나라고 생각하고 느끼고 믿는 사람'이라는 환상에 도전하기 때문이다. 하지만 그것이 또한 흥미로운 것은 역사적으로 우리가 신으로 간주해 온 신성한 영역이라는 더 큰 현실의 맥락에 에고를 재배치하는 것이기 때문이다. 융은 신경증을 '무시된 신'이라고 정의한 적이 있다. 이는 이 신비가 원형적 형태들과 관계를 맺지 못하는 것을 의미했다. 어떤 이들은 끝이 열린 신비를 흥미롭다고 여길 테지만, 어떤 이들은 그것이 두려워서 공포가 추동하는 '확실성들'과 그 확실성들 떼거리가 합의하고 확인해준 것으로 다시 도망칠 것이다. 그러면 그런 사람들은 그들끼리 만나서 무엇이 실재하는지 투표로 정하고 그에 따라 살도록 내버려 두자. 그래도 신비는 사라지지 않을 것이고 늘 우리와 함께 갈 것이다. 우리의 부정이나 승인된 공포의 기제가 어떻든지 간에.

공포가 추동하는 표현들이 어디에서 생기든 조만간 현실이 으뜸패를 잡을 거라는 사실은 확실하다. 언젠가 시인 로버트 프로스트가 썼듯이 우리는 원 안에 앉아서 가정하지만 비밀은 중앙에 앉은 사람들이 알고 있다. 우리 중 어떤 이들은 모호함을 용인하고 신비의 더 깊은 층들을 탐색하면서 확장될 수 있을 것이다. 또 어떤 이들은 '확실성'에 이끌릴 것이다. 그러나 결국 우리의 삶은 확실성이 아니라 신비가 지배할 것이다. 결국 우리의 구성물과 신념과 부정보다 더 큰 것은, 그것이 무엇이든 우리의 존중과 겸손, 우리의 숙고된 믿음의 대상이 되기에 가장 적합하다는 것이 증명될 것이다. 이는 의미의 경험이다. 만일 삶이 의미 있기를 원한다면 의미는 확실성에 도달함으로써 발견되는 것이 아님을 이해할 필요가 있다. 왜냐하면 우리가 어디에 정착하든 이내 불충분하다는 것이 판명될 것이기 때문이다. 의미는 이런 저런 확실성을 떠나 필연적으로 죽음과 부활을 거쳐 놀랍고도 새로운 곳에 도착하는 데서 생길 것이며, 그런 뒤 부득이하게 다시 떠나는 일이 끈덕지게 되풀이될 것이다. 이것이 바로 그 의미이다.

매튜 폰 언워스는 그의 훌륭한 책《프로이트 레퀴엠Freud's Requiem》에서 프로이트가 정신분석가이자 그 '독특한 개성'으로 유명한 루 안드레아스 살로메와 시인 라이너 마리아 릴케와 함께 아름다운 여름꽃들 사이를 산책한 일에 대해 이야기했다. 살로메와 릴케는 두 사람 모두 그 덧없음이 예리하게 의식되는 바람에 꽃들의 아름다움을 즐길 수 없었다고 한다. 그들은 꽃들도 곧 시들 것이고 그것을 바라보는 자신들 또한 사라지리라는 걸 알고 있었던 것이다. 프로이트는 죽음에 대한 이런 항의에 동요되어서 상실을 받아들이지 않는 한 기쁨도 경험할 수 없을 거라고 말한다. 그리고 〈덧없음에 대하여〉라는 제목의 에세이에서도 똑같이 말했다. 기쁨의 전제조건은 그것이 오직 순간뿐임을 알면서도 순간의 선물을 받아들이는 것이다. 따라서 죽음이라는 큰 위협 역시 우리에게 주는 순간의 선물임을 마지못해 이해하게 될 것이다. 왜냐하면 죽음만이 지속적인 것에서 하찮은 것을 구별해줄 뿐만 아니라 정말로 중요한 것이 무엇인지 숙고하도록 우리를 소환하기 때문이다.

더 나아가 언워스는 프로이트가 구강암으로 고통받은 이유는 시가를 많이 피웠기 때문일 거라고 추정하면서, 분명 죽음을 앞당길 줄 알면서도 흡연을 포기하지 않았던 이야기를 한다. 멀찍이 떨어져서 프로이트가 한 선택에 대해 마음껏 옳고 그름을 따질 수도 있겠지만, 그것은 그저 그 문제를 둘러싼 그리고 프로이트의 결정으로 위협받는 우리 자신의 신경증을 고백하는 것에 지나지 않는다고 볼 수도 있지 않을까? 언워스가 결론을 내렸듯이, "돌이켜보면 아무리 무모해 보여도 흡연을 계속하기로 한 프로이트의 결정은 분명 그 자신에게 인생의 가치는 단순한 계산이 아니라 본질적인 개인적 선택이라는 그의 확신의 논리적 귀결처럼 보였을 것이다. 프로이트에게 인생의 가치를 결정짓는 것은 사랑과 일을 통해 인생을 즐길 수 있는 능력이었다. 그는 단호하게 자신의 능력을 최대한 발휘하며 살기로 했다. 어떤 대가를 치르든 간에."•

프로이트를 나르시시스트 혹은 도피주의자라고 생각하지 않으려면, 이 사람이 방사선 치료와 수술 그리고 금속으로 된 구개 보형물을 여러 차례 견뎌냈으며, 정신이 흐려질까 두려워 아스피린조차 거부했

• Unwerth, Freud's Requiem: Mourning, Memory, and Invisible History of a Summer Walk, p.167.

었다는 사실을 기억하자. 비록 그의 어떤 이론에 대해 반대하기는 하지만 나는 그를 존경한다. 나는 또한 자신에게 진실로 중요한 가치를 지키기 위해 용기 있게 자신의 삶을 살거나 끝내기로 선택한 사람들을 존경한다. 도덕성이나 감상성이라는 탈을 쓰고 그들의 선택을 판단하는 것은 우리의 두려움을 그들의 결심과 혼동하는 일이 아닐까.

◆◆◆

따라서 죽음의 문제 그리고 죽음이 우리에게 갖는 의미의 문제는 여전히 열려 있으며, 또 그럴 필요가 있다. 한편 프시케는 죽음에 그다지 많은 에너지를 부여하지 않는다는 것이 나의 임상적 경험이자 융을 비롯한 여러 임상의들의 경험이었다. 아, 물론 꿈에서 죽음의 이미지들을 보면서 종종 그러한 이미지들이 그들 자신의 임박한 죽음의 전조라고 걱정하는 사람들이 많다. 그러나 실제 그런 일이 일어난 경우는 본 적이 없다. 마흔 살의 어느 내담자가 들려준 첫 번째 꿈은 이랬다. "병원 침대에 누워 있는데 내가 가장 좋아하는 버니스 이모가 들어와서, '줄리안, 죽을 시간이야'라고 하더군요. 나는 '아, 알았어요'라고 말했죠." 그 이모는 줄리안이 가장 좋아하고, 그녀를 가장 지지해주던 친척이어서 그녀는 외적인 삶에서 그 이모를 가장 신뢰했다. 아마도 그래서 프시케가 내면의 삶에서 오는 메시지를 가져다주는 믿을만한 인물로 그녀를 선택했을 것이다. 마흔 살의 줄리안은 본질적으로 어머니, 배우자, 전업주부 등의 역할들에 의해 지배되는 인생의 전반기를 끝내고 자기 성격의 다른 측면들을 발달시킬 다른 여행에 소환되고 있었다. 그녀의 에고는 당연히 그 죽음을 두려워했는데, 대체 그녀의 꿈은 어디에서 온 것일까? 유용하지만 이미 성취한, 어쩌면 이미 유효기간이 지난 정체성은 죽고 새로운 것으로 나아갈 시간이라고 말하는 것은 프시케의 방식이다. 옛것이 죽지 않는 한 새로운 더 큰 곳에 이르지 못한다. "네가 죽지 않는 한, 살지 못하리라."

다른 한편으로 명백히 죽어가는 사람들은 전형적인 여행 꿈을 꾼다. 우리는 에고가 죽음에 대해 어떻게 생각하는지 잘 알고 있다. 에고는 '태에도'가 있다. 하지만 프시케는 뭐라고 말할까? 융은 다음과 같이 말했다.

> 나는 무의식적인 프시케가 죽음에 대해 거의 법석을 떨지 않는 것을 보고 놀랐다. 죽음은 비교적 중요치 않게 여기는 것 같다. 아니면 우리의 프시케는 개인에게 일어날 일에 대해서는 신경 쓰지 않는 것처럼 보이기도 한다. 그러나 무의식은 항상 우리가 어떻게 죽느냐에, 의식의 태도가 죽음에 적응을 하느냐 못 하느냐에 관심이 있는 것처럼 보인다.•

• 앞의 책. par.809.

확실히 프시케는 죽음 그 자체에 동요하지 않는다. 적어도 의식적 에고의 방식으로는. 자연은 아마도 그것이 뭐든 우리에게 주어진 기능을 다 마치고 나면 우리에게 관심이 없는 것 같다. 프시케, 즉 영혼은 에고의 삶이 끝난 이후에도 오랫동안 어떤 식으로 지속된다는 것 또한 가능하다. 앞에서도 지적했지만 이 문제에 관해 우리가 어떤 생각을 하든 본질적으로는 중요하지 않다. 중요한 것은 자연이 '생각하는' 것, 프시케가 '생각하는' 것 그리고 우리가 우리에게 주어진 이 짧은 시간 동안 어떻게 살 것인지 선택하는가이다.

우리는 죽음을 철천지원수이자 우리를 위협하는 대타자처럼 생각하면서도 죽음이 내내 무화의 심연 위나 실존적으로 불안정한 횃대에서만이 아니라 일상의 다양한 죽음에 있어서도 우리의 동반자라는 사실을 잊고 산다. 우리의 세포들은 죽고 있고 우리의 이해도 죽고 있으며 기억조차도 충분히 오래 살면 사라지지만, 무언가는 사라지지 않고 또 무언가는 이 죽음으로 섬김을 받는다. 비록 에고는 신나 하지 않더라도. (우디 앨런은 이렇게 말했다. 자신은 죽는 것이 두렵지 않다고, 단지 그 일이 일어날 때 거기 있고 싶지 않을 뿐이라고.)

그러나 이런 여러 가지 죽음들과는 별개로 보다 음흉한 죽음이 있다. 삶에 참여하지 않음으로써, 이러한 신비들을 회피함으로써 오는 죽음이다. 죽음이란 죽는 한 가지 방식일 뿐이다. 부분적으로 사는 것, 두려워하며 사는 것이 우리의 보다 일반적이고 일상적인 죽음과의 결탁이다. 융의 주장처럼 "피 같은 진실로부터의 일탈이 신경증적인 불안을 낳고… 불안은 무의미를 낳는다. 그리고 삶에서 의미의 결핍은 영혼의 병이다."• 따라서 우리의 피 같은 진실, 즉 우리가 나온 바다로 다시 돌아가고자 하는 갈망으로부터 달아나는 것은 환상과 산만함 그리고 축소된 사이비 세계로 도망치는 것이다.

그러니 우리의 질문은 실제로 죽음보다는 우리가 살고 있는 방식에 관한 것이고, 또 우리가 죽음 앞에서 어떤 결연한 가치를 구현하는가에 관한 것이다. 티토누스를 떠올리면 인생이란 유한하기 때문에 의미 있는 것이다. 선택을 해야만 하고 선택이 중요하고 그리고 선택들이 여기에 있는 우리 존재의 질과 성격을 규정하기 때문이다. 회피하거나 절망하는 것은 쉽다. 죽음은 쉽지만 삶은 어렵다. (이것은 "죽음은 쉽지만 희극은 어렵다"라는 연극에 나온 옛 금언의 변형이다. 그 말을 처음 한 사람이 누구이든 내가 보기에 그 사람은 생생하게 살아 있었다. 농담을 하면서 생생하게.)•• 문제는 우리가 결국 죽는다는 이 조건을 어떻게 해결하느냐가 아니다. 그것은 오만이고 망상이다. 오히려 문제는 어떻게 사느냐이다. 우리의 가장 달갑지 않은 손님인 죽음은 역설적으로 우리의 친구이다. 이는 죽음이 우리에게 그 질문을 요구하기 때문이고, 그것이 무엇이든 그 질문을 다루는 것이 이 짧고 소중한 삶에서 우리가 이용할 수 있는 자질을 가져다주기 때문이다.

• 앞의 책. par.815.

•• 도널드 울피트 경, 미겔 데 세르반테스, 에드먼드 부스 그리고 틀림없이 이런 말을 하고 싶었던 다른 수많은 사람들이 했다고 하는 말이다.

융은 심장마비로 거의 죽을 뻔했다가 살아난 경험을 친구 크리스틴 만에게 보낸 편지에 다음과 같이 썼다.

나의 병은 결국 가장 소중한 경험이 되었습니다. 그 덕분에 나는 베일 뒤를 흘끗 들여다보는 헤아릴 수 없는 귀중한 기회를 갖게 됐습니다. 유일한 어려움은 육신을 제거하는 것, 세계와 에고의 의지를 발가벗겨 텅 비게 하는 것입니다. 살고자 하는 그 미친 의지를 포기할 수 있을 때, 그리고 바닥없는 안개 속으로 떨어지는 것만 같을 때, 그때 정말로 당신이 되어야만 했으나 결코 되지 못했던 모든 것과 더불어 진짜 삶이 시작됩니다. 그것은 이루 다 말할 수 없을 정도로 웅대한 것입니다. 나는 전에는 결코 느껴본 적이 없는 자유를 느꼈습니다. 나는 전적으로 자유롭고 온전했습니다.•••

그러한 신비에 열린 마음으로 다가가는 것이 역설적으로 이 삶을 풍요롭게 하는 것이다. 우리가 어디로든 갈 수 있고 가지 않을 수도 있다고 결론 내리기 전에 우리가 여기 있다는 것을 확실히 하는 것이 보다 건설적일 것이다.

••• Jung, Lettes 1, p.357.

13장

우리의 여행이 곧 우리의 고향

"우리는 결코 고향에 가지 못한다. 그러나 서로에게 친밀한 길들이 교차하는 곳에서는 잠시 온 세상이 고향 같다."
– 헤르만 헤세, 《데미안》

"델피의 신탁의 주인은 말하지도, 감추지도 않고 그저 신호만 보낸다."
– 헤라클레이토스, 《단편》

"…신이 갇혀 덫에 걸린
짐승처럼 탄식하는 교회도…
사후세계에 대한 동경도 없고…
다만 우리에게 속하는 것에 대한 갈망만이 있을 뿐."
– 라이너 마리아 릴케, 《시도집》

우리의 역사는 추방과 귀향이라는 이상한 리듬이 우리 모두의 삶의 저변에서 흥얼거린다는 역설을 구현한다. 우리의 탄생이 자애로운 우주와 연결된 안전한 고리에서 떨어져 나와 고통스러운 대립들에

둘러싸이는 일이고, 우리의 행복과는 무관한 힘들에 내몰리는 위험한 세상으로의 추방이라는 점을 상기하자. 만일 우리가 우리의 추방을 의식하지 못한다면, 우리의 파트너들에게 터무니없는 기대의 부담을 지우게 되거나 산만하고 피상적인 삶을 살기 쉽다. 또한 결국 불만과 불안을 가져올 정치적, 사회적, 경제적, 신학적인 경박한 약속들의 위안을 섬기며 이성과 일상의 경험에 어긋나는 믿음을 선택하게 된다. 그러니 고향과 귀향의 문제를 고려하기 전에 왜 추방이 필요한지, 성장의 필요성이나 권한을 갖는 경험과 개성화에 왜 추방이 필요한지 숙고해봐야 한다.

◆◆◆

성장과 성숙 그리고 보다 원숙한 인격에 이르는 우리의 발달과정은 보카투스vocatus, 즉 '소환'의 연속이다. 우리 내면 깊은 곳에서 솟아나는 그 소환은 오래된 이해와 적응, 오래된 위안과 타협을 죽이는 변화를 위해서 온다. 우리가 프시케의 소환에 저항하는 경우 점점 병들고 우울해지기 때문에, 그나마 현상 유지라도 하려면 더 열심히 노력해야 한다. 추방의 필요성을 인정하는 것은 귀향의 가능성을 인정하는 것이기도 하다. 헤세는 《황야의 이리》에서 이렇게 말했다. "우리는 고향에 이르기 전에 너무나 많은 진창과 속임수 사이를 비틀거리며 뚫고 지나가야 한다. 우리에게는 안내해줄 사람도 없다. 우리의 유일

한 길잡이는 우리의 향수병이다."•

그렇다면 소환, 추방 그리고 귀향이라는 일반적인 우리의 발달 여정 단계들에 대해 고려해보자.

1. 우리는 다음 단계에 어떤 과제로 소환된다. 그 과제는 다른 사람의 보호 없이 살아가는 법이나 이혼이나 상실에 대처하는 법을 배우는 것일 수도 있고, 패배와 실망에도 자존감을 유지하는 법을 배우는 것일 수도 있다. 그러한 과정들은 항상 우리가 알고 있던 것으로부터 어쩌면 소중히 여겼던 것이나 혐오했던 것, 두려워했던 것으로부터 떠나 다음 장소로 갈 것을 요구한다. 그 명령은 우리의 사회적 환경에서 나올 수도 있는데, 그럴 경우 그 명령은 우리에게 책임을 요구한다. 또 그 명령은 우리의 신체적 변화로부터 올 수도 있다. 그럴 경우 우리의 저항은 아랑곳하지 않는다. 또 그 명령은 우리를 새로운 장으로 소환하는 깊은 영적 굶주림에서 나올 수도 있다. 이 '소환'은 꿈속에서 천사의 메시지로 오는 것이 아니라 증상으로 나타날 수 있다. 즉 지루함이나 공황 장애, 탈진이나 우울증 아니면 무기력 같은 증상을 말한다. 이 '소환'은 프시케가 고안한 것이다. 비록 관습적인 담화만 이해하는 에고는 저 아래로부터 오는 이러한 수수께끼 같은 전령들을 알아보지 못할 테지만.••

• Hesse, Steppenwolf, p.153.

•• 기호와 상징의 차이를, 문자 그대로 해결책을 요구하는 문제들과 실제로 더 깊은 대화로 초대되고 있음을 간파하는 것의 차이를 아는 것은 흔히 관습적인 행동적, 인지적 혹은 약리학적 치료의 영역 밖에 놓여 있다. 그래서 심층 치료, 정신역학 치료가 존재하는 것이다.

옛 우화가 말하듯이, 우리는 왕으로부터 임무를 받고 이 낯선 땅으로 보내졌다. 그런데 우리는 예전에 도착해놓고도 임무를 잊거나 겁을 집어먹거나, 우리와 마찬가지로 왕에게 받은 임무가 있다는 것과 왕이 보내서 왔다는 것을 망각한 다른 이들과 함께 소음과 혼란 속을 헤매고 있다.

2. 우리는 저마다 해결해야 할 과제가 다르다. 그 과제를 개성화나 각자의 개성에 대한 소환이라고 말할 수도 있지만, 우리가 세상에 주는 선물은 우리가 저마다 전체에 가져가는 각기 다른 조각일 것이다. 하지만 그 과제는 흔히 정말 어려운 것으로 판명된다. 작고 연약한 우리 모두는 적응하는 과정에서 환경에 물들어 우리가 생각하거나 느끼거나 갈망하는 것, 혹은 우리를 통해 세상에 들어오고자 하는 것과의 연결을 이내 상실한다.

3. 그러한 과제들은 편안한 구역에서 우리를 끌어낸다. 우리는 일단 '고향'과 결부되는 보호 공간을 떠나 혼자가 되면 훨씬 더 취약해지고 합의에 의한 승인을 절실히 필요로 하게 된다. 저 밖에 홀로 나가 우리 존재의 가장자리에 서는 것은 무서운 일이다. 그래서 우리는 심연으로 도약하기 전에 뒤로 물러나 플랫폼에서 버틴다. 니체가 우리를 심연이라고 말했을 때 그의 말은 옳았다. 하지만 니체는 또한 우리를 심연 위에 걸쳐진 밧줄이라고도 했다. 비록 우리가 위험을 무릅쓰고 그 무서운 중간에 위태롭게 걸려 있는 우리 자신이 되는 것을 두려워할지라도.

4. 그러한 순간에 우리는 팽창을 감행한다. 팽창은 겁을 집어먹는 것과 마찬가지로 균형을 잡아주는 것 없이, 과신이나 성급함에 빠지지 않게 해주거나 혹은 경쟁적 가치에 대한 고려를 거부하지 못하게 하는 반대편에 대한 고려 없이 오만 콤플렉스에 사로잡히는 것을 의미한다. (취리히의 한 분석가가 생각난다. 그는 취리히 하늘을 나는 꿈을 꾸었는데[비행기에 타지 않고], 그의 귀에 신의 목소리가 들려왔다고 한다. 그는 '융을 바로잡으라는 소환'을 받았다고 했다. 음, 융에게는 바로잡아야 할 것이, 적어도 재고해야 할 것이 많기는 하다. 이에 대해서는 융 자신도 동의할 것이다.• 그런데 이 사람은 계속 동료들과 담을 쌓더니, 그들과 불일치하는 부분에 관해 정직하게 이야기를 나누기보다는 자기애에 추동된 자신만의 방법론을 세우기 위해 떠나버렸다.)

5. 동화 혹은 메르헨Märchen(이야기를 의미하는 독일어)이 말해주듯이, 왕국이 병드는 것은 어떤 가치가 상실되고 무시되고 억압되고 망각되어서이다. 우리 정신 내부의 구성 요소들이 어떻게 혼란에 빠져 있는가를 극화한 이야기가 전개되는 과정에서 치유는 의식적인 에고의 이해와 결부되는 저 위의 권력자들이 아니라 비천하고 무시당하

• 융은 "자신이 융이지 융 학파가 아니라서 다행"이라는 유명한 말을 했다. 정신과의 연결이 끊긴 땅에 대해서는 우울증이 증거가 된다. 때로 그 인물은 '마법에 걸리기'도 한다. 즉 꼼짝도 못 하게 하는 콤플렉스에 빠지는 것이다. 이러한 반복된 모티프들은 우리를 세계 속으로 부르는 소환의 상당 부분이 우리가 환경의 요구에 적응하는 동안 잃어버렸거나 거절했던 가치를 회복해야 하는 것임을 말해준다. 그러한 가치는 왕국을 치유하기 위해 혹은 온전함을 향한 우리의 개인적인 발달의 다음 단계들을 촉발하기 위해 재고되고 통합되고 살려야 하는 것이다.

는 이들 혹은 소외된 이들, 즉 난쟁이나 동물 또는 꼬마 요정들로부터 나온다. 때로는 사라진 여왕이 '여성적' 가치가 억압당했음을 암시하기도 하고, 때로는 가뭄이 그런 역할을 하기도 한다.

6. 추방이라는 솔직한 경험에서 도망치는 것과 마찬가지로 이 회복의 과제에서 도망치는 것도 '신들'의 징벌을 부를 것이다. 우리가 증상을 덮어버리거나 발달 과제에서 도망칠 때, 우리는 우리의 의식적인 이해보다 더 큰 힘의 의지를 좌절시킨다. 신들에 대해 어떤 것을 부정하면 신들은 항상 그들의 명령을 거듭 더 강력하게 주장할 것이다. 신경증은 '무시당한 신'이라는 것을, 어떤 심오한 에너지나 가치가 억압되고 병적인 것으로 간주되어 이제 그 의지를 우리에게 다시 주장하고 있는 것임을 상기하자. 구체적으로 말하면 우리가 우리 자신에게 우리 본성의 의지에 반하는 일을 하도록 강요할 때마다 우리는 불안 발작이나 우울증, 아니면 이러한 내면의 혼란에서 오는 고통을 마비시키기 위해 중독에 시달린다. 도망칠 수는 있지만 우리 본성의 법칙에서 벗어날 수는 없다.

7. 과제에서 도망칠 때 생기는 병변은 우리의 주의를 끌기 위해 꼭 필요하다. 정신병리학은 문자 그대로 '영혼의 고통의 표현'이란 뜻이다. 우리는 병변을 병적 이상으로 간주해서는 안 되며 우리의 선택과 우선순위에 대한 프시케의 자발적 대응, 즉 더 이상 자기소외에 협조하지 않겠다는 자발적 거절로 봐야 한다. 병변이 12단계 그룹으로, 치료로, 고백으로, 다른 사람들과의 화해로 그리고 자기 자신과의 잠재

적 화해로 이끄는 것이다. 병변은 우리가 우리의 과제로 복귀한 방향이 잘못됐음을 깨닫고 다른 길로 들어설 수 있도록 할 만큼 충분히 아픈 것이어야 한다. 병변은 우리의 친구이다. 막상 겪게 되면 기꺼이 그렇게 생각할 사람이 거의 없겠지만.

8. 고통은 의식과 회복의 필수 조건이다. 우리 중 누구도 고통을 환영하지 않으며 가능한 한 빨리 벗어나고 싶어 한다. 약물 치료나 주의 분산, 사소화나 부정으로. 그러나 고통은 늘 우리를 겸손하게 만든다. 우리를 겸손하게 만드는 것은 언제나 우리를 우리 자신에게로 돌아오게 한다. 어느 누구도 우리 대신 고통을 겪어주거나 없애주지 못하기 때문이다. 이러한 험악한 고통의 사바나를 방문할 때마다 만나는 과제를 처리하는 일은 우리를 축소보다는 확장으로 이끌 것이다. 심지어 우리의 외적 자유가 구속되어 있을지라도. 고통은 대체로 여행을 회복하고 귀향이라는 과업으로 복귀하게 하는 촉매다. 혹은 적어도 그 과업에 이르는 통로임이 판명될 것이다.

9. 귀향은 목적이지만, 우리의 '고향'은 '저 밖'에 있는 지리적 장소나 우리를 보호해주는 '타자' 혹은 위안이 되는 신학이나 심리학이 아니다. '귀향'은 처음에는 자신과의 관계로 존재했지만 가족과 부족 그리고 문화의 암묵적, 명시적 요구에 의무적으로 적응하면서 부득이하게 벗어나버린 그 관계로 되돌아가는 것을 의미한다. 귀향은 치유와 분열된 영혼의 통합을 의미하며, 우리 영혼의 여행의 위엄과 숭고한 목적의 회복을 의미한다. 우리는 영혼의 여행을 할 때 내적으로 풍요

로워져 다른 사람에게 줄 게 많아지고 자연스럽게 관대해질 수 있으며, 경계를 긋거나 유지할 수도 있다. 이는 다른 사람들의 여행과 우리 여행의 차이를 배웠기 때문에 가능한 일이다. 귀향은 다른 가치들 간의 충돌도 해결할 수 있다. 자기 자신에게 진실인 것을 알아볼 수 있도록 해주는 개인적 권위를 찾았기 때문이다. 간단히 말해 우리는 접촉을 상실했지만 그럼에도 우리 삶의 표면 아래서 계속 웅얼거리며 우리와의 접촉을 결코 놓지 않았던 영혼(프시케)과의 관계를 회복했기 때문이다.

우리의 모든 여행의 끝은 그 출발지에 도착하는 것이다. 우리는 출발지에 도착해서야 처음으로 그곳을 아는 것이라는 T. S. 엘리엇의 시 구절이 진실임을 알게 된다.

◆ ◆ ◆

나는 오랫동안 애틀랜틱시티의 카지노에서 몇 마일 떨어져 있지 않은 곳에서 살았기 때문에 카지노를 정말 싫어했다. 나는 그 비까번쩍한 돈 많은 인간들이 그 슬픈 도시를 재건할 거라고 생각하지 않았다. 나는 실업자들을 카지노에 고용할 거라고 약속했던 이들이 다른 사람들을 이롭게 하기 위해서가 아니라 자신들의 이해관계 때문에 가든스테이트에 왔다는 것을 직감했기 때문에 1970년대 카지노 합법화 법안에 반대표를 던졌다. 나중에 나는 카지노가 실제로 어떻게 돌아가는지, 숙련된 인력들이 이주해 와서 현지 실업자들을 어떻게 대체했는지, 어떻게 엄청난 돈이 다른 곳으로 빼돌려졌는지, 수많은 사람들이 파멸한 슬픈 이야기들이 어떻게 언론에 보도되지 않았는지 등등에 대해 너무 많이 알게 됐다. 게다가 영혼을 빨린 많은 직원들이 내 환자로 찾아와 그 비까번쩍한 쾌락의 구덩이에서 일하는 것이 실제 어떤 것인지를 털어놓았다.

내가 이런 슬프고 답답한 사실들을 이야기하는 이유는 정말 놀랍게도 몇 년 후 내가 겪은 가장 큰 계시적 사건 가운데 하나가 카지노에서 일어났다는 이야기를 하기 위해서다. 우리 부부는 아주 오래전부터 일부러 카지노에 간 적은 없었다. 하지만 친척들이나 친구들이 놀러 오면 몇 차례 데려가기는 했다. 우리는 해리 벨라폰테, 라이자 미넬리, 새미 데이비스 주니어 같은 유명인들의 쇼를 보러 그곳에 갔다. 한번은 친구가 버라이어티 쇼 티켓을 줬는데, 알고 보니 맨 앞줄 무대 중앙 자리였다. 순진하게도 나는 그날 저녁 놀랄 일은 그게 다라고 생각했다. 쇼는 먼저 가수들이 나오고 그다음에 코미디언들이 나왔다가 멕시코에서 온 두 명의 곡예사의 공연으로 이어졌다. 그런데 공연을 준비하던 곡예사들이 자원자를 요청했다. 제정신이라면 아무도 나서지 않을 게 분명했다. 그래서 곡예사들은 관객석으로 가서 불쌍한 얼간이 한 명을 무대로 끌고 올라왔다. 함께 가지 않으려면 말 그대로 그들을 후려갈겨야 했을 텐데 그런 짓을 하기에 그 사람은 너무나 정중했다.

그래서 그 불쌍한 얼간이였던 나는 갑자기 스포트라이트를 받으며 무대 중앙에 서서 600명은 족히 되어 보이는 낯선 사람들과 마주하게 되었다. 무대 공포증을 겪었다면 거짓말일 테지만, 그냥 그 모든 것이 초현실적인 경험이기는 했다. 그들은 내 이름을 물었고 나는 대답했다. 그런 다음 어디에서 왔는지를 물었다. 그 순간 나의 과거가 내면의 텔레프롬프터 위로 천천히 흐르기 시작했다. 나는 그때 내가 살았던 모든 장소를 다시 방문했다. 비록 1,000분의 1초밖에 걸리지 않았지만 일종의 해리解離 상태였던 내게는 시간이 멈춘 것만 같았다. 그 1,000분의 1초 동안 나는 "취리히"라고 말하고 싶었다. 그곳은 내가 아주 긴 분석에 착수했고 생사의 위기를 거쳐 삶의 다른 단계로 들어갔던 곳이었다. "아니, 그것은 메타포이지 장소가 아니기 때문에 그들은 그 사실을 이해하지 못할 것"이라고 나는 생각했다.

그때 두 곡예사는 세상에서 제일가는 멍청이를 무대로 끌어냈다고 생각했던 모양이다. 두 사람 중 한 곡예사가 말했다. "이런, 너무 어려운 질문을 했나요?" 나는 대답했다. "뉴저지 주, 린우드요." 그러자 그 곡예사가 말했다. "뉴저지 주 린우드에 박수를 보냅시다." 이쯤 되자 외지인들과 술에 취한 사람들, 자줏빛 머리칼을 한 숙녀들과 웨이터들이 놀라서 말도 못 하는 얼간이를 보고 큰소리로 웃기 시작했다. 내가 그들의 곡예 연기에 참여하면서 공연은 내리막길로 치달아 거의 엉망이 됐다. 그런데 쇼가 끝나고 집에 가는 길에 누군가가 나에게 말을 걸었다. "당신도 그들과 한패 아닌가요?" 나는 "아니요. 저는 그냥 쇼를 보러 온 사람입니다."라고 대답했다. 그는 내 말을 믿지 않는 눈치였다. 진짜 얼간이 연기에 탁월한 나 같은 쇼 비즈니스 업계에서 일하는 연예인을 잘 안다는 듯이.

차를 몰고 집으로 돌아오는 길에 그 기이한 저녁에 대해 곰곰이 생각해봤다. 우리는 그저 밖에 나가서 긴장을 풀고 다른 세상을 구경하고 싶었을 뿐이다. 그런데 정말 그렇게 됐다. 나는 그 초현실적인 순간에 이 세계가 입고 있는 얇은 밀랍을 먹인 천을 뚫고 그 안의 어떤 심오한 모습을 보았다. 나는 왜 뉴저지 주의 한 마을이 아니라 "취리히"라고 말하고 싶었을까 자문해보았다. 그리고 그 충격적인 순간 내가 나를 내부 세계로 밀어넣었다는 것과 우리의 여행은 우리의 고향으로 가는 것이라는 진실을, 우리의 고향은 살아가는 장소가 아니라는 진실을 현상학적으로 경험했다는 것을 깨달았다.

장소가 중요하지 않다는 말을 하고 있는 게 아니다. 우리는 장소, 자연, 문화, 기후 등 그 모든 것들이 우리의 삶을 지원해주는지 아니면 방해하는지 생각해볼 필요가 있다. (언젠가 멀리 살던 동료는 내게 지난 10년간 내가 살고 있는 휴스턴이 위와 같은 이유들로 그녀가 살기에 적합하지 않다고 말한 적이 있다. 내게는 휴스턴이 가장 살기 좋은 곳이다. 내가 나의 여행을 그 어느 때보다 충만하게 하면서 살 수 있는 곳이기 때문이다.) 취리히를 언급하려고 했을 때 나는 물론 어떤 장소가 아니라 어떤 과정이나 자신의 운명과 만나는 약속의 순간을 언급하려던 것이었다. 나는 우리 모두에게는 꼭 지켜야 할 다른 사람들과의 약속이 있다고 생각한다. 그러나 무엇보다도 중요한 약속은 우리 여행의 의미에 대한, 우리가 왜 여기에 있는지, 우리가 왜 공기를 마시고 있는지, 우리가 이 세계에 기여하고 있는지 아니면 세계에서 뭔가를 제거하고 있는지와 관련된 약속이라고 생각한다. 그리고 나는 많은 사람들이 약속을 지키지 않는 것을 보았다. 그럴 때 그들은 누구의 삶을 살고 있는 것일까? 그들은 대체 어디쯤에서 신들이 운명 지어준 그 길에서 벗어난 것일까?

우리는 모두 한때 길을 벗어났다. 우리는 아주 작고 의존적이고 무지하고 두려워하는 존재이기 때문이다, 그러니 만일 운명이 허락한다면 인생 후반기에는 우리의 길로 돌아가야 한다. 부모의 승인이 있든 없든, 우리 부족의 합의에 의한 지지를 받든 못 받든, 또 위안이 되든 안 되든 그래야만 한다.

몇 년 전 피터 매티슨이 쓴《신의 산으로 떠난 여행The Snow Lepard》이라는 책을 봤다. 살아오면서 아주 힘들었던 시기와 내적인 절망감 그리고 최소한 자신이 아직 살아 있다는 것을 알기 위해서라도 '어리석은' 열정을 무릅쓰라는 영혼의 소환에 대해 1인칭으로 서술한 책이었다. 나로서는 깨달은 바가 많은 감명 깊은 책이었다. 그는 눈표범을 찾아 티베트의 히말라야로 가기로 한다. 그런 고산지대를 배회하다가 어떤 신비성을 띠게 된 그 진귀하고 아름다운 짐승을 찾기로 결심한 것이다. 에베레스트를 오르는 이유가 산이 거기에 있기 때문이라고 했던 에드먼드 힐러리 경처럼 피터도 '그것이 거기 있기 때문에' 갔다.

이 얼마나 어리석고 무모하고 놀라운 열정인가.

그는 여기저기에서 눈표범을 봤다는 목격담을 듣고 그 붙잡을 수 없는 생명체를 추적하다가 몇 시간 차이로 놓치는 등 엄청난 고통과 고난을 요하는 길고도 위험천만한 여행을 끝마치고 마침내 돌아온다. 사람들이 그에게 "눈표범을 보았느냐?"라고 묻자 그는 이렇게 대답한다. "아니오. 그렇지만 멋지지 않나요?"

진실로 그 길을 걸은 사람만이 그런 '실패'에 대해 "아니오. 그렇지만 멋지지 않나요?"라고 말할 수 있다. 그때쯤 그는 과제란 대상•을 발견하는 것이 아니라 여행 자체를 살아가는 것이며, 열정적이고 대담하게 위험을 헌신적으로 안고 사는 것임을 알게 되었다. 그것은 그 자체로 이국적인 지역을 가거나 성공하거나 도달에 이르는 유혹과는 무관하다. 우리 중 어떤 이들에게는 험난한 여정 앞에서 다른 사람을 사랑하는 위험을 무릅쓰는 것이 여행이다. 또 어떤 이들에게 여행은 재능을 대담하고 열정적으로 펼치는 것이며, 상상력이 풍부한 소환에 응하는 것이다. 매티슨이 눈표범을 봤다면 어땠을까? 그 희열이 어떤 것이었든 그것은 한순간에 불과했을 것이고, 그런 뒤에는 평범한 삶의 과제로 돌아왔을 것이다. 오히려 붙잡을 수 없는 것을 찾아다닌 것

• 그저 대상으로 추구하는 것은 결국 실망스럽고 부분적임을 알게 될 것이고 영혼의 광대함에 부적합한 것으로 판명 날 것이다. 우리의 물질주의적 집착이 우리에게 거듭 보여주었듯. 만일 대상이 우리를 행복하게 해주었거나 충만하게 만들어주었다면 혹은 초월적 에너지와 우리를 연결시켜주었더라면 우리는 역사상 영적으로 가장 빈곤한 사람들이 아니라 진실로 가장 풍요로운 사람들이 됐을 것이다.

이 그에게 그만의 여행을 선사했고, 또한 감당하기 힘들 만큼의 풍요도 안겨주었던 것은 아닐까.

◆◆◆

그렇다면 나의 여행은 어떤 것이었을까? 요약할 수 있다면, 그것은 신에 대한 탐색 같은 매우 복잡한 문제에 대한 요약이었을 뿐이다. 젊었을 때 나는 신이 하나의 대상이라고 (어쩌면 사우스다코타나 쿠라사우 섬이나 파라과이에 숨어 있는) 생각했고, 오랫동안 충분히 많은 곳을 찾아본다면 사라진 그 대상을 찾을 수 있을 거라고 생각했다. 상상할 수 있다시피 나의 탐색이란 당연히 그 주제에 관한 책들이 대부분이었다. 지금 생각하면 어찌 그리 순진했는지 창피하지만, 그것은 명료성이나 질서, 예측 가능성을 섬기느라 신비를 문자 그대로 해석한 우리 에고의 일반적인 경향을 반영한 것이었다.

"그래서 신을 찾았나요?"라고 묻는 독자들도 있을 것이다. 그러면 나는 "아니오, 그렇지만 멋지지 않나요?"라고 대답할 것이다. 내가 만약 어떤 신이든 신을 '찾았다면' 그 신은 나의 빈약한 두뇌와 체질적으로 옹색한 상상력이 만들어낸 일시적인 구성물로 판명 났을 것이다. 노자가 말했듯이, "이름 붙일 수 있는 도는 도가 아니다." 키에르케고르가 말했듯이, "이름 붙일 수 있는 신은 신이 아니다." 틸리히가 말했듯이, "신은 사라진 신 뒤에서 나타나는 신이다." 어떤 신이든 내가 '찾은' 신은 동사가 아니라 명사였을 것이며, 초월적이고 변화를 일으키는 에너지가 아니라 나의 제한된 의식이 구성한 우상이 되었을 것이다.

단테는《신곡》을 하늘과 땅을 움직이는 사랑을 찬양하며 끝냈다. 내 아들 티모시는 〈야생의 에너지Wild Energy〉라는 제목의 시를 나에게 이메일로 보냈다. 거기에 실린 다음과 같은 아들의 문장은 그것을 완벽하게 표현하고 있다.

자기self보다 더 큰 뭔가가, 우리가 난도질하거나 의미심장하게 만드는 뭔가가 존재한다.

나는 항상 그 신비를 존중하려고 노력해왔다. 모호함과 함께 사는 법을 배우는 것은 복잡하고 이상한 놀라움으로 가득 찬 진짜 인생과 더불어 사는 법을 배우는 것이다. 볼테르가 말했듯이, "의심은 유쾌한 상태는 아니지만 확실성은 확실히 터무니없다." '확실한' 사람들을 가까이하지 말자. 그들의 확실성은 그들에게도 또한 나머지 우리에게도 내일의 제도화된 폭정이 될 테니까. 만일 신이 오른손에는 진리를 왼손에는 진리에 대한 추구를 들고 있다면, 우리는 19세기 고트홀트 레싱이 남긴 잠언처럼 왼손을 단지 신성에 다가가고 있는 '진리'로 그러나 언제나 그것을 향한 여행이자 우리의 가장 고귀하고 가장 충실한 소명으로 선택해야 한다는 것을 상기하자. 융이 말했듯이, "프시케의 현상학은 그 형태와 의미가 너무나 다채롭고 다양해서 그 모든 풍부함을 거울 하나에 비출 수 없을 것이다. 그에 대한 우리의 설명 역시 그 전체를 담을 수 없고, 전체 현상의 개개의 부분들을 밝히는 것에 만족해야 한다."•

한때 내가 그랬듯이, 너무나 많은 신학자들이 여전히 신비의 방대함을 망라할 수 있을 거라고 가정한다. 아니, 우리의 에고를 괴롭히는 추정적인 모순들을 우리를 안심시키는 도그마에 포함시킬 수 있을 거라고 가정한다. 헤세가 《황야의 이리》에서 말했듯이 "이 단조롭고 정신 못 차리는 영적 장님의 시대에 우리가 살아가는 이 삶의 한가운데서 이러한 신의 자취를 찾는 일은 힘들"지만,•• 그 사명은 우리의 가장 심오한 소명이다. 만일 이름 붙일 수 있는 도는 도가 아니라면 나의 왜소한 정신적이고 상상적인 장치가 파악하는 것 역시 분명 신이라는 칭호에 걸맞지 않을 것이다. 그러니 철학자 루드비히 비트겐슈타인이 충고한 대로, "말할 수 없는 것에 대해서는 침묵해야 한다."

그래서 나는 이제 예전에 나의 영혼을 짓눌렀던 모호함이 너무나 좋다. 젊은 시절 나를 고문했고, 아직도 나의 동년배들 가운데 너무나 많은 이들을 근본주의로 몰고 가고 있는 바로 그 모호함과 더불어 살 수 있다. 19세기 시인 존 키츠는 한 편지에서 '부정적인 능력'을 포용할 수 있는 능력을 찬양했는데, 그것은 확실성을 붙들려고 안달하지 않고 대립적인 것들의 긴장을 붙들 수 있는 능력이었다. '신'을 찾아냈

• Jung, CW 15, "Introduction to 'Psychology and Literature,'" Par.2.
•• Hesse, 앞의 책, p.30.

다면 그것은 하나의 죽음이었을 것이다. 그때 당시는 몰랐겠지만. 그러한 '신'은 우주를 움직이고 우리 각자를 초월적인 열망으로 몰고 가는 에너지가 아니라 그 순간의 인공물이었을 것이다. 그러한 '신'을 찾았다는 것은 도착을 의미한다. 그런데 모든 도착지는 시간이 지나면 수축의 장소이자, 부득이 떠나지 않으면 죽어야 하는 장소가 된다.

맞다. 신실한 사람들은 "바보 같은 소리 작작 해라. 나는 나의 신을 찾았다"라고 말할 것이다. 그러면 나는 또 이렇게 말할 것이다. "잘됐군요. 그런데 그 신이 당신을 더 깊은 심연이나 더 깊은 복잡성, 혹은 더 많은 신비로 데려갔나요? 아니면 우리가 평화와 혼동하는 나른함으로 데려갔나요?" 그러면 그들은 "하지만 나의 신은 참된 신이고 당신은 무지와 망상으로 가득 차 있다"라고 말할지도 모른다. 그러면 나는 "나는 나의 무지와 망상에 머물 겁니다. 그것이 그렇다는 것을 알거든요. 그런데 당신은 나만큼 정직할 수 있습니까?"라고 물을 것이다. 그러면 그들은 나를 향해 "현대 교육과 심리학에서 비롯된 무신론의 쓰디쓴 결과물"이라고 말할 것이다. 그러면 나는 내 안에서 그리고 내 주변의 풍요로운 세계에서 경험한 에너지들에 대해 알기 때문에 결코 무신론 같은 무지한 입장은 택하지 않을 것이라고 말할 것이다. 그리고 "나는 가슴 속에서, 블레이크가 신성한 상상력이라고 불렀던 것에서, 은총의 순간과 사랑하는 이와 허벅지가 뒤엉키는 순간에서, 죽음과 부활의 신비에서 신의 암시를 찾았다. 또한 베토벤의 음악의 한 소절과 훈데르트바서나 클레의 그림 한 점, 릴케의 시 한 편이 내가 들은 그 모든 충고조의 설교보다 나를 더 신에게 가까이 다가가게 해주었다"라고 덧붙일 것이다. 그러면 그들은 내게 절망적이라고 말할 것이다. 그러면 나는 희망으로 가득 차 있다고 말할 것이다. 희망을 조심하라는, 희망은 잘못된 것에 대한 희망일 테니 희망을 품지 말라는 엘리엇의 충고를 떠올리면서. 나는 희망으로 가득 차 있다. 다음 모퉁이를 돌면 새로운 것, 예기치 못한 것이 나 자신을 재창조하게 만들고 내가 보는 방식을 수정하게 만들고 다시 나를 출발점으로 데려가리라는 희망으로. 그 출발점은 경외이고, 경이이며, 호기심이고, 공포이며, 또 투쟁 속에 머물라는 끈덕진 소환이다. 플로티누스가 에네아드에서 말했듯이 결국 "세계는 신호들로 가득 차 있으며 현자는 그것을 보게 될 것이다."

◆◆◆

지금까지 보았듯 인생 전반기의 과제는 모든 종류의 고통스러운 요구와 삶의 타격과 도전 그리고 유혹에 응답하는 데서 형성되지만, 인생 후반기의 과제는 그 여파와 씨름하는 문제, 즉 죄책감이나 분노, 비난, 후회, 회복 그리고 자신과 타인에 대한 용서의 가능성과 씨름하는 문제에 가깝다. 전자는 일종의 세상과의 투쟁이고, 후자는 주로 우리 자신 혹은 우리를 계속 뒤흔드는 초월적 의미에 관한 질문과의 투쟁이다. 그리스의 소설가 니코스 카잔차키스가 전하는 이야기에 따르면, 그가 수도원의 한 늙은 수도사에게 아직도 매일 악마와 씨름하느냐고 물었더니, 그 수도사가 대답하기를 젊었을 때는 매일같이 악마와 많이 싸웠는데 이제는 둘 다 싸우는 데 지쳤다고, 지금은 주로 신과 싸우고 있다고 했단다.•

투쟁을 계속하면서 우리 자신에게 솔직해지려면 얼마나 많은 용기를 내야 할까? 소설가 피터 드 브리스는 대다수 독자들이 무서워할 만한 말로 그것을 표현했다. 내가 보기에 그는 분명 그 자신과 우리에게 솔직할 만큼 투쟁을 계속하고 있다. 그는 안전지대에서 나와서 정말로 자기 자신에게 솔직해지는 위험을 무릅쓴다. 그는 그것을 다음과 같이 표현한다.

인간은 종교라는 위안 없이 사는 법을 배워야 한다. 지금쯤이면 분명 그 자신의 이성이 종교란 인류의 유년기에나 속하는 것이라고 말했을 것이다. 철학도 영원히 믿을 만한 것을 주지 못한다. 철학은 풍부한 대답들을 제공하지만 각각의 대답이 그 나머지를 무효로 만든다. 의미의 탐구는 실패하게 되어 있다. 인간의 삶은 아무것도 '의미하지' 않는다. 그렇다고 인생이 살 만한 가치가 없다는 말은 아니다. 드뷔시의 아라베스크가, 무지개가, 장미가 무엇을 '의미'하는가? 인간은 이 모든 것을 즐긴다. 자신이 한 줌의 음악, 햇살에 녹아버리

• 자신의 투쟁에 대해 예이츠가 했던 말이 떠오른다. "이제 신과의 전쟁이 시작된다. 자정이 되면 신이 이길 것이다."

는 아지랑이 같은 꿈에 불과하다는 것을 알면서도. 인간을 지탱해주는 것은 오직 그 자신의 두 발뿐이며, 끝까지 지켜주는 것은 그 자신의 인간적인 삼위일체, 즉 이성, 용기 그리고 품위뿐이다. 그리고 첫 번째와 두 번째를 합하면 세 번째가 된다.••

좀 트집을 잡자면 특정한 음악이나 자연 현상이 우리 안에 있는 뭔가와 어떤 유사성을 띠고 있지 않다면 왜 우리 마음에 와닿아서 우리를 뒤흔들어 놓겠느냐고 물어볼 수도 있겠지만, 나는 그의 진정성에 겸허해지면서 경의를 표하게 된다. 나에게는 드 브리스가 묘사한 그러한 울림이 우리가 우리 자신 밖의 뭔가와 진실로 연결되어 있다는 사실을 시사한다. 유감스럽게도 이른바 제도권 '종교'라고 하는 것은 그동안 너무나 자주 개인들이 가진 신경증의 방어였고, 골치 아픈 콤플렉스와 급성장하는 관료주의의 승인이었다. 하지만 때로는 종교가 우리 안의 가장 좋은 것을 이끌어낸다는 것 또한 사실이다… 때로는. (그러나 그런 경우는 드물다. 수많은 잔학 행위가 정치가 아닌 종교라는 이름으로 저질러졌다. 우리는 늘 "이성의 잠은 괴물을 낳는다"라고 판화에 새긴 스페인의 위대한 화가 고야의 글귀를 기억해야 한다.) 그래도 나는 드 브리스의 여행을 훌륭하다고 여긴다. 그의 이성과 용기가 그에게 어울리는, 그의 경험과 부합하는 영적인 장소로 그

•• Peter De Vries, The Blood of the Lamb, pp.166~167.

를 데려왔다고 생각한다.

마지막으로, 의심과 패배 그리고 곧 닥칠 죽음 앞에서도 이 괴로운 여행을 계속하는 것은 끔찍한 어리석음이 아니라면 정신의 가장 고귀한 선물일 수도 있다. 우리의 유한성, 우리 허구의 덧없음, 우리 오만의 초라함을 인정하는 것은 무섭고도 기운 빠지는 일이지만, 그래도… 그 안에 드 브리스가 부정했던 '의미'의 건설로 이어지는 길이 있다.

우리의 삶은 기껏해야 순간일 뿐이며 그런 뒤에 사라진다. 만일 어딘가에 이 지구상의 모든 미치광이들을 정당화하는 더 좋은 곳이 있다면, 좋다. 그러면 거기에서는 거기에 맞게 알아서 하겠지. 그런데 바로 지금 우리가 살고 있는 이곳은 어떻게 해야 할까? 여기에서 우리는 어떻게 살아야 하고, 우리 삶의 의미의 주체가 되라는 이 숭고한 소환을 어떻게 경험해야 할까? 우리의 공허함과 사기 행위를 인정하는 것 그리고 이 여행을 계속하는 위엄과 영웅주의 사이의 그 가는 줄 위를 어떻게 걸을 수 있을까? 한편으로 스콧 피츠제럴드의 소설에 나오는 딕 다이버가 상기시켜주듯, "무의 입구에는 가장 강한 보초가 서 있다… 아마도 비어 있는 상태가 너무 부끄러워서 누설되어서는 안 되기 때문일 것이다."• 그리고 다른 한편으로 우리는 투박한 것처럼 보이지만 우리 나름의 방식으로 진화의 역사라는 거대한 프로젝트를 이끌어 나가고 있다.

• Fitzgerald, Tender Is the Night, p.70.

그런데 또 다른 소설가 마크 헬프린은 영웅적이면서도 겸허한, 사기를 저하시키면서도 매력적이고 확장적인 중도적 입장을 제시한다.

…너는 일찍이 사랑은 죽음을 극복할 수 있다는 것을, 여기에서 요구되는 것은 기억과 헌신이라는 것을 배운다. 기억과 헌신. 너의 사랑을 계속 살아 있게 하려면 기꺼이 완고해지고 비합리적이 되고 또 진실해져서 너의 전 인생을 하나의 구성물로, 메타포로, 허구로, 신앙을 실천하는 장치로 만들어야 한다. 사랑이 없으면 너는 짐승처럼 살 것이고 쓰라린 가슴 말고는 아무것도 갖지 못할 것이다. 사랑이 있으면 너의 가슴은 비록 부서졌어도 가득 찰 것이고 너는 마지막 순간까지 싸움을 그만두지 않을 것이다.••

토마스 베른하르트의 《옛 거장들》에 등장하는 인물도 자신의 여행에 대한 열정을 비슷하게 설명한다. "완벽한 그림도 없고 완벽한 책도 없고 완벽한 음악도 없다…. 그것이 진실이며, 이 진실이 나 같은 사람, 인생의 모든 것에 절망만을 느꼈던 나 같은 사람도 계속 존재할 수 있게 해준다. 인간의 마음은 탐색하는 마음이어야 한다. 인간의 잘못을 탐색하는 마음, 실패를 탐색하는 마음이어야 한다. 인간의 마음은 인간의 잘못을 탐색할 때 비로소 인간의 마음이다…. 좋은 마음은

•• Mark Helprin, Memoir from Antproof Case, p.514.

인간의 잘못을 탐색하는 마음이고 탁월한 마음은 이러한 인간의 잘못을 찾아내는 마음이며, 천재의 마음은 이러한 잘못을 찾아 그것을 가리키는 마음이다…."• 그러한 열정, 그런 숭고한 '실패'로부터 우리는 지금까지 배운 모든 것에 또 다른 것을 보태면서 우리 인간의 지형은 더욱 흥미로워지고, 우리 여행자들의 감수성은 여행을 하는 과정에서 더욱더 예민해지고 예리해진다.

헤르만 헤세는 《데미안》에서 여행자들의 세계에서는 길들이 교차할 때 잠시 세계가 고향처럼 보인다고 했다. 우리 모두는 여행자들이며, 우리가 서로 만나고 접촉하고 이야기를 나눌 때 달콤하고 구심적인 조화와 화해가 존재하게 된다. 그러다, 그러다… 우리는 여행에서 되돌아오고 우리는 중심에서 밖으로 나가는 여행의 도전을 재개하며 우리 조상들의 저 먼 접선들을 지나 우리가 매일같이 헤엄치는 대양적 우주를 가로질러 우리가 무의식 속에서나 꿈꿨던 곳으로 간다.

현대 그리스 시인 카바피는 여행의 끝을 향해 가는 오디세우스를 상상한다. 우리 모두가 시작한 오디세이를 기억하자. 젊을 때 어리석은 모험에 소환되어 다들 그렇듯 삶에 의해 피투성이가 된 우리는 이제 곧 집으로 돌아갈 수 있기를 열망한다. 그 집이 어디든 간에. 그러므로 오디세우스는 우리의 원형적 동지이다. 카바피는 오디세우스가 끈덕지게 향하는 그의 고향인 〈이타카〉라는 제목의 시에서 폭풍에 휩

• Bernhard, Old Masters: A Comedy, p.20.

쓸렸던 그 뱃사람이 비바람에 삭은 자신의 배가 마침내 항구에 들어설 때 어떤 생각을 했을지 궁금해한다. 그토록 오랫동안 어두운 포도주빛 바다에 내던져졌던 사람에게 진흙 오두막들로 이뤄진 그 마을이, 20년의 세월이 흘러 자신을 거의 알지 못하는 사람들만 있는 곳이 정말 '고향'일까? 그런 항해자가 남은 평생을 안락의자에 앉아 여섯 개들이 맥주 캔을 따며 야구 경기를 보는 일이 가능할까? 카바피는 그 뱃사람에게 다음과 같은 요청받지 않은 충고를 하면서 결론을 내린다. 사실 '이타카'는 결코 목적이 아니었다고, 오히려 이타카의 선물은 그에게 여행을 선사하는 것이었다고. 그 모든 고통스러운 풍요와 함께. 그 풍요에서 "그대는 그때쯤 이타카가 무엇을 의미하는지 분명히 이해했을 것이다"라고.•• 우리에게 우리의 여행을 선사하는 것은 또한 우리에게 우리의 고향, 우리의 풍요, 우리의 의미도 선사한다.

알프레드 노스 화이트헤드가 상기시키듯 "위험해지는 것이 미래의 일이다." 우리 개개인에 대한 도전은 우리의 개인적 여행의 위험을 받아들이는 것이며, 그렇게 함으로써 우리의 삶이 주는 선물을 받아들이는 것이다. 테레사 수녀의 사적인 편지들에서 드러난 것처럼, 확실하든 확실치 않든 아마도 우리의 더 큰 도전은 이 세상에서 우리의 선업善業을 발견해 충실히 이행하는 것이리라.••• 의식적으로 우리가 섬

•• C. P. Cavafy, 〈Ithaca〉, The Complete Poems of Cavafy, p.37.

••• 미구엘 데 우나무노의 소설, 《St. Emmanuel the Good, Martyr》를 보면 테레사 수녀가 선한 일을 하면서 느끼는 영적인 고뇌가 잘 묘사되어 있다.

길 '유용한 허구'를 선택해 우리에게 고유한 가치가 되는 것을 찾게 된다면 우리는 그것에 대한 보답으로 많은 축복을 받게 될 것이다.

◆◆◆

신에 대한 탐색, 의미와 이해를 향한 이 갈망은 자주 나를 좌절시켰지만 내가 나의 여행을 찾을 수 있게 해주었다. 그리고 나의 여행은 그 과정에서 많은 신들, 특히 경의를 표할 가치가 있고 또 그것을 요구하는 어두운 신들을 많이 알려주었다. 더불어 좋은 사람들뿐만 아니라 나쁜 사람들도 많이 알게 해주었지만 언제나 흥미로운 삶을 선사했다. 결국 보다 흥미로운 삶, 평온한 만족감을 휘젓는 삶, 편안한 것들 밖으로 우리를 이끌어내 우리가 계획했던 것보다 혹은 편하다고 느끼는 것보다 더 큰 영적 투쟁을 요구하는 삶을 사는 것이 가장 중요한 것이다.

여기 있었다는 것, 그런 것들과 씨름했다는 것, 그러한 의문들을 안고 살았다는 것, 우리 앞에 신비를 두었다는 것, '훨씬 더 큰 것들에 패배당한 것'을 기쁘게 받아들였다는 것, 운명과의 약속을 지켰다는 것, 이 어둡고 혹독하고 휘황하고 경이로운 우주를 지나는 자신의 여행을 했다는 것, 진정한 자기 자신이 되는 위험을 무릅썼다는 것이 결국은 가장 중요한 것이다.

참고 문헌

Achenbaum, Andrew. Older Americans, Vital Communities: A Bold Vision for Societal Aging. Baltimore: John Hopkins University Press, 2005.

Adcock, Fleur. Poems: 1960–2000. Newcastle: Bloodaxe Books. 2000.

Agee, James. A Death in the Family. New York: Bantam, 1957.

Allison, Alexander et. al., eds. The Norton Anthology of Poetry. New York: W. W. Norton and Co., 1983.

Arendt, Hannah. Crises of the Republic. New York: Harvest Books, 1972.

Augustine, St. City of God. New York: Penguin Classics, 2003.

Barfield, Owen. Saving the Appearances: A Study in Idolatry. London: Faber and Faber, 1957.

Bernhard, Thomas. Old Masters: A Comedy. Chicago: University of Chicago Press, 1992.

Bonhoeffer, Dietrich. Letters and Papers from Prison. New York: Macmillan, 1972.

Brant, Mary Jane Hurley. When Every Day Matters: A Mother's Memoir on Love, Loss, and Life. Washington, DC: Simple Abundance Press, 2008.

Cavafy, C. P. The Complete Poems of Cavafy. Trans. Rae Dalven. New York: Harcourt, Brace, and World, 1963.

De Vries, Peter. The Blood of the Lamb. Chicago: University of Chicago Press, 1961.

Dostoyevsky, Fyodor. Notes from Underground. New York: New American Library, 1961.

Dunn, Stephen. Different Hours. New York: W. W. Norton and Co., 2000.

Emerson, Ralph Waldo. The Writings of Ralph Waldo Emerson. New York: Modern Library, 1940.

Fitzgerald, F. Scott. Tender Is the Night. New York: Scribner, 1982.

Gilgamesh: A New English Version. Stephen Mitchell, trans. New York: Free Press, 2004.

Goldhagen, Daniel. Hitler's Willing Executioners: Ordinary Germans and the Holocaust. New York: Vintage, 1997.

Güggenbuhl – Craig, Adolf. The Emptied Soul. Putnam, CT: Spring Publications, 2004.

Haftmann, Werner. The Mind and Work of Paul Klee. New York: Frederick A. Praeger, 1967.

Helprin, Mark. Memoir from Antproof Case. New York: Avon Books, 1995.

Hemingway, Ernest. The Sun Also Rises. New York: Scribner, 1954.

Hesse, Hermann. Steppenwolf. New York: Henry Holt and Company, 1963.

Hollis, James. The Archetypal Imagination. College Station, TX: Texas A&M University Press, 2000.

- — Creating a Life: Finding Your Individual Path. Toronto: Inner City Books, 2001.
- — The Eden Project: In Search of the Magical Other. Toronto: Inner City Books, 1998.
- — Finding Meaning in the Second Half of Life: How to Finally, Really Grow Up. New York: Gotham Books/Penguin, 2005.
- — The Middle Passage: From Misery to Meaning at Mid – Life. Toronto: Inner City Books, 1993.
- — On This Journey We Call Our Life: Living the Questions. Toronto: Inner City Books, 2003.
- — Swamplands of the Soul: New Life in Dismal Places. Toronto: Inner City Books, 1996.
- — Tracking the Gods: The Place of Myth in Modern Life. Toronto: Inner City Books, 1995.
- — Why Good People Do Bad Things: Understanding Our Darker Selves. New York: Gotham Books/Penguin, 2007.

Ibsen, Henrik. Ghosts in A Doll's House and Other Plays. New York: Penguin, 1965.

Jung, Carl Gustav. The Collected Works. Trans. R.F.C. Hull, Eds. H. Read, M.

Fordham, G. Adler, W. McGuire. Princeton: Princeton University Press, 1973. [The Collected Works are abbreviated CW in this book.]

- — Letters I – II 1906 – 1961. Eds. Gerhard Adler, Aniela Jaffé. London: Routledge,

1973.

Matthiessen, Peter. The Snow Leopard. New York: Penguin Books, 1987.

Momaday, N. Scott and Al Momaday. The Way to Rainy Mountain. Tucson: University of Arizona Press, 1996.

Mathes, Charlotte. And a Sword Shall Pierce Your Heart: Moving from Despair to Meaning After the Death of a Child. Wilmette, IL: Chiron, 2006.

Pascal, Blaise. Pensées. New York: Dutton, 1958.

Recer, Paul. "Scientists Solve Firefly Mystery," The Associated Press, June 28, 2001.

Rilke, Rainer Maria. Ahead of All Parting: The Selected Poetry and Prose of Rainer Maria Rilke. Trans., Stephen Mitchell. New York: Modern Library, 1995.

Spong, John Shelby. Jesus for the Non-Religious: Recovering the Divine at the Heart of the Human. San Francisco: Harper-Collins, 2007.

The Norton Anthology of Poetry, Alexander Allison et al., eds. New York: W. W. Norton and Company, 1983.

Unwerth, Matthew von. Freud's Requiem: Mourning, Memory, and the Invisible History of a Summer Walk. New York: Riverhead Books, 2005.

von Franz, Marie-Louise. The Problem of the Puer Aeternus. Toronto: Inner City Books, 2000.

Yeats, William Butler. Selected Poems and Two Plays. Ed. M. L. Rosenthal, New York: Macmillan, 1962.

옮긴이 **노상미**

고려대학교에서 역사학을, 같은 대학 대학원에서 서양철학을 공부했다. 그동안 옮긴 책으로 《가르친다는 것은》, 《어쩌다 사회학자가 되어》, 《행복학 개론》, 《편애하는 인간》, 《북로우의 도둑들》, 《어떻게 늙을까》, 《우아함의 기술》, 《에베레스트에서의 삶과 죽음》, 《사라진 책들》, 《나이 공부》 등이 있다.

나를 숙고하는 삶

절반쯤 왔어도 인생이 어려운 당신에게

초판 1쇄 발행	2021년 7월 30일
지은이	제임스 홀리스
옮긴이	노상미
펴낸이	서재필
책임편집	양수빈
디자인	정은경디자인
펴낸곳	마인드빌딩
출판신고	2018년 1월 11일 제395-2018-000009호
주소	서울특별시 마포구 월드컵북로 400 (상암동) 5층 7호
전화	02)3153-1330
이메일	mindbuilders@naver.com

ISBN 979-11-90015-53-0 (03180)